W0073366

©   Verlag Zabert Sandmann GmbH
München
1. Auflage 1994

Rezeptbearbeitung/	Monika Kellermann
Kochstudio:	Jürgen Langenbacher
Redaktion:	Angelika Schlenk
	Christina Kempe
Fotos:	Christian von Alvensleben
Grafische Gestaltung/DTP:	Georg Feigl
	Michael Knoch
Herstellung:	Peter Karg-Cordes
Lithografie:	SCAN, Kiefersfelden
	Kruse Reproduktionen, Vreden
	(Aufmacher)
Druck und Bindung:	Mohndruck, Gütersloh

ISBN   3-924678-67-7

DAS NEUE DEUTSCHE KOCHBUCH

von Alfons Schuhbeck

Fotografiert von

Christian von Alvensleben

ZABERT
SANDMANN
VERLAG

Alfons Schuhbeck

» Es lebe die Region:
Seien wir stolz
auf unsere
kulinarische Heimat «

Seite 6

Alfons Schuhbeck

»Es lebe die Region: Seien wir stolz auf unsere kulinarische Heimat«

Gibt es eine deutsche Küche? Dumme Frage, werden Sie jetzt denken. Denn eine deutsche Küche gibt's genausowenig wie eine französische oder italienische. Jenseits des Rheins und der Alpen wird in jedem Restaurant, das auf sich hält, kein nationaler Eintopf, sondern das Beste der Region aufgetischt. Die größten Köche in Périgord und

Piemont, Elsaß und Emilia-Romagna, Lyonnais und Langhe wetteifern darin, die kulinarische Tradition ihrer Region hochzuhalten. Paul Bocuse ist auf seiner Speisekarte zuallererst Lyonnaiser, Michel Guérard ein Mann der Landes, und die Haeberlins sind vom Tortenboden bis in die Messerspitze unverkennbare Elsässer. Kein großer Küchenchef zwischen der Bretagne und der Côte d'Azur,

zwischen Südtirol und Sizilien wird auf seine Karte ein Sammelsurium nationaler und internationaler Gerichte schreiben. Trumpf ist stets seine ureigene Region. Überall werden deren traditionsreiche Gerichte zubereitet, selbstverständlich zeitgemäß leicht, geschmacksintensiver und raffinierter als früher.

Und in Deutschland? Sind unsere besten Köche seit jeher selbstbewußte Repräsentanten der Küche ihrer Region, servieren sie Großmutters nostalgische Küche der Heimat in aller Appetitlichkeit von heute? Ich will hier nicht untersuchen, geschweige denn darüber richten, warum dem nicht so ist. Ich möchte nur erklären, warum ich mich ganz meiner Region verschrieben habe und das auch in jeder anderen deutschen Gegend getan hätte, wenn ich irgendwo anders zwischen Mecklenburg und Markgräfler Land, Eifel und Erzgebirge geboren und Koch geworden wäre.

Regionale Küche bedeutet für mich die Vermählung der kulinarischen Tugenden meiner Heimat mit den Prinzipien der guten Küche. Diese glückliche Verbindung vereint die

traditionelle Rezepte und besten saisonalen Produkte der Region mit den Ansprüchen an die Kochkunst und das Gesundheitsbewußtsein von heute.

Der Gast soll nicht nur am Ambiente meines Restaurants wahrnehmen, daß er in Oberbayern eingekehrt ist, sondern vor allem gleich auf meiner Karte erkennen und dann den Gerichten optisch und geschmacklich anmerken, daß er nicht irgendwo in einem Bistro, Hotelrestaurant oder Gourmettempel sitzt, sondern im schönsten Bayern weißblaue Schmankerl bekommt – also unverwechselbare Teller, die ihm nicht schon gestern in Westfalen oder Schwaben serviert wurden und morgen am Rhein und an der Donau gereicht werden.

Die regionale Küche hat für mich, was ich an dieser Stelle nicht verschweigen will, auch einen finanziellen Aspekt. Erstens kann ich günstiger einkaufen und kalkulieren, als wenn ich alles vom Pariser Großmarkt oder sonstwoher kommen ließe. Zweitens: Wenn ich in meiner oberbayerischen Heimat so kochen würde, wie es in der großen weiten Welt üblich ist, müßte kein Mensch die 120 Kilometer von München nach Waging fahren. Daß die Hälfte meiner Gäste den weiten Weg von München auf sich nimmt, liegt nur an meiner persönlichen regionalen Küche: gestandene bayerische Urwüchsigkeit, auf leichte Art zubereitet und herzhaft abgeschmeckt. Wer nach Waging kommt, tut das sicherlich nicht, weil er wie in Paris, Monte Carlo oder Florenz essen möchte. Früh lernte ich von Eckart Witzigmann, Paul Bocuse und manch anderem Koch, der Furore gemacht hat, daß man den größten Erfolg immer mit dem erreicht, was der eigenen Persönlichkeit, dem eigenen Standort und den Sehnsüchten der Gäste entspricht.

Für meine Küche bin ich ständig auf der Suche nach den schönsten traditionellen Rezepten meiner bayerischen Heimat. Bei jedem Besuch biete ich den wiederkehrenden Gästen etwas Neues, für das ich keine Moden, keine Trends und keine Szene beachten muß, sondern nur das brauche, was die Wiesen und Wälder, Seen und Flüsse, Gärten und Bio-Bauern der Umgebung gerade in aller saisonalen Frische und bester Güte bieten. Überall in Deutschland, von der Nord- bis an den Bodensee, von der Saar bis an die Oder, ist die Auswahl an frischen deutschen Agrarprodukten und deren Qualität während der letzten Jahre ständig besser geworden. Fast alles, was man für eine gute bis hervorragende Küche an Fleisch und Fisch, Gemüse und Obst braucht, kann man heute von deutschen Viehzüchtern, Gemüsebauern, Fischern und Gärtnern direkt auf den Wochenmärkten und in den einschlägigen Geschäften kaufen. Ich kriege alles aus dem Umkreis von 50 Kilometern.

Mein Engagement für die Region spornt auch die Lieferanten an: Sie sind stolz darauf, daß ich das Beste aus ihren Produkten mache, und ich kann darauf vertrauen, daß sie sich deshalb alle Mühe geben. Je näher meine Küche der Natur ist, desto lieber koche ich. Denn dann muß ich am Herd nicht zau-

bern, sondern dem Gast nur den Zauber meiner oberbayerischen Heimat nahebringen.

Dieser Charme prägt auch alle anderen regionalen Küchen in Deutschland. Das spürte ich immer wieder, wenn ich irgendwo in den alten und neuen Bundesländern zu Besuch bin.

Wie oft werde ich in regionalen Fernsehstudios gefragt, ob ich ein paar traditionelle Gerichte der Gegend nach meinem bayerischen Vorbild modernisieren könnte? Ich tat's und tue es jedesmal gern und kam dabei auf die Idee dieses Buchs. Denn in allen deutschen Regionen gibt's wunderbare Rezepte aus der guten alten Zeit, die noch besser gewesen wäre, wenn man damals schon so leicht, so geschmacksintensiv und so raffiniert hätte kochen können, wie es uns heute möglich ist. All' diese Rezepte verschönt ein ganz besonderer Reiz: Sie erreichen eine große Geschmacksintensität, weil sie die Produkte immer nur dann verwenden, wenn die Natur sie am wohlschmeckendsten liefert.

Diesen unnachahmlichen Vorteil sollten wir wiederentdecken und – bei allen ansonsten unbestrittenen Vorzügen der modernen Möglichkeiten beim Transport, Tiefkühlen und Konservieren – die Produkte vorzugsweise nur in ihrer Saison essen.

Die schönsten bodenständigen Rezepte, bäuerliche wie bürgerliche, die ich auf meinen kulinarischen Deutschlandreisen sammelte, vereinen sich nun zu einem Buch, das jeden Feinschmecker erkennen läßt: Es gibt sie doch, die deutsche Küche. Sie ist – wie die französische oder italienische – die Summe ihrer schönen regionalen Besonderheiten, die uns heute mehr Tafelfreuden bereiten können als jemals zuvor in der Geschichte der deutschen Kochkunst. Denn wir können die gute alte Zeit noch besser auftischen, als sie war.

Versteht sich, daß ich nicht nur die besten Rezepte aller deutschen Regionen sammelte und hier wiedergebe. Vielmehr überlegte ich mir bei jedem, das ich erhaltenswert oder zumindest ganz bekannt fand: Wie würden die Köchinnen oder Kollegen, die vor einigen Jahrhunderten oder vielen Jahrzehnten auf das von Generationen überlieferte Rezept kamen, heute denken, kochen und anrichten? Welche Produkte würden sie anstelle ihrer Viktualien nehmen, wenn sie unsere heutigen Möglichkeiten (oder auch Schwierigkeiten) beim Einkauf hätten? Wenn sie unsere modernen Küchentechniken nutzen könnten? Wenn sie unser Gesundheitsbewußtsein hätten – und soviel sitzen und sich sowenig bewegen oder körperlich anstrengen würden wie wir? Diese Überlegungen stellte ich nicht an, um möglichst viel zu verändern, um originell zu sein oder gar möglichst alles bayerisch weißblau einzufärben. Nein, ganz im Gegenteil. Ich wollte die Besonderheit jeder Region bewahren, ihren Geschmack achten und stets die Küche im Dorf lassen. Nur in einem Punkt folgte ich meinen persönlichen Vorlieben und blieb mir und meinem Erfolg treu: Ich finde, Luxus und Feierlichkeit sind »out«, Natürlichkeit und Unkompliziertheit sind »in«. In diesem Sinne möchte ich das Beste aus der deutschen Regionalküche machen. Empfinden Sie meine zeitgemäßen Variationen der schönsten Rezepte aus der Traditionsküche unserer Großmütter und deren Großmütter deshalb als Anregung: Kochen Sie für Ihre Lieben so, wie's denen gefällt – und nicht so, wie andere es für richtig halten. Kochen Sie immer mehr mit dem Herzen als nach Rezepten. Ich wäre Ihnen, falls Sie mich mal einladen, dafür dankbar.

1. KAPITEL

Salate und kleine Gerichte

Sie sind schnell zubereitet und können trotzdem höchst appetitlich sein, die kleinen Schmankerl zwischendurch und die Salate, die ein Gericht begleiten oder selbst eine Mahlzeit sein können. Die Top ten der deutschen Salat-Hitparade klingen vom Grundprodukt her nicht sonderlich aufregend: Tomaten, Gurken, Kopfsalat, Radieschen, Endivien, Bohnen, Möhren, Spargel, Rettich und Chicorée. Entscheidend ist freilich, was man aus diesen rohen Gemüsen dank der heutigen kulinarischen Möglichkeiten macht. Schon in seiner einfachsten Form erfordert der Salat nach einem alten Sprichwort fünf Fertigkeiten: Zur Zubereitung seien fünf Leute nötig: Ein Geduldiger müsse die Kräuter handverlesen, ein Verschwender das Öl dazugeben, ein Geizkragen den Essig hinzufügen, ein Weiser das Salz bemessen, und ein Verrückter müsse alles verrühren. Nun ja, in Spanien, woher das Sprichwort stammt, neigt mancher zu blumiger Übertreibung. Doch Sorgfalt erfordert die Zubereitung schon; denn ein zu saurer oder versalzener Salat ist ja 'was Übles. Und daher kommt sicher die Unerfreuliches verheißende Redewendung: »Da haben wir den Salat!« Das können die Menschen im wörtlichen oder symbolischen Sinne schon seit fast drei Jahrtausenden sagen. Als sein erster Promoter gilt der babylonische König Nebukadnezar, der »Gras aß wie ein Ochse«, als zweiter der sagenhafte griechische Schönling Adonis, der seinem geliebten Salat zum Ruf eines Wundermittels für besseres Aussehen verhalf. Die Griechen nahmen ihren Salat am Ende der Mahlzeit, der römische Kaiser Domitian setzte ihn als Eröffnung des Essens durch. Nebukadnezars würzig angemachte Nesselsprossen heißen noch heute am Euphrat »Salata«, doch der Name unseres Salats soll vom mittellateinischen »salare« (= salzen) stammen. Zu den einfachen Salaten aus Blättern, Blüten und Stengeln oder aus Gemüse kamen vor 500 Jahren die komponierten hinzu. Seither entwickelten sich Salate zu einer unaufhörlichen Herausforderung an die Phantasie kochender Menschen. Für den gelernten Gast wurden sie zum Indiz dafür, mit wieviel Liebe gekocht wurde. Ob Chiemgauer Zwiebel- oder Braunschweiger Spargelsalat, fränkischer Kartoffel- oder badischer Bohnensalat – jede Komposition läßt sich so arrangieren, daß sie ein Genuß für den Gaumen und eine Überraschung fürs Auge ist. Das gleiche gilt für die Schmankerl, Snacks oder Häppchen, bei denen ja auch die Augen mitessen sollen.

Zwiebelbrötchen

HAMBURG

Hier meine vegetarische Version der bekannten Hamburger Zwiebelmettbrötchen. Diese saftigen Gemüsebrötchen gefallen aber sicher auch allen Nichtvegetariern!

Für 4 bis 8 Personen:

4 Gemüsezwiebeln, 4 Tomaten

je 1 rote oder gelbe Paprikaschote

3 EL Olivenöl

Salz, frisch gemahlener Pfeffer

2 Thymianzweige

1 kleines Stangenweißbrot

3 bis 4 EL Olivenöl, aus erster Pressung

1. Die Zwiebeln schälen und in kleine Würfel schneiden.

2. Die Tomaten kurz in kochendes Wasser tauchen, häuten, halbieren und entkernen. Das Fruchtfleisch in gleich große Würfel schneiden.

3. Die Paprikaschoten waschen, halbieren und die Stengelansätze und Kerne entfernen. Die Hälften mit der Schnittseite nach unten so lange unter den heißen Grill legen, bis die Haut braune Flecken bekommt und Blasen wirft. Dann die Schoten häuten und in kleine Würfel schneiden.

4. Das Olivenöl in einem Schmortopf erhitzen. Zwiebeln, Paprika- und Tomatenwürfel hineingeben und zu einem dicken Mus verkochen. Mit Salz, Pfeffer und den abgezupften Thymianblättern herzhaft würzen.

5. Das Weißbrot in Scheiben schneiden und von einer Seite goldgelb rösten. Mit dem Olivenöl bestreichen, die Tomaten-Paprika-Masse daraufgeben und noch warm servieren.

A.S.

» Die Gemüsebrötchen sind ideale Häppchen zum Aperitif und mit Salat ein leicht bekömmliches Abendessen an warmen Sommertagen. «

Lauwarmer Zwiebelsalat

HESSEN

Wenn es um die Beliebtheit der Gemüse-sorten geht, so darf die Zwiebel – nach den Tomaten – den Platz zwei für sich in An-spruch nehmen. Erstaunlich, da man sie bei uns solo – als Gemüse oder Salat – kaum zubereitet. Nur dort, wo Zwiebeln auch angebaut werden, wie etwa in Hessen, werden sie schon mal gefüllt oder als pikanter Salat serviert.

Für 4 Personen:

500 g weiße Zwiebeln

500 g rote Zwiebeln

Salz

300 g festkochende Kartoffeln

30 g Butterschmalz

200 g Champignons

1 Prise gemahlener Koriander

2 EL gehackte Petersilie

etwas Zitronensaft

frisch gemahlener Pfeffer

150 g grüner Speck

1. Die Zwiebeln schälen und in feine Scheiben schneiden. Kurz in kochendem Salzwasser blanchieren und auf einem Sieb abtropfen lassen.

2. Die Kartoffeln schälen, in kleine Wür-fel schneiden und in wenig Salzwasser kurz garen. Das Kochwasser abschütten, die Kartoffeln gut abdampfen lassen und in heißem Butterschmalz goldbraun und knusprig braten.

3. Die Champignons putzen und in Scheiben schneiden. Zwiebeln, Kartoffeln und die rohen Pilze in einer Schüssel ver-mischen. Koriander und Petersilie mit Zi-tronensaft, Pfeffer und etwas Salz ver-rühren und die Salatzutaten damit mari-nieren.

4. Den Speck in sehr kleine Würfel schneiden und in einer Pfanne kroß aus-braten. Auf einem Sieb abtropfen lassen und den Salat mit den Speckkrusteln be-streuen.

Würzig marinierter Kürbis

MARK BRANDENBURG

Schade wäre es, wenn die Riesenkürbisse nur noch ausgehöhlt als Martinslaternen Bedeutung hätten oder ihr Innenleben nur süßsauer eingelegt konserviert würde. Dünn aufgeschnitten, mit Kürbisöl beträu-felt und mit knusprigen Kernen bestreut, wird aus den »Melonen des Nordens« eine herrliche Vorspeise.

Für 4 Personen:

400 g Kürbisfruchtfleisch

1 TL Senf

Salz, frisch gemahlener Pfeffer

1 Prise Zucker, 3 EL guter Rotweinessig

1 TL gehackte Petersilie

2 EL Kürbiskerne

4 EL Kürbiskernöl

1 kleines Stück frischer Meerrettich

1. Das Kürbisfleisch in hauchdünne Scheiben schneiden.

2. Aus Senf, Salz, Pfeffer, Zucker und Rotweinessig eine Marinade rühren, zum Schluß die Petersilie untermischen. Die Kürbisscheiben mit der Marinade bestrei-chen und übereinander in eine kleine Form schichten. Etwa 1 Stunde im Kühl-schrank durchziehen lassen.

3. Die Kürbiskerne in 1 Eßlöffel heißem Kürbiskernöl goldgelb und knusprig bra-ten, abkühlen lassen und grob hacken.

4. Kurz vor dem Servieren die gut gekühlten Kürbisscheiben auf vier Tel-lern anrichten. Den Meerrettich darüber raspeln, mit dem restlichen Kürbiskernöl beträufeln und mit den gehackten Kür-biskernen bestreuen.

A.S.

» *Das Fruchtfleisch von zu großen Kürbissen ist meist ein wenig trocken. Nehmen Sie deshalb für dieses feine Gemüsecarpaccio unbedingt kleinere Exemplare!* «

Steinpilzsalat

In den Wäldern Thüringens muß man kein Glückspilz sein, um Steinpilze zu finden – sie gedeihen dort seit jeher sehr üppig. Dementsprechend findet man dort auch viele Rezepte mit den edelsten aller Pilze: Sie werden zu Suppen und Saucen verarbeitet oder mit Ei in der Pfanne geröstet. Übriggebliebene Pilze werden getrocknet. Heute bevorzugen junge, ernährungsbewußte Genießer die köstliche Gabe der Natur kurz gebraten auf Salat!

Für 4 Personen:

750 g Steinpilze

300 g Kalbsbries

1 Möhre

1 Stange Lauch

1 Kopfsalat

3 EL Balsamessig

Salz, frisch gemahlener Pfeffer

3 EL geschmacksneutrales Öl

2 EL gehackter Kerbel

40 g Butter

1. Die Steinpilze putzen, nur wenn nötig waschen, dann in dünne Scheiben schneiden.

2. Das Bries gut wässern. In kochendes Wasser geben, den Topf sofort vom Herd nehmen und das Bries etwa 10 Minuten ziehen lassen. Anschließend das Bries von allen Äderchen befreien, enthäuten, in kleine Röschen zerteilen und auf einem Tuch gut abtropfen lassen.

3. Die Möhre schälen, vom Lauch die Wurzeln und das grüne Ende entfernen. Den Lauch der Länge nach halbieren, gründlich waschen und wie die Möhre in Scheiben schneiden. Beides kurz in kochendem Salzwasser blanchieren und in Eiswasser abschrecken. Abtropfen lassen.

4. Den Kopfsalat putzen, in einzelne Blätter teilen, gründlich waschen und trockenschleudern. Balsamessig, etwas Wasser, Salz, Pfeffer und Öl zu einer Vinaigrette verrühren, zum Schluß ein wenig Kerbel hinzufügen.

5. 20 g Butter in einer Pfanne erhitzen und das Kalbsbries darin langsam braten. Mit Salz und Pfeffer abschmecken.

6. Die Steinpilze in der restlichen Butter in einer Pfanne kurz anbraten, mit Salz und Pfeffer abschmecken, dann mit ein wenig Vinaigrette marinieren.

7. Mit der restlichen Vinaigrette den Kopfsalat anmachen und auf Tellern anrichten. Das Kalbsbries, die Steinpilze und das Gemüse sowie den restlichen Kerbel darüber verteilen.

A.S.

» *Wer beim Verzehr von frischen Waldpilzen Bedenken hat, kann auf das reiche Angebot an Zuchtpilzen zurückgreifen. Besonders aromatisch schmecken Shiitake-Pilze. Aber natürlich kann man den Salat auch mit gebratenen Egerlingen oder Austernpilzen belegen.* «

Salat von weißem und grünem Spargel

BADEN/FRANKEN/
HESSEN/PFALZ

Wahre Spargelenthusiasten schwören zwar auf die klassische Zubereitung: gekocht und mit flüssiger Butter serviert. Doch jedes Anbaugebiet kennt eine Fülle anderer Rezepte. Hier mein Favorit:

Für 4 Personen:

je 250 g weißer und grüner Spargel

Salz, 100 g Feldsalat

2 EL Rotweinessig, 1 TL Balsamessig

frisch gemahlener Pfeffer

5 EL geschmacksneutrales Öl

2 Schalotten

1 kleine gekochte Kartoffel

4 bis 5 EL Kalbsfond (aus dem Glas)

2 Scheiben Kastenweißbrot

40 g Butter

1. Die weißen Spargelstangen ganz, die grünen Stangen nur am unteren Ende schälen. Den grünen Spargel in 8 bis 10 Minuten, den weißen Spargel in 12 bis 15 Minuten in kochendem Salzwasser bißfest garen. Abtropfen lassen.

2. Den Feldsalat sorgfältig putzen und mehrmals gründlich waschen. Auf einem Sieb gut abtropfen lassen.

3. Die beiden Essigsorten, Salz, Pfeffer und 4 Eßlöffel Öl zu einer Vinaigrette verrühren. Die Schalotten schälen, in kleine Würfel schneiden und in dem restlichen Öl glasig dünsten. Die Kartoffel schälen und mit dem Fond im Mixer fein pürieren. Mit den gedünsteten Schalotten unter die Vinaigrette mischen.

4. Das Weißbrot in kleine Würfel schneiden und in der zerlassenen Butter goldbraun braten. Den Spargel in Scheiben schneiden (die Köpfe ganz lassen) und mit dem Feldsalat vermischen. Mit der Marinade begießen, alles locker vermischen und mit den Brotwürfel bestreuen.

Hopfensprossensalat mit Radieschen

ALTBAYERN

Sie waren fast völlig in Vergessenheit geraten, die zarten, leckeren Hopfensprossen. Seit man an der Technischen Universität in Weihenstephan begann, sich intensiv um den Anbau dieser bayerischen Spezialität zu bemühen, ist dieses Edelgemüse im Frühling auch außerhalb der Hallertau zu kaufen.

Für 4 Personen:

250 g Hopfensprossen

50 g Sojasprossen

1 Bund Radieschen

1 Apfel

1 EL Sesamöl

2 EL Balsamessig

Salz, frisch gemahlener Pfeffer

etwas Zucker

1 TL Sesamsamen

1 EL Kerbelblättchen

1. Hopfensprossen und Sojasprossen putzen, waschen und auf einem Sieb gut abtropfen lassen.

2. Radieschen putzen, waschen und in feine Streifen oder Scheiben schneiden.

3. Den Apfel schälen, halbieren, entkernen und die Fruchthälften in kleine Würfel schneiden.

4. Das Sesamöl in einer Pfanne erhitzen und die Sprossen rasch, unter Schütteln der Pfanne, darin andünsten. Abkühlen lassen, dann mit den Apfelwürfeln und Radieschenscheiben in einer Schüssel vermischen.

5. Balsamessig, Salz, Pfeffer und Zucker verrühren und den Salat damit herzhaft abschmecken.

6. Die Sesamsamen in einer Pfanne ohne Fett rösten und zusammen mit den Kerbelblättern über den Hopfensprossensalat streuen.

Bohnensalat
mit Flußkrebsen

WESTFALEN

Die Westfalen lieben Bohnen – am liebsten geschnippelt und als sättigende Suppe. Im Hochsommer machen sie aus den gekochten Bohnen auch gern einen würzigen Salat, der entweder als Beilage oder, mit Speck- oder Brotwürfeln bestreut, als Abendessen gereicht wird. Belegt mit Flußkrebsen oder Shrimps, wird aus dem schlichten Bohnensalat eine ausgesprochen edle Vorspeise.

Für 4 Personen:

200 g gelbe Wachsbohnen

200 g grüne Bohnen

Salz, 1 Zwiebel

4 EL geschmacksneutrales Öl

frisch gemahlener Pfeffer

1 TL abgezupfte Bohnenkrautblätter

1 bis 2 EL Rotweinessig

20 gekochte Flußkrebsschwänze, mit

Sud (ersatzweise Shrimps)

1. Von den Bohnen die Enden abknipsen, falls nötig entfädeln, und in gleich große Stücke schneiden. Etwa 7 Minuten in kochendem Salzwasser garen. Dann auf ein Sieb schütten und sofort in Eiswasser abschrecken, damit die frische Farbe erhalten bleibt.

2. Die Zwiebel schälen, in kleine Würfel schneiden und in 1 Eßlöffel erhitztem Öl glasig dünsten. Mit Salz und Pfeffer gut abschmecken.

3. Die Bohnenkrautblätter fein hacken und mit den Zwiebeln in eine Schüssel geben. Rotweinessig und das restliche Öl dazugeben, gut verrühren und mit Salz und Pfeffer würzen. Die Marinade über die Bohnen gießen und alles gut mischen. Mindestens 15 Minuten durchziehen lassen.

4. Die Krebsschwänze in dem Sud erwärmen. Den lauwarmen Bohnensalat auf vier Tellern verteilen und mit den Flußkrebsen belegen

Gekochter
Selleriesalat

ALLE REGIONEN

Selleriesalat ist eine typisch deutsche Beilage, die gut zu Enten- oder Gänsebraten paßt.

Für 4 Personen:

2 mittelgroße Sellerieknollen, Salz

3 EL Weißweinessig

etwas frisch geraspelte Ingwerwurzel

4 EL geschmacksneutrales Öl

frisch gemahlener Pfeffer

1 Zwiebel

1 Bund Schnittlauch, feingeschnitten

1. Die Sellerieknollen gründlich bürsten und in reichlich kochendem Salzwasser gar kochen. Mit einem Schaumlöffel herausheben, in kaltem Wasser abschrecken, schälen und mit einem Buntmesser in Scheiben schneiden.

2. Essig mit Salz, etwa $1/8$ Liter Gemüsekochwasser, Ingwer, Öl und Pfeffer verrühren und die Marinade über die noch warmen Selleriescheiben gießen. Die Zwiebel schälen, in kleine Würfel schneiden und unter den Salat mischen. Einige Stunden durchziehen lassen.

3. Noch einmal herzhaft abschmecken und mit Schnittlauch bestreut servieren.

A.S.

» *Meine Mutter bereitete immer gleich eine größere Menge von diesem köstlichen Salat zu. In einem zugedeckten Steingutgefäß kühl aufbewahrt, hielt sich der Salat (ohne Zwiebeln) mehrere Tage. Er schmeckte von Tag zu Tag besser!* «

Roher Selleriesalat

ALLE REGIONEN

Für 4 Personen:

1 kleine Sellerieknolle (etwa 200 g)

Saft von ½ Zitrone

je 2 bis 3 EL süße und saure Sahne

Salz, frisch gemahlener Pfeffer

2 EL grobgehackte geröstete Haselnüsse

1 TL feingehackte Sellerieblätter

1. Die Sellerieknolle schälen und erst in dünne Scheiben, dann in feine Streifen schneiden. Sofort mit Zitronensaft beträufeln, damit das Gemüse weiß bleibt.

2. Süße und saure Sahne verrühren, mit Salz und Pfeffer würzen und mit den Selleriestreifen vermischen. Falls nötig, noch mit etwas Zitronensaft abschmecken und mit den Nüssen sowie den Sellerieblättern bestreuen.

Rote-Rüben-Salat

ALLE REGIONEN

Für 4 Personen:

4 kleine rote Rüben

Salz, 1 TL Kümmel

5 EL Rotweinessig

1 TL Zucker

4 EL geschmacksneutrales Öl

1 EL frisch geriebener Meerrettich

1. Die roten Rüben waschen und gründlich bürsten. In reichlich Salzwasser mit dem Kümmel in etwa 50 bis 60 Minuten gar kochen.

2. Die Knollen mit kaltem Wasser abschrecken, schälen und mit einem Buntmesser in dünne Scheiben schneiden. Essig, Salz, Zucker und Öl verrühren, etwas Kochwasser hinzufügen und die Marinade über die Rüben gießen. Einige Stunden durchziehen lassen. Vor dem Servieren mit dem Meerrettich bestreuen.

Kartoffelkuchen mit Käse

SACHSEN-ANHALT

Für 4 bis 6 Personen:

6 Eigelb

abgeriebene Schale und Saft von

1 unbehandelten Zitrone

1 TL Zucker

400 g vorwiegend festkochende

Kartoffeln, am Vortag gekocht

200 g halbfester Schnittkäse

(z. B. Almkäse)

4 EL geröstete, gehackte Kürbiskerne

1 EL Speisestärke

1 EL feingeschnittener Schnittlauch

Salz, frisch gemahlener Pfeffer

frisch geriebene Muskatnuß

½ TL Paprikapulver, edelsüß

6 Eiweiß

Fett und Paniermehl für die Form

1. Den Backofen auf 170° C vorheizen. Die Eigelb mit Zitronenschale, -saft und Zucker schaumig schlagen. Kartoffeln schälen und reiben, den Käse in Würfel schneiden und beides mit den Kürbiskernen, Speisestärke und Schnittlauch unter die Schaummasse mischen. Mit Salz, Pfeffer, Muskat und Paprika würzen.

2. Die Eiweiß zu steifem Schnee schlagen und locker unter die Masse heben. Eine Kastenform ausfetten und mit Paniermehl ausstreuen. Die Masse einfüllen und auf der mittleren Schiene in etwa 1 ½ Stunden gar backen.

A.S.

» *Den pikanten Kuchen vor dem Anschneiden ein wenig abkühlen lassen, dann auf ein Kuchengitter stürzen und entweder warm mit Salat als Hauptgericht reichen oder abgekühlt zur Brotzeit oder als Partyhappen servieren.* «

Kartoffelsalat mit Mayonnaise

R H E I N L A N D

Kartoffelsalat ist ein Klassiker der deutschen Küche, jede Region kennt mehrere Rezepte. In einem ist man sich jedoch einig: Nur festkochende Kartoffelsorten ergeben den richtigen Salatbiß.

Für 6 bis 8 Personen:

1 kg festkochende Kartoffeln

150 g gekochter Schinken

3 große Gewürzgurken

4 hartgekochte Eier, geschält

100 g ausgepalte Erbsen, Salz

4 Frühlingszwiebeln

¼ l heiße Fleischbrühe

6 EL Weißweinessig

frisch gemahlener Pfeffer

1 Eigelb

etwa ⅛ l geschmacksneutrales Öl

Cayennepfeffer

1 Handvoll frische Brunnenkresse

1. Kartoffeln waschen und in 35 bis 40 Minuten garen. Abdampfen lassen, schälen und in dünne Scheiben schneiden.

2. In der Zwischenzeit Schinken, Gewürzgurken und Eier in kleine Würfel schneiden. Die Erbsen wenige Minuten in Salzwasser blanchieren und kalt abschrecken. Die Frühlingszwiebeln putzen und in dünne Scheiben schneiden.

3. Die Brühe mit 4 Eßlöffel Essig, Salz und Pfeffer verquirlen und über die Salatzutaten gießen. Mit einem Salatbesteck locker vermischen und etwa 10 Minuten durchziehen lassen.

4. Das Eigelb mit einem Schneebesen verrühren und unter ständigem Rühren das Öl tröpfchenweise dazugießen. (Schneller geht es im Mixer oder mit dem Pürierstab.) Die Mayonnaise mit Salz, Cayennepfeffer und dem restlichen Essig abschmecken und unter den Kartoffelsalat ziehen. Falls nötig, ein wenig Brühe oder Sud der Gewürzgurken dazugeben. Mit gewaschener und gut abgetropfter Brunnenkresse garnieren.

Kartoffelsalat mit Speck

F R A N K E N

Für 4 Personen:

800 g festkochende Kartoffeln,

am besten Bamberger Hörnle

1 Zwiebel, 60 g durchwachsener Speck

½ l Rinderbrühe

2 EL Weinessig

4 EL geschmacksneutrales Öl

Salz, frisch gemahlener Pfeffer

2 Bund Radieschen

1 Bund Schnittlauch, feingeschnitten

1. Kartoffeln waschen und am besten in einem Dämpfer in etwa 30 bis 35 Minuten garen. Abdampfen lassen, schälen und in dünne Scheiben schneiden.

2. Die Zwiebel schälen und wie den Speck in kleine Würfel schneiden. Die Speckwürfel in der Pfanne kroß braten, dann die Zwiebelwürfel dazugeben und bei schwacher Hitze glasig dünsten.

3. Die Brühe erhitzen und Essig, Öl, Salz und Pfeffer untermischen. Über die Kartoffelscheiben gießen, die Speck- und Zwiebelwürfel dazugeben und alles vorsichtig mit einem Salatbesteck mischen. Den Salat mindestens 15 Minuten durchziehen lassen.

4. Radieschen waschen und in Scheiben schneiden. Mit dem Schnittlauch unter den Salat mischen. Falls nötig, ein wenig Brühe hinzufügen und noch einmal herzhaft abschmecken.

A.S.

» *Bamberger Hörnle sind eine fränkische Rarität, die es nur kurze Zeit gibt. Die hörnchenähnlich geformte, speckige, überaus aromatische Kartoffelsorte ist wie geschaffen für diesen Salat. Ein passender Ersatz sind festkochende Sorten wie Sieglinde, Selma oder Nicola.* «

Hoppel-Poppel

———————

Als Bauernfrühstück kennt man die Bratkartoffel-Eier-Pfanne in anderen Gegenden. Die Berliner – immer schon für lockere Sprüche bekannt – machten daraus »Hoppel Poppel«, was soviel bedeutet wie »rasches Durcheinander«.

Für 4 Personen:

800 g festkochende Kartoffeln

200 g roher Schinken

50 g Butterschmalz

4 Eier

Salz, frisch gemahlener Pfeffer

1 Prise gemahlener Kümmel

1/2 Bund glatte Petersilie, gehackt

1. Die Kartoffeln am Vortag in 30 bis 35 Minuten gar kochen.

2. Kurz vor der Zubereitung die Kartoffeln schälen und in Scheiben, den Schinken in kleine Würfel schneiden.

3. Butterschmalz in einer großen Pfanne erhitzen und die Kartoffelscheiben darin anbraten. Mit Schinkenwürfel bestreuen und unter Wenden mit einem Bratwender alles goldbraun und knusprig braten.

4. Die Eier verquirlen und mit Salz, Pfeffer und Kümmel würzen. Gleichmäßig über die Kartoffeln gießen, miteinander vermischen und bei schwacher Hitze in wenigen Minuten stocken lassen. Mit Petersilie bestreut servieren.

A.S.

» Als die Menschen noch körperlich schwer arbeiten mußten, gab es bereits zum Frühstück eine fettreiche Mahlzeit. Sie bestand meistens aus Bratkartoffeln, angereichert mit allen verfügbaren Zutaten. Heutzutage ißt man Hoppel-Poppel besser als Abendmahlzeit mit frischem knackigen Salat. «

Obatzda

———————

Biergartenbrotzeit ohne Obatzdn – undenkbar! Der angemachte Camembert ist, wie der Radi und die Brezn, fester Bestandteil einer echten bayerischen Brotzeit. Wie er nun richtig gemacht wird – ob nur aus Camembert oder auch mit Romadur, ob er mit Butter, Eigelb oder Topfen gestreckt wird –, darüber kann man trefflich streiten. Hier die Version aus dem Kurhausstüberl in Waging.

Für 4 Personen:

250 g Camembert (60 % Fett i. Tr.)

oder Almkäse

150 g Speisequark (20 % Fett i. Tr.)

1 Zwiebel

10 g Butter

Salz, frisch gemahlener Pfeffer

1 Prise gemahlener Kümmel

1/2 TL Paprikapulver, edelsüß

1 Msp Cayennepfeffer

1 Bund Schnittlauch, feingeschnitten

1. Den Camembert mit einer Gabel fein zerdrücken und den Quark unterrühren.

2. Die Zwiebel schälen, in kleine Würfel schneiden und in der Butter glasig dünsten. Abgekühlt unter die Käsemischung rühren. Mit Salz, Pfeffer, Kümmel, Paprika und Cayennepfeffer abschmecken und mindestens 1 Stunde durchziehen lassen.

3. Den Obatzdn auf einen Teller häufen und mit Schnittlauch bestreuen. Mit kernigem Bauernbrot, Maurerloabl (Roggenbrötchen) oder Brezn servieren.

A.S.

» Ich mische manchmal noch etwas zerdrückte Knoblauchzehe unter den Obatzdn, aber für viele Bayern ist das schon eine arge Verfälschung. «

Radieschenquark mit Kümmelkartoffeln

P F A L Z

Weißer Käs' oder Spundekäs sagt man in der Pfalz zu pikant angemachtem Quark, im Schwäbischen ist es der Luckeleskäs, im Fränkischen Ziebalaskäs, und überregional ist dieser Brotaufstrich als Liptauer bekannt. Grundlage ist immer ein frischer Quark, der mit gehackten Kräutern und Zwiebeln sowie allerlei Gewürzen pikant abgeschmeckt wird.

Für 4 Personen:

2 Bund Radieschen

1 kleine Zwiebel, 2 Bund Schnittlauch

je 1 Bund Basilikum und Petersilie

500 g Magerquark

250 g Frischrahmkäse (50 % Fett i. Tr.)

100 g Ziegenfrischkäse (45 % Fett i. Tr.)

200 ml Sahne

Salz, frisch gemahlener weißer Pfeffer

1 Prise Paprikapulver, edelsüß

1. Die Radieschen putzen und waschen. Die Zwiebel schälen und beides in kleine Würfel schneiden. Die Kräuter waschen und trockenschleudern. Den Schnittlauch in feine Röllchen schneiden, Basilikum und Petersilie fein hacken.

2. Den Magerquark mit Frischrahmkäse und Ziegenfrischkäse verrühren. Die Sahne steif schlagen und mit den Radieschen- und Zwiebelwürfeln sowie den Kräutern untermischen. Mit Salz, Pfeffer und Paprika kräftig würzen und gut durchrühren.

A.S.

» *Am besten schmecken Kümmelkartoffeln dazu: Mittelgroße mehligkochende Kartoffeln waschen, halbieren und mit der Schnittfläche nach oben auf ein Backblech legen. Mit Öl oder Butter bestreichen und mit Kümmel bestreuen. Im etwa 220° C heißen Backofen auf der mittleren Schiene 30 bis 40 Minuten backen.* **«**

Grüner Hering mit Apfel-Gurken-Salat

HAMBURG

Grüne Heringe sind schon lange kein Armeleuteessen mehr. Vor allem, wenn man daraus ein kräuterduftendes Carpaccio zubereitet.

Für 4 Personen:

4 grüne Heringe

4 weiße Pfefferkörner

1 TL Korianderkörner

2 Wacholderbeeren

1 EL Zucker

1 TL Salz

1/2 Bund Dill, grobgehackt

1 kleines Bund Petersilie, grobgehackt

1 Apfel

1 kleine Salatgurke

1 EL saure Sahne

Salz, Pfeffer aus der Mühle

etwas Saft und Schale von

1 unbehandelten Zitrone

1. Die Heringe unter kaltem Wasser abspülen, der Länge nach halbieren und alle Gräten sorgfältig entfernen.

2. Pfeffer-, Korianderkörner und Wacholderbeeren im Mörser grob zerstoßen und mit Zucker und Salz vermischen. Die Heringsfilets damit einreiben und mit Dill und Petersilie bestreuen. Die Filets aufeinanderschichten und mit einem Brett und einem Gewicht beschweren. Mindestens 4 Stunden, am besten über Nacht in den Kühlschrank stellen.

3. Apfel und Gurke schälen, halbieren, entkernen und in kleine Würfel schneiden. Die saure Sahne untermischen und den Salat mit Salz, Pfeffer, Zitronensaft und der in feine Streifen geschnittenen Schale abschmecken.

4. Gewürze und Kräuter mit einem Löffel von den Filets abschaben. Die Fischfilets ohne Haut schräg in sehr dünne Scheiben schneiden und mit dem Salat auf vier Tellern anrichten.

Heringssalat mit roter Bete

SCHLESIEN

Dieser mit roten Beten zubereitete Heringssalat wird oft auch roter oder polnischer Salat genannt. Vermutlich stammt das Originalrezept aus Polen, auf jeden Fall aber ißt man den Salat dort mindestens genauso gerne wie bei uns. Traditionell trinkt man hier wie dort einen gut gekühlten Wodka dazu.

Für 4 Personen:

2 Salzheringe

1 säuerlicher Apfel, 1/2 Salatgurke

4 kleine rote Beten, ungeschält

gekocht

4 gekochte, mittelgroße festkochende

Kartoffeln, 1 Zwiebel

3 EL Rotweinessig, etwas Zitronensaft

Salz, frisch gemahlener Pfeffer

3 EL geschmacksneutrales Öl

1 EL feingeschnittener Schnittlauch

1 EL gehackte Petersilie

1. Die Heringe wässern, häuten und filetieren. Die Heringsfilets in etwa 1 cm große Würfel schneiden. Den Apfel und die Salatgurke schälen, halbieren und entkernen. Ebenfalls in gleich große Würfel schneiden.

2. Rote Beten und Kartoffeln schälen und in etwa 1/2 cm dicke Scheiben schneiden. Abwechselnd auf einem Teller anrichten, in der Mitte etwas Platz lassen.

3. Die Zwiebel schälen und in kleine Würfel schneiden. Essig, Zitronensaft, Salz, Pfeffer und Öl zu einer Vinaigrette verrühren. Schnittlauch und Petersilie untermischen.

4. Herings-, Apfel- und Salatgurkenwürfel kurz in der Hälfte der Vinaigrette marinieren und auf der Tellermitte anrichten. Die Kartoffel- und Rote-Bete-Scheiben mit der restlichen Vinaigrette beträufeln.

Heringssülze

An der Küste war Hering immer das Freitagsessen wenig betuchter Bürger. Gegen diese Eintönigkeit entwickelten findige Hausfrauen die eigenwilligsten Rezepte – und so entstand wohl auch der Hering in Aspik.

Für 4 Personen:

500 ml selbstgemachte klare

Fischbrühe (ersatzweise Fischfond

aus dem Glas)

9 Blatt weiße Gelatine

1 kleiner Bund Dill

1/2 Bund Kerbel

1 große mehligkochende Kartoffel

200 ml Sahne

Salz, frisch gemahlener Pfeffer

frisch geriebene Muskatnuß

4 Salzheringe

1. Die Fischbrühe leicht erwärmen. 7 Blatt Gelatine in kaltem Wasser einweichen, dann gut ausdrücken und unter die gut abgeschmeckte Fischbrühe rühren. Dill und Kerbel waschen, trockenschleudern, fein hacken und in die Fischbrühe geben.

2. Eine Terrinen- oder Kastenform (mit 1 Liter Inhalt) für etwa 1 Stunde in den Kühlschrank stellen. Danach die Form mit etwa 1/4 Liter Fischgelee ausgießen, dabei drehen, damit auch die Ränder der Form bedeckt werden, und wieder kalt stellen. Diesen Vorgang zwei- bis dreimal wiederholen, bis das Fischgelee etwa 1 cm hoch ist.

3. Die Kartoffel gar kochen, schälen und durch die Kartoffelpresse drücken. Mit 3 bis 4 Eßlöffel Sahne vermischen. Die restliche Gelatine ebenfalls in kaltem Wasser einweichen, gut ausdrücken und unter die lauwarme Kartoffelmasse rühren. Ein wenig abkühlen lassen. Die restliche Sahne steif schlagen und unter die abgekühlte Kartoffelmasse mischen. Mit Salz, Pfeffer und Muskat abschmecken.

4. Die Salzheringe häuten und filetieren. Die Filets in kleine Würfel schneiden und mit etwa 150 ml Fischgelee vermischen.

5. Etwas von der Kartoffelschaummasse in die ausgelierte Terrinenform füllen und etwa 10 Minuten kalt stellen. Dann die Heringsfilets mit dem Fischgelee etwa 1 bis 1 1/2 cm hoch einfüllen und wieder 5 bis 10 Minuten kalt stellen. Diesen Vorgang so lange wiederholen, bis alle Zutaten aufgebraucht sind. Zum Schluß mit dem restlichen Fischgelee ohne Heringsstücke begießen.

6. Die Sülze etwa 4 bis 6 Stunden gut durchkühlen lassen. Stürzen und mit einem Elektromesser in etwa 2 cm dicke Scheiben schneiden. Mit etwas Salat servieren.

Heringshäckerle

Heringshäckerle ist eine schlesische Spezialität, die aber auch auf den Speisekarten im hohen Norden, vor allem in Friesland, zu finden ist. Am besten schmeckt Heringsmett auf Bauern- oder Vollkornbrot.

Für 4 Personen:

8 zarte Matjesfilets, 50 g Kapern

1 bis 2 säuerliche Äpfel

1 kleine gekochte Kartoffel

2 EL Olivenöl, 1 EL Crème fraîche

1 bis 2 EL gehackter Kerbel

1 Bund Schnittlauch, feingeschnitten

1 TL Senf

Salz, frisch gemahlener Pfeffer

einige Salatblätter zum Anrichten

1 EL geschmacksneutrales Öl

8 Wachteleier

1. Die Matjesfilets mit einem Wiegemesser fein hacken. In eine Schüssel füllen und diese in eine größere, mit Eis gefüllte Schüssel stellen. Die Kapern fein hacken.

2. Den Apfel schälen, halbieren, entkernen, die Kartoffel schälen und beides in kleine Würfel schneiden. In 1 Eßlöffel Olivenöl goldbraun und kroß braten, dann abkühlen lassen.

3. Apfel- und Kartoffelwürfel, Crème fraîche, Kerbel, Schnittlauch, restliches Olivenöl, Kapern und Heringe gut vermischen, mit etwas Senf, Salz und Pfeffer würzig abschmecken.

4. Die Tatarmasse vierteln, rund geformt auf Tellern anrichten und mit einigen Salatblättern garnieren.

5. In einer beschichteten Pfanne das Öl erhitzen und die Wachteleier darin braten. Je 2 Eier auf jedem Tatar anrichten. Mit Vollkornbrot servieren.

Gebackene Salbeiblätter

BADEN ————————

Für 4 Personen:

100 g Mehl, 1 Prise Salz

frisch geriebene Muskatnuß

1/8 l helles Bier, 1 Eigelb

1 EL flüssige Butter

1 Eiweiß

geschmacksneutrales Öl zum

Ausbacken

16 bis 20 große Salbeiblätter

1. Mehl, Salz und Muskat in eine Schüssel geben. Bier, Eigelb und Butter hinzufügen und alles zu einem glatten Pfannkuchenteig verrühren. Zum Schluß das Eiweiß steif schlagen und unterziehen.

2. Das Öl auf 180° C erhitzen. Die Blätter in den Teig tauchen und in 2 bis 3 Minuten im heißen Fett goldbraun und knusprig braten. Eine würzige Cocktailsauce zum Dippen bereitstellen.

Gefüllte Backpflaumen

WESTFALEN ————————

Für 4 Personen:

24 Backpflaumen, ohne Steine

150 g Gänseleberpastete

30 g Walnußkerne

30 g Pinienkerne

8 Scheiben westfälischer Schinken-

speck, hauchdünn geschnitten

etwas geschmacksneutrales Öl

zum Braten

1. In die Backpflaumen mit Hilfe eines Kochlöffelstiels der Länge nach eine durchgehende Öffnung drücken.

2. Die Gänseleberpastete in etwa 1 cm breite und etwa 3 bis 4 cm lange Streifen schneiden und kurz in das Gefriergerät legen. Die Walnuß- und Pinienkerne hacken.

3. 12 Backpflaumen mit den Gänseleberstreifen füllen. Die restliche Gänseleberpastete mit den gehackten Nüssen und Pinienkernen vermischen und die restlichen Backpflaumen damit füllen. Dann den Schinkenspeck der Länge nach in 3 Streifen schneiden und die Backpflaumen mit je 1 Streifen umwickeln.

4. Etwas Öl in einer Pfanne erhitzen und die Backpflaumen darin bei schwacher Hitze langsam braten. Auf Küchenpapier abtropfen lassen und als kleine Happen zum Aperitif anbieten.

Mariniertes Kalbfleisch

Für 4 Personen:

1 Scheibe Kastenweißbrot

20 g Butter

⅛ l Kalbsfond (aus dem Glas)

2 EL Olivenöl

5 EL geschmacksneutrales Öl

1 Schalotte

1 TL feingehackte Thymianblättchen

1 TL feingehackte Rosmarinnadeln

2 EL Balsamessig, 1 TL Rotweinessig

1 TL roter Portwein

Salz, frisch gemahlener Pfeffer

400 g kalter Kalbsbraten,

in dünne Scheiben geschnitten

80 g Feldsalat

1. Das Weißbrot in kleine Würfel schneiden. Die Butter in einer Pfanne erhitzen und die Weißbrotwürfel unter Rühren darin goldbraun und knusprig rösten.

2. Kalbsfond, Olivenöl und Öl in einer Schüssel mit dem Schneebesen verquirlen. Die Schalotte schälen und in kleine Würfel schneiden. Mit Thymian und Rosmarin unter die Marinade mischen. Balsamessig, Rotweinessig und Portwein unterrühren und mit Salz und Pfeffer würzig abschmecken.

3. Die Kalbfleischscheiben dachziegelartig auf einer Platte anrichten und mit der Hälfte der Marinade begießen. Etwa 10 Minuten durchziehen lassen.

4. Den Salat gut putzen, sorgfältig waschen und trockenschleudern. Mit der restlichen Marinade anmachen und die Fleischscheiben damit garnieren.

A.S.

» *Bei diesem erfrischenden Salat kommt niemand auf die Idee, daß es sich um eine Resteverwertung handelt. Auch Rindfleisch schmeckt auf diese Weise zubereitet vorzüglich.* «

Tatar

Im Unterschied zum Hackepeter, den frisch gehackten, schon fertig mit Zwiebeln vermischten und herzhaft gewürzten Schweinenacken, macht sich das Tatar jeder selbst bei Tisch – nach eigenem Gusto – zurecht.

Für 4 Personen:

600 g gut abgehangene Rinderlende

1 weiße Zwiebel

4 Eigelb

einige grüne Pfefferkörner

1 bis 2 EL eingelegte, möglichst

kleine Kapern

1 EL scharfer Senf

etwas Zitronensaft

etwas Cayennepfeffer

Salz, frisch gemahlener Pfeffer

1. Das Fleisch entweder durch eine nicht zu feine Scheibe des Fleischwolfes drehen oder mit einem breiten, scharfen Messer fein hacken.

2. Die Zwiebel schälen und in kleine Würfel schneiden. Das Fleisch in vier Portionen teilen und auf Tellern kuppelförmig anrichten. In die Mitte eine Mulde drücken und jeweils ein Eigelb hineingeben. Rundherum die Zwiebelwürfel, Pfefferkörner, Kapern und Senf anrichten.

3. Zitronensaft, Cayennepfeffer, Salz und Pfeffer bereitstellen, damit jeder nach Herzenslust würzen kann. Herzhaftes Bauernbrot und Butter dazu reichen.

A.S.

» *Wenn man das Tatar für 4 Personen vor dem Servieren anmacht, reichen 2 bis 3 Eigelb aus. Man kann auch kleine Essiggürkchen, Mixed Pickles, Silberzwiebeln oder frisch gehackte Kräuter untermischen.* «

Ochsenmaulsalat mit Bratkartoffeln

Die dünnen knorpeligen Scheiben des Rindergaumens gibt es in Süd- und Südwestdeutschland in jeder Metzgerei fertig gekocht und geschnitten zu kaufen. Ochsenmaulsalat darf auf keiner schwäbischen Speisekarte fehlen.

Für 4 Personen:

Für den Salat:

450 g feingeschnittenes Ochsenmaul

2 rote Zwiebeln

2 bis 3 EL Rotweinessig

2 bis 3 EL trockener Weißwein

1 Prise Salz

1 Prise Zucker

3 EL geschmacksneutrales Öl

1 Bund Schnittlauch, feingeschnitten

Für die Bratkartoffeln:

4 mittelgroße festkochende Kartoffeln, am Vortag gekocht

30 bis 40 g Schmalz

Salz, frisch gemahlener Pfeffer

1/2 TL Kümmel

1. Das Ochsenmaul in eine Schüssel geben. Die Zwiebeln schälen, in dünne Scheiben schneiden und mit den Ochsenmaulscheiben vermischen.

2. Essig, Weißwein, Salz, Zucker und Öl verquirlen und das Fleisch und die Zwiebeln mit der Marinade übergießen. Mindestens 1 Stunde durchziehen lassen.

3. Die Kartoffeln schälen, in Scheiben schneiden und im heißen Schmalz unter gelegentlichem Wenden goldbraun und kroß braten. Mit Salz, Pfeffer und Kümmel würzen. Den Ochsenmaulsalat mit dem Schnittlauch bestreuen und mit den Röstkartoffeln servieren.

Regensburger Wurstsalat

Wurstsalat ist im südlichen Teil Deutschlands ein sehr beliebtes Sommeressen. Im Badischen wird Fleischwurst und Hartkäse in feine Streifen geschnitten und mit einer Vinaigrette angemacht, beim echten bayerischen Wurstsalat wird die Wurst in Scheiben geschnitten, und: Es dürfen nur die kleinen dicken, würzigen »Regensburger« verwendet werden.

Für 4 Personen:

500 g Regensburger, ersatzweise Lyoner

2 mittelgroße Zwiebeln

Salz, frisch gemahlener Pfeffer

2 bis 3 EL Weißweinessig

etwas scharfer Senf

3 bis 4 EL geschmacksneutrales Öl

eventuell etwas Wasser

1 Bund Schnittlauch, feingeschnitten

1. Die Würste enthäuten und in dünne Scheiben schneiden. Die Zwiebeln schälen und am besten mit einem Gurkenhobel in dünne Scheiben schneiden. Beides in einer Schüssel vermischen.

2. Salz, Pfeffer, Essig, Senf und Öl miteinander verquirlen und über die Wurst- und Zwiebelringe gießen. Miteinander vermischen, falls nötig, noch etwas Wasser dazugeben. Mindestens 30 Minuten durchziehen lassen. Mit dem Schnittlauch bestreut servieren.

A.S.

» Weitere Zutaten, wie Essiggurken, Paprikaschoten oder andere Kräuter (außer Schnittlauch) sind für bayerische Gaumen eine kulinarische Verfremdung! «

Saure Zipfel

Eine Spezialität aus dem Bratwurstland Franken, die auch unter der Bezeichnung »blaue Zipfel« bekannt ist, weil die Würste durch das Garen im Essigsud eine leicht bläuliche Farbe annehmen.

Für 4 Personen:

3/4 l Wasser

180 ml Weißweinessig

1 Möhre

2 bis 3 Zwiebeln

1 Lorbeerblatt

12 weiße Pfefferkörner

2 zerstoßene Wacholderbeeren

Salz

8 rohe Nürnberger Bratwürste

1. Wasser mit Essig erhitzen. Die Möhre und die Zwiebeln schälen und beides in dünne Scheiben schneiden. Mit Lorbeerblatt, Pfefferkörnern, Wacholderbeeren und Salz in die Flüssigkeit geben und 15 Minuten bei schwacher Hitze köcheln lassen.

2. Die Würste in den Sud legen, den Topf mit einem Deckel verschließen und sofort von der Kochplatte nehmen. Die Bratwürste darin etwa 15 Minuten ziehen lassen. Sie müssen sich hart anfühlen.

3. Die Würste mit dem Sud in einer großen Terrine servieren. Dazu frisch geriebenen Meerrettich, Senf und Bauernbrot reichen.

A.S.

» *Wie gut dieser fränkische Leckerbissen schmeckt, hängt einzig und allein von der Qualität der rohen Nürnberger Bratwürste ab.* **«**

Gänseweißsauer

Nichts durfte früher von einer Gans übrig bleiben. In Bayern bereitete man aus dem Gänseklein ein »Ganserljung« zu, in Mecklenburg, Pommern und um Berlin wurden das Gänseklein und die vom Gänsebraten übrig gebliebenen Fleischreste zu einer Sülze verarbeitet.

Für 4 Personen:

4 Gänsekeulen

1 Zwiebel

2 Lorbeerblätter, 1 Gewürznelke

10 Pfefferkörner

1 Lauchstange, 2 Möhren

etwas Petersilie zum Garnieren

5 Blatt weiße Gelatine

75 ml Rotweinessig, Salz, Zucker

1. Die Gänsekeulen waschen. Die Zwiebel schälen, in Scheiben schneiden und mit Lorbeerblättern, Nelke und den Pfefferkörnern in einen Topf geben und mit Wasser bedecken. Aufkochen lassen und anschließend etwa 1 1/2 bis 2 Stunden leise köcheln lassen.

2. Vom Lauch die Wurzeln und das grüne Ende entfernen, die Stange der Länge nach halbieren und gut waschen. Die Möhren schälen und erst der Länge nach in dünne Scheiben, dann, wie die Lauchblätter in gleich große Rauten schneiden.

3. Die Gänsekeulen kurz unter kaltem Wasser abschrecken. Die Haut entfernen und das Fleisch vorsichtig vom Knochen lösen. Die Gemüserauten in der Gänsebrühe bißfest kochen.

4. Gemüse und Gänsefleisch auf vier Suppenteller verteilen und mit Lorbeerblättern, Pfefferkörnern und Petersilie garnieren. Die Gelatine in kaltem Wasser einweichen. Den Gänsefond entfetten und die ausgedrückte Gelatine in dem warmen Fond auflösen. In einer Schüssel auf Eis kaltrühren. Bevor der Gänsefond zu gelieren beginnt, mit Essig, Salz und Zucker abschmecken und über dem Fleisch verteilen. Im Kühlschrank in etwa 5 bis 6 Stunden erstarren lassen.

Bratensülze

Für 4 Personen:

Für die Sülze:

500 g gebratener Schweinebraten

vom Vortag

2 Möhren, 200 g ausgepalte Erbsen

Salz, 2 Essiggurken

10 Blatt weiße Gelatine

1 l Fleischbrühe

1 bis 2 EL Weißweinessig

Für die Marinade:

Salz, frisch gemahlener weißer Pfeffer

2 EL Rotweinessig, 1 EL Basilikumessig

1 EL Olivenöl, 1 EL Kürbiskernöl

1 EL Traubenkernöl

2 EL gehackter Kerbel

2 EL feingeschnittener Schnittlauch

1. Das Bratenfleisch in kleine Würfel schneiden. Die Möhren schälen, ebenfalls in Würfel schneiden und mit den Erbsen in kochendem Salzwaser kurz blanchieren. In eisgekühltem Wasser abschrecken und auf einem Sieb abtropfen lassen. Die Essiggurken in kleine Würfel schneiden.

2. Die Gelatine in kaltem Wasser einweichen. Die Brühe gut entfetten, mit Essig und Salz herzhaft abschmecken und erwärmen. Die gut ausgedrückte Gelatine in der Brühe auflösen.

3. Braten-, Möhren- und Gurkenwürfel mit den Erbsen vermischen und in eine Kastenform (mit 1 Liter Inhalt) füllen. Die Geleeflüssigkeit darübergießen und im Kühlschrank in etwa 5 bis 6 Stunden erstarren lassen.

4. Kurz vor dem Servieren Salz und Pfeffer mit den Essigsorten verrühren. Unter ständigem Rühren die Öle hinzufügen. Es muß eine cremige Salatsauce entstehen. Zum Schluß die Kräuter untermischen.

5. Die Bratensülze stürzen und am besten mit einem Elektromesser in dünne Scheiben schneiden. Auf vier Tellern anrichten und mit der Salatsauce begießen. Dazu passen sehr gut Röstkartoffeln.

Zungensülze

Für 4 Personen:

1 gepökelte Kalbszunge, 1 Zwiebel

1 Lorbeerblatt, 1 Gewürznelke

1 Möhre, 1 Petersilienwurzel

1 Lauchstange, Salz

8 Blatt weiße Gelatine

2 bis 3 EL guter Rotweinessig

frisch gemahlener Pfeffer

frisch geriebene Muskatnuß

1/2 Bund glatte Petersilie

4 bis 5 EL Sahne

2 EL feingeschnittener Schnittlauch

1 EL frisch geriebener Meerrettich

1 EL geschlagene Sahne

1. Die Kalbszunge in einen Topf geben und mit Wasser bedecken. Die Zwiebel schälen und mit Lorbeerblatt und Nelke spicken. Zu der Kalbszunge geben und etwa 2 Stunden köcheln lassen.

2. Die Zunge in Eiswasser abschrecken und sofort enthäuten. Den Kalbszungenfond auf die Hälfte einkochen lassen.

3. Möhre und Petersilienwurzel schälen, vom Lauch die Wurzeln und das grüne Ende entfernen, längs halbieren und gründlich waschen. Alles in gleichgroße Würfel schneiden und in kochendem Salzwasser bißfest kochen. In Eiswasser abschrecken und auf vier tiefe Teller verteilen. Die Kalbszunge in Scheiben schneiden und darauflegen.

4. Die Gelatine in kaltem Wasser einweichen. Den Fond durch ein Sieb gießen, 3/4 Liter abmessen und mit Essig, Salz, Pfeffer und Muskat abschmecken. Die gut ausgedrückte Gelatine darin auflösen.

5. Die Petersilienblätter blanchieren, abschrecken und auf das Gemüse und die Kalbszunge legen. Mit dem abgekühlten Fond übergießen. Im Kühlschrank 2 bis 3 Stunden gut durchkühlen lassen.

6. Die Sahne mit Schnittlauch und Meerrettich verrühren, mit Salz würzen und die geschlagene Sahne unterheben. Zu der Tellersülze servieren.

2. KAPITEL

Suppen & Eintöpfe

Wolfram Siebeck befand zum Thema Suppe einmal: »Das Wort Suppe ist als Gattungsbegriff so vieldeutig wie Auto«. Recht hat er. Da rappeln die verrosteten Klapperkisten à la Tüten- und Dosensuppen heran und die Brummis mit der Wucht einer Bohnensuppe voller Knackwurst. Da kurven die Mittelklassewagen von der Gediegenheit der Nudel- und Zwiebelsuppen herum, die Krankenwagen, die hilfreich wie Hühnerbrühe sind, und die Tuning-Modelle, die aufgemotzt wie Erbsensuppe mit Hummer wirken. Gelegentlich taucht ein Luxusschlitten von der Originalität eines Champagnersüppchens mit glasierten Taubenherzen auf. Jeden automobilistischen Vergleich halten auch die mächtigsten Suppen aus, die Eintöpfe. Sie können Lastwagen oder Lamborghini sein, überfrachtete Familienkutschen oder elegante Pot-au-feus.

Obwohl die Suppe entwicklungsgeschichtlich nach den vom Obstbaum gepflückten Desserts, nach den Spieß-, Rost- und Schmorbraten, nach dem Gemüse und dem Fladenbrot als letzter Gang auf die kulinarische Welt kam, stand sie jahrhundertelang als erster Gang auf der Speisekarte. Folglich schloß man, wie der französische Gastrosoph Châtillon-Plassis allen Gastgebern und Wirten predigte, »aus der Zusammensetzung der Suppe, ihrem Geschmack, ihrer mehr oder weniger gelungenen Vorführung auf das ganze übrige Dîner. Behandelt daher die Suppe mit all der Sorgfalt, die ein Komponist auf die Ouvertüre seiner Oper verwendet! Hat das Dîner nur drei Akte wie eine komische Oper, so mag die Suppe schlicht bürgerlich sein. Ist aber das Mahl ein vollständiges gastronomisches Drama in fünf Akten, so leite man es mit einer Suppe ein, die einen Vorgeschmack von den kommenden Herrlichkeiten gibt.« Mit dem Durchbruch der Nouvelle cuisine bekam die Suppe einen anderen Stellenwert. Sie wurde vom klassischen »Voressen« zum Gang, den die Kochkünstler je nach Phantasie irgendwo in ihre Menüs integrierten. Sie behielt auch dort ihren traditionell hohen Stellenwert in Deutschland, wo es stets weniger Suppenkaspers und mehr Heinrich Heines gab, der zum Beispiel 1834 über ein Essen bei einer holländischen Wirtin lamentierte: »Das erste Gericht war: keine Suppe. Das war schrecklich, besonders für einen wohlerzogenen Menschen wie ich, der von Jugend auf alle Tage Suppe gegessen, der sich bis jetzt gar keine Welt denken konnte, wo nicht des Morgens die Sonne aufgeht und des Mittags die Suppe aufgetragen wird.«

Hamburger Aalsuppe

Eigentlich hat die Hamburger Aalsuppe mit Aal nicht allzuviel zu tun. Der Name entstand dadurch, daß »aalles«, was sich noch in der Speisekammer fand, zu einer Suppe gekocht wurde. Oft war Aal dabei, ein Schinkenknochen und Backobst. Allmählich entwickelte sich die »Aallessuppe« zu einer Aalsuppe und wurde so zu einer typischen Hamburger Spezialität.

Für 4 Personen:

500 g frischer Aal, ohne Haut

150 g Knollensellerie

2 Möhren, 1 Lauchstange

2 EL geschmacksneutrales Öl

1/2 Bund Petersilie, feingehackt

1/8 l trockener Weißwein

3/4 l Fleischbrühe

1 Zweig Bohnenkraut, Salz

1. Den Aal in etwa 4 cm lange Stücke schneiden. Knollensellerie und Möhren waschen, schälen und in kleine Würfel schneiden. Vom Lauch die Wurzeln und das grüne Ende entfernen. Die Stange der Länge nach halbieren, gründlich waschen und in feine Streifen schneiden.

2. Das Öl in einem Kochtopf erhitzen und das Gemüse darin andünsten. Die Hälfte der Petersilie dazugeben, mit Wein und Brühe aufgießen, das Bohnenkraut dazugeben. 10 Minuten bei schwacher Hitze köcheln lassen. Den Aal dazugeben und in 15 Minuten bei schwacher Hitze gar ziehen lassen.

3. Die Suppe mit Salz abschmecken und mit der restlichen Petersilie bestreut servieren.

A.S.

» Dieses Rezept hat nichts mit Resteverwertung zu tun. Es ergibt eine glasklare Aalsuppe – einmal ohne Backobst und Schwemmklößchen! «

Kartoffelsuppe
mit Brotwürfeln

BERLIN/MARK
BRANDENBURG

Kaiser Wilhelm II. war von Kartoffelsuppe so begeistert, daß dieses einfache Gericht selbst bei großen Festessen niemals fehlen durfte. Doch Kartoffelsuppe ist keine preußische, sondern eine gesamtdeutsche Institution, was die vielen regional sehr unterschiedlichen Rezepte zeigen.

Für 4 Personen:

300 g mehligkochende Kartoffeln, Salz

2 frische Majoranzweige oder

1/2 TL gerebelter Majoran

1 Knoblauchzehe

frisch gemahlener Pfeffer

frisch geriebene Muskatnuß

1/2 l Fleischbrühe, 100 ml Sahne

50 g Butter

2 EL geschlagene Sahne

2 Scheiben Toastbrot

1 EL gehackte Petersilie

1. Die Kartoffeln waschen, schälen und in Würfel schneiden. In reichlich Salzwasser mit dem Majoran in etwa 20 Minuten gar kochen. Dann das Kochwasser abschütten, jedoch aufbewahren.

2. Die heißen Kartoffeln durch die Kartoffelpresse oder ein Sieb drücken. Die Knoblauchzehe schälen und durch eine Presse zu den Kartoffeln geben. Mit Salz, Pfeffer und Muskat würzen und Brühe, Sahne, 30 g Butter sowie, falls nötig, etwas vom Kochwasser dazugeben. Die Suppe mit einem Schneebesen kräftig durchschlagen und erneut erhitzen. Kurz vor dem Auftragen die geschlagene Sahne unterziehen und die Suppe mit einem Pürierstab schaumig aufmixen.

3. Das Toastbrot in kleine Würfel schneiden und in der restlichen Butter goldbraun und kroß rösten. Die Kartoffelsuppe auf vier tiefe Teller verteilen und mit Brotwürfeln und Petersilie bestreuen.

Kartoffelsuppe
mit Nordseekrabben

SCHLESWIG-
HOLSTEIN

Für 4 Personen:

250 g mehligkochende Kartoffeln

2 Schalotten

25 g durchwachsener Räucherspeck

3/4 l Rindfleischbrühe, 1/8 l Sahne

1 dünne Lauchstange, 1 Möhre

1 kleines Stück Knollensellerie

1 Estragonzweig

Salz, frisch gemahlener Pfeffer

300 g frische geschälte Nordseekrabben

etwas Zitronensaft

1/2 Bund Schnittlauch, feingeschnitten

1. Die Kartoffeln waschen, schälen und in Würfel schneiden. Die Schalotten schälen und wie den Speck in kleine Würfel schneiden. Den Speck in einem Kochtopf auslassen, die Schalotten dazugeben und glasig dünsten. Die Kartoffeln untermischen, kurz mit andünsten und mit Brühe und Sahne aufgießen. In etwa 20 Minuten gar kochen.

2. Vom Lauch die Wurzeln und das grüne Ende entfernen. Die Stange der Länge nach halbieren und gut waschen. Möhre und Sellerie schälen und wie den Lauch in kleine Würfel schneiden.

3. Die Kartoffelsuppe durch ein Sieb passieren und zurück in den Topf gießen. Die Gemüsewürfel sowie den Estragon dazugeben und noch etwa 10 bis 12 Minuten bei schwacher Hitze ziehen lassen. Mit Salz und Pfeffer abschmecken.

4. Die Krabben mit Zitronensaft beträufeln, auf vier tiefe Teller verteilen und mit der heißen Kartoffelsuppe aufgießen. Mit Schnittlauch bestreuen.

A.S.

» *Entscheidend für die Qualität der Suppe ist vor allem die Kartoffelsorte! Empfehlenswert ist eine mehligkochende Sorte wie Irmgard oder Aula.* **«**

Petersilien-
wurzelsuppe

SACHSEN-
ANHALT

Für 4 Personen:

350 g Petersilienwurzeln

3/4 l Fleischbrühe

Salz, frisch gemahlener Pfeffer

2 Bund glatte Petersilie

100 g junge Spinatblätter

20 g Butter, 3 EL Sahne

frisch geriebene Muskatnuß

2 EL geschlagene Sahne

1. Die Petersilienwurzeln waschen, schälen und in Würfel schneiden. In der Brühe gar kochen, herausnehmen, im Mixer fein pürieren und durch ein Sieb streichen. Zurück in die Brühe geben. Mit Salz und Pfeffer abschmecken.

2. Die Petersilienblätter von den Stielen zupfen und zusammen mit den Spinatblättern waschen. Beides in Salzwasser kurz blanchieren und sofort in Eiswasser abschrecken. Gut abtropfen lassen und fein hacken.

3. Butter und Sahne in einem Topf erhitzen, mit Salz, Pfeffer und Muskat würzen und das Petersilienwurzelpüree dazugeben. Einmal aufkochen lassen, dann mit dem Pürierstab aufmixen und durch ein feines Sieb streichen.

4. Die Suppe erneut erhitzen, die geschlagene Sahne unterheben und in Suppentellern anrichten. Je 1 Eßlöffel von der Petersilien-Spinat-Mischung in die Mitte geben und servieren.

A.S.

» *Petersilienwurzeln führen völlig zu Unrecht ein trauriges Dasein als Bestandteil des Suppengrüns. Dabei ergeben die kleinen Wurzeln mit dem ausgesprochen feinen, noblen Geschmack nicht nur gute Süppchen – auch als Saucen oder püriert als Gemüsebeilage sind sie ein Genuß!* «

Französische Suppe

HESSEN

Die »Franzosesupp« mit der knackig gekochten Gemüseeinlage erinnert noch heute an eine der zahlreichen französischen Belagerungen in Hessen und ist ein Beweis dafür, wie sehr man damals schon feine Küche schätzte.

Für 4 Personen:

400 g Rindfleisch zum Kochen, z. B. Beinscheibe, 250 g Suppenknochen

1 Bund Suppengrün

4 bis 5 Pfefferkörner, Salz

2 Möhren, 1 kleiner Kohlrabi

1 Petersilienwurzel

4 Selleriestangen

2 EL geschmacksneutrales Öl

1 Thymianzweig

frisch gemahlener Pfeffer

100 g Zuckerschoten

1/2 Bund Frühlingskräuter, gehackt

1. Das Rindfleisch und die Knochen waschen, mit dem Suppengrün und den Pfefferkörnern in einen großen Kochtopf geben und mit 1 1/2 l Wasser begießen. Zum Kochen bringen und den dabei entstehenden Schaum abschöpfen. Salzen und bei schwacher Hitze etwa 1 1/2 Stunden köcheln lassen.

2. Möhren, Kohlrabi und Petersilienwurzel schälen und wie die Selleriestangen in kleine Würfel schneiden. In einem zweiten Topf das Öl erhitzen und das Gemüse darin kurz andünsten. Thymianzweig dazugeben, mit Salz und Pfeffer würzen.

3. Die Fleischbrühe durch ein Sieb gießen und 1 Liter abmessen. Das Gemüse damit aufgießen und bei schwacher Hitze in etwa 20 Minuten bißfest kochen. Die Zuckerschoten putzen und nach 10 Minuten Kochzeit dazugeben. Fertiggaren und zum Schluß die Kräuter untermischen.

Sauerampfersuppe

SAARLAND ——————

Für 4 Personen:

200 g junge Spinatblätter

2 Schalotten, 1 kleine Knoblauchzehe

60 g Butter

1/2 l Gemüsebrühe oder Kalbsfond

1/8 l Sahne

Salz, frisch gemahlener Pfeffer

frisch geriebene Muskatnuß

100 g Sauerampfer

1. Den Spinat waschen, gut abtropfen lassen, die Stiele entfernen und die Blätter in Streifen schneiden. Die Schalotten und die Knoblauchzehe schälen und in kleine Würfel schneiden.

2. Die Schalotten- und Knoblauchwürfel in der zerlassenen Butter glasig dünsten. Den Spinat dazugeben und zusammenfallen lassen. Mit Brühe und Sahne aufgießen und einige Minuten bei schwacher Hitze köcheln lassen.

3. Die Suppe mit einem Pürierstab oder im Mixer schaumig aufmixen. Erneut erhitzen und mit Salz, Pfeffer und Muskat würzig abschmecken.

4. Den Sauerampfer waschen, die Stiele entfernen und die Blätter in schmale Streifen schneiden. Unter die heiße Suppe mischen und sofort auf vorgewärmte Teller verteilen.

A.S.

» *Der feine, leicht säuerliche Geschmack des Sauerampfers geht bei längerer Kochzeit verloren, deshalb das würzige Kraut immer nur ganz kurz erhitzen!* «

Kürbissuppe

MECKLENBURG-
VORPOMMERN

Für 4 Personen:

350 g Kürbisfruchtfleisch

80 g Butter

3 bis 4 EL Rotweinessig

1 TL Zucker

3/4 l Gemüsebrühe

3 EL Sahne

Salz, frisch gemahlener Pfeffer

120 g Räucheraalfilet

4 TL Kürbiskernöl

1 EL gehackte Petersilie

1. Das Kürbisfleisch in kleine Würfel schneiden. Die Butter in einem Topf zerlassen und die Kürbiswürfel darin andünsten. Mit Rotweinessig ablösen, mit Zucker bestreuen und mit Brühe und Sahne aufgießen. Zugedeckt bei schwacher Hitze 20 Minuten köcheln lassen.

2. Die Suppe mit dem Pürierstab oder im Mixer fein pürieren und mit Salz und Pfeffer würzig abschmecken.

3. Den Aal in kleine Stücke zerpflücken und auf vier tiefe, vorgewärmte Teller verteilen. Die Suppe darübergeben und das Kürbiskernöl mit dem Löffel unterziehen. Mit Petersilie bestreut servieren.

A.S.

» *Versuchen Sie das Rezept auch mal mit einer artverwandten Kürbisart – mit Zucchini!* «

Feine Erbsensuppe

BERLIN

Nach dem Originalrezept wird die Berliner Erbsensuppe aus getrockneten Erbsen und mit Schweineohren oder Schinkenknochen und Kartoffeln gekocht. Wahrscheinlich aus Liebe zu diesem Gericht entwickelte 1870 ein Berliner das allererste Instant-Produkt, das eines der erfolgreichsten deutschen Nahrungsmittel wurde: die Erbswurst!

Für 4 Personen:

2 Schalotten, 30 g Butter

300 g ausgepalte junge Erbsen

1 Prise Zucker, 3/4 l Gemüsebrühe

Salz, frisch gemahlener Pfeffer

8 Entenherzen, ersatzweise Herzen

von anderem Geflügel

2 EL geschmacksneutrales Öl

2 EL Kalbsfond (oder Kalbsjus)

1 EL gehackte Petersilie

1. Die Schalotten schälen, in kleine Würfel schneiden und in der Butter andünsten. Die Erbsen zugeben, mit Zucker bestreuen und glasieren lassen. Mit der Brühe aufgießen, salzen und pfeffern und etwa 15 Minuten köcheln lassen.

2. Die Entenherzen von Fett und Sehnen befreien, vierteln und mit Salz und Pfeffer würzen. Das Öl in einer Pfanne erhitzen und die Herzen darin bei starker Hitze rasch anbraten. Mit Kalbsfond ablösen und kurz einkochen lassen.

3. Die Suppe mit dem Pürierstab oder im Mixer fein pürieren. Durch ein Sieb streichen und mit Salz und Pfeffer abschmecken. Die Suppe auf vier tiefe Teller verteilen und mit den gebratenen Entenherzen anrichten. Mit Petersilie bestreuen.

A.S.

» *Dies ist eine moderne Version der Berliner Erbsensuppe – den getrockneten Hülsenfrüchten ziehe ich junge frische Palerbsen vor.* «

Sauerkrautsuppe

Für 4 Personen:

1 Zwiebel, 1 Knoblauchzehe

2 EL Schweineschmalz

300 g Sauerkraut, kleingeschnitten

1 Lorbeerblatt

$^1/_2$ TL Kümmel

2 TL Zucker

frisch gemahlener Pfeffer

1 l Fleischbrühe

$^1/_8$ l saure Sahne

1 Bund Schnittlauch, feingeschnitten

1. Zwiebel und Knoblauch schälen, in kleine Würfel schneiden und im erhitzten Schweineschmalz andünsten. Das Sauerkraut, Lorbeerblatt, Kümmel, Zucker und Pfeffer dazugeben, gründlich vermischen und einige Minuten andünsten. Mit der Fleischbrühe aufgießen und zugedeckt bei schwacher Hitze 30 bis 40 Minuten köcheln lassen.

2. Die saure Sahne dazugeben und die Suppe mit einem Pürierstab oder im Mixer pürieren. Falls nötig, mit etwas Salz nachwürzen und die Suppe in vier tiefe Teller füllen. Mit Schnittlauch bestreuen und eventuell kleine Leberknödel (siehe Seite 50) als Einlage in die Suppe geben.

A.S.

» *Eine ideale Suppe, wenn man viele Gäste zu bewirten hat. Die Suppe auf einem Stövchen heiß stellen und daneben verschiedene herzhafte Einlagen anrichten. Neben Leberknödeln sind auch Minifleischpflanzerl – bzw. -buletten oder -frikadellen – geeignet.* **«**

Schneckensuppe

Schneckenrahmsüpple ist im Badischen ein beliebtes Alltagsessen – denn Schnekken gibt es in den Weinbergen seit jeher in Hülle und Fülle. Wer nicht in dieser Region lebt, muß auf Schnecken aus der Konserve zurückgreifen.

Für 4 Personen:

100 g Butter, Salz, frisch gemahlener Pfeffer, Cayennepfeffer

1 Knoblauchzehe

3 EL gehackte Petersilie

1 EL feingeschnittener Schnittlauch

2 bis 3 gehackte Estragonblätter

1 EL gehackter Kerbel

2 Zwiebeln

2 EL geschmacksneutrales Öl

24 ausgelöste, küchenfertige Schnecken

$^1/_8$ l trockener badischer Weißwein

$^1/_2$ l Kalbsfond (aus dem Glas)

100 ml Sahne

2 EL geschlagene Sahne

1. Die Butter schaumig schlagen und mit Salz, Pfeffer und Cayennepfeffer würzen. Den Knoblauch schälen, durch eine Presse drücken und mit 2 Eßlöffel Petersilie und den restlichen Kräutern unter die Butter mischen. Kalt stellen.

2. Die Zwiebeln schälen, in kleine Würfel schneiden und im heißen Öl glasig dünsten. Schnecken waschen, trockentupfen, grob hacken und zu den Zwiebeln geben. Kurz mit andünsten, dann mit Wein, Kalbsfond und Sahne aufgießen und aufkochen lassen. Etwa 5 Minuten bei schwacher Hitze köcheln lassen.

3. Die kalte Kräuterbutter in kleinen Stücken unter die Suppe rühren, noch einmal aufkochen lassen und die geschlagene Sahne unterziehen. Mit der restlichen Petersilie bestreuen und mit knusprig geröstetem Weißbrot servieren.

Hochzeitssuppe mit Maultaschen

Bei einer Hochzeit muß es immer etwas Besonderes geben – schon bei der Suppe. Während in Altbayern die Hochzeitssuppe viererlei Einlagen haben soll, bestehen die Schwaben vor allem auf reichhaltig gefüllte Maultaschen.

Für 4 Personen:

Für die Brühe:

1 Suppenhuhn

1 Möhre

1 Stückchen Knollensellerie

1 Zwiebel

1 Knoblauchzehe

1/2 Lauchstange

1 Bund glatte Petersilie

1/8 l Weißwein

1 Thymianzweig

1 Stückchen unbehandelte Zitronenschale

Salz, frisch gemahlener Pfeffer

frisch geriebene Muskatnuß

Für die Maultauschen:

300 g Mehl

3 Eier

Salz

1 EL geschmacksneutrales Öl

Für die Füllung:

250 g Hühnerlebern

1 Zwiebel

1 dünne Lauchstange

50 g Butter

Salz, frisch gemahlener Pfeffer

Außerdem:

1 Eigelb

100 g frische Morcheln, ersatzweise

15 g getrocknete Morcheln

200 g weißer Spargel, gekocht

1. Das Suppenhuhn innen und außen gut waschen, die Fettdrüse am Schwanz herausschneiden. In einem großen Topf mit etwa 2 Liter kaltem Wasser begießen. Zum Kochen bringen, dann 1 Stunde bei schwacher Hitze ziehen lassen.

2. Möhre, Sellerie, Zwiebel und Knoblauch schälen, den Lauch gründlich waschen. Gemüse kleinschneiden und mit Petersilie, Weißwein und Thymian zum Huhn geben. Weitere 30 bis 40 Minuten bei mittlerer Hitze leicht köcheln lassen.

3. Das Huhn herausnehmen und anderweitig verwenden. Die Brühe durch ein Haarsieb in einen Topf gießen. Die Zitronenschale hinzufügen, kurz erhitzen, dann wieder entfernen. Die Brühe mit Salz, Pfeffer und Muskat abschmecken.

4. Mehl, Eier, Salz und Öl zu einem glatten Teig verkneten. 15 Minuten unter einer angewärmten Schüssel ruhen lassen.

5. Von den Lebern Fett und Haut entfernen. Zwiebel schälen und in kleine Würfel schneiden. Vom Lauch die Wurzeln und das grüne Ende entfernen. Die Stange der Länge nach halbieren, waschen und in feine Streifen schneiden.

6. 30 g Butter in einer Pfanne erhitzen. Zwiebel und Lauch darin andünsten, die Lebern hinzufügen und mit andünsten. Salzen und pfeffern und fein hacken. Abkühlen lassen.

7. Den Nudelteig auf einem bemehlten Backbrett dünn ausrollen und die Teigplatte mit Eigelb bestreichen. Auf eine Teighälfte etwa alle 4 cm einen Teelöffel der Füllung setzen. Die zweite Hälfte darüberklappen. Die Zwischenräume gut festdrücken und mit einem Teigrädchen Quadrate ausschneiden. Reichlich Salzwasser zum Kochen bringen. Maultaschen einlegen und in 8 bis 10 Minuten bei schwacher Hitze gar ziehen lassen.

8. Die Morcheln sorgfältig putzen und waschen. Die Spargelstangen in etwa 6 cm lange Stücke schneiden. Die Morcheln in einer Pfanne in der restlichen Butter kurz andünsten, salzen und pfeffern. Die Spargelstücke dazugeben.

9. Die Maultaschen mit einem Schaumlöffel aus dem Kochwasser heben, abtropfen lassen und zu den Morcheln geben. Kurz durchschwenken, auf vier Suppenteller verteilen und mit der heißen Brühe begießen.

Klare Fleischbrühe

ALLE REGIONEN

Für gut 1 Liter klare Brühe:

800 g Ochsenbrust oder -beinscheibe

500 g Suppenknochen vom Rind

2 Markknochen

3 bis 4 schwarze Pfefferkörner

Salz

1 Bund Suppengrün

1 Zwiebel

2 Stengel Liebstöckel

1 Bund glatte Petersilie

1. Fleisch, Knochen und Markknochen waschen und in einem großen Topf mit etwa 3 Liter kaltem Wasser zum Kochen bringen. Den sich bildenden Schaum mit einem Schaumlöffel abschöpfen, Pfefferkörner und Salz dazugeben und die Brühe bei schwacher Hitze etwa 2 Stunden ziehen lassen.

2. Das Suppengrün waschen und in Stücke schneiden. Die Zwiebel halbieren und die Schnittflächen auf der heißen Herdplatte anrösten. Suppengrün, Zwiebel, Liebstöckel und Petersilie in die Brühe geben und bei mittlerer Hitze weitere 30 bis 40 Minuten köcheln lassen.

3. Das Fleisch herausnehmen und anderweitig verwenden. Die Brühe durch ein Sieb gießen und noch etwas einkochen lassen. Mit einer der nachfolgenden Einlagen servieren.

A.S.

» *Nehmen Sie lieber ein paar Kalorien mehr in Kauf und verzichten Sie auf das völlige Entfetten der Brühe, denn dabei geht der größte Teil des herrlichen Aromas verloren.* «

Grießnockerl

ALTBAYERN

Für 4 Personen:

50 g weiche Butter

1 Ei

etwa 60 g Grieß

Salz

frisch geriebene Muskatnuß

1. Die Butter mit einem Schneebesen cremig rühren. Das Ei hinzufügen und so lange weiterrühren, bis eine glatte Masse entstanden ist. Dann den Grieß langsam einlaufen lassen und gründlich mit der Schaummasse vermischen. Mit Salz und Muskat würzen und 15 Minuten quellen lassen.

2. Reichlich Salzwasser in einem großen flachen Topf zum Kochen bringen.

3. Mit 2 nassen Teelöffeln ein Nockerl abstechen und zur Probe in das leicht siedende Wasser legen. Aufkochen lassen und 10 bis 15 Minuten bei schwacher Hitze ziehen lassen. Wird das Nockerl zu hart, den Teig mit etwas Wasser verdünnen. Zerfällt es, noch etwas Grieß dazugeben.

4. Nun die Nockerl abstechen und auf die gleiche Weise wie das Probenockerl garen.

A.S.

» *Legen Sie nicht zu viele Nockerl auf einmal in das Wasser, da sie fast doppelt so groß werden. Es ist besser, die Grießnockerl nicht in der Fleischbrühe zu garen, da es diese trübe macht.* «

Markklößchen

Für 4 Personen:

100 g ausgelöstes Rindermark

2 Eier

120 bis 150 g feingeriebenes

Weißbrot, ohne Rinde

1 EL frisch gehackte Petersilie

Salz, frisch gemahlener weißer Pfeffer

frisch geriebene Muskatnuß

1. Das Rindermark etwa 30 Minuten in kaltes Wasser legen. Gut abtropfen lassen, kleinschneiden und mit einem Kochlöffel verrühren, dabei nach und nach die Eier dazugeben. Zum Schluß so viel geriebenes Weißbrot hinzufügen, bis eine geschmeidige Masse entstanden ist. Petersilie unterrühren und mit Salz, Pfeffer und Muskat herzhaft würzen.

2. Aus dem Teig kleine Bällchen formen und etwa 8 bis 10 Minuten in der heißen Brühe garen.

A.S.

» *Für die zarten Markklößchen kein fertiges Paniermehl verwenden. Es ist zu derb und bindet zu wenig.* «

Flädle

Für 4 Personen:

100 ml Milch

100 ml Mineralwasser mit Kohlensäure

2 EL flüssige Butter

3 Eier

100 g Mehl

1 EL gehackte Kräuter

Salz

frisch geriebene Muskatnuß

geschmacksneutrales Öl zum Braten

1. Milch, Mineralwasser, Butter, Eier und Mehl im Mixer oder mit dem Pürierstab zu einem glatten Teig verarbeiten. Den Teig durch ein Sieb passieren, die Kräuter unterrühren und mit Salz und Muskat würzen. Mindestens 15 Minuten quellen lassen.

2. Etwas Öl in einer großen beschichteten Pfanne erhitzen. Mit einem Schöpflöffel etwas vom Teig in die Mitte geben und durch Drehen der Pfanne gleichmäßig dünn am Boden verteilen.

3. Eine Seite goldbraun braten, den Pfannkuchen mit einem Bratwender oder mit einem gekonnten Schwung wenden und auch die zweite Seite goldbraun braten. So fortfahren, bis der Teig aufgebraucht ist.

4. Die gebratenen Pfannkuchen etwas abkühlen lassen. Dann zwei Pfannkuchen übereinanderlegen, aufrollen und in schmale Streifen schneiden.

5. Die Flädle auf Suppenteller verteilen und mit der sehr heißen Suppe begießen.

A.S.

» *Mischen Sie einmal zur Abwechslung etwas geriebenen Käse unter den Pfannkuchenteig!* «

Gebackene Leberknödel

ALTBAYERN

Für 4 Personen:

3 Scheiben Weißbrot, ohne Rinde

(etwa 100 g)

20 g Butter

2 bis 3 EL Milch

250 g Rinderleber

2 Eier

Salz, frisch gemahlener Pfeffer

1/2 TL gerebelter Majoran

frisch geriebene Muskatnuß

Fett zum Ausbacken

2 EL Paniermehl

1. Eine Scheibe Weißbrot in Würfel schneiden und in der Butter anrösten. Das restliche Brot in der Milch einweichen, dann gut ausdrücken.

2. Die Leber im Mixer fein pürieren. Ein Ei trennen, das Eiweiß verquirlen. Die Leber mit 1 Eigelb, 1 ganzen Ei, dem eingeweichten, ausgedrückten Brot und den gerösteten Brotwürfeln vermischen. Mit Salz, Pfeffer, Majoran und Muskat würzig abschmecken. Die Mischung mindestens 30 Minuten ruhen lassen.

3. Das Ausbackfett auf 180° C erhitzen. Aus der Lebermasse kleine Kugeln formen. Erst im Eiweiß, dann im Paniermehl wenden und die Panade gut festdrücken.

4. Die kleinen Leberknödel im heißen Fett goldbraun ausbacken und auf Küchenpapier abtropfen lassen.

A.S.

» *In Bayern legt man die gebackenen Leberknödel nicht nur in eine Fleischbrühe, man ißt sie auch gerne mit Sauerkraut.* «

Pfannkuchenroulade mit Leberfülle

BADEN

Für 4 Personen:

Für den Pfannkuchenteig:

1/8 l Milch, 4 EL flüssige Butter, 2 Eier

60 g Mehl, 1 EL gehackte Petersilie

Salz, frisch gemahlener Pfeffer

frisch geriebene Muskatnuß

geschmacksneutrales Öl zum Braten

Für die Füllung:

150 g Rinderleber

70 g Weißbrot, ohne Rinde

4 EL Milch, 1 Ei, 1 Eigelb

Salz, frisch gemahlener Pfeffer

1/2 TL gerebelter Majoran

1. Milch, Butter, Eier und Mehl im Mixer oder mit dem Pürierstab zu einem glatten Teig verarbeiten. Den Teig durch ein Sieb passieren, die Petersilie unterrühren und mit Salz, Pfeffer und Muskat würzen. Mindestens 15 Minuten quellen lassen.

2. Etwas Öl in einer großen beschichteten Pfanne erhitzen. Mit einem Schöpflöffel etwas vom Teig in die Mitte geben und durch Drehen der Pfanne gleichmäßig dünn verteilen.

3. Eine Seite goldbraun braten, den Pfannkuchen mit einem Bratwender oder einem gekonnten Schwung wenden und auch die zweite Seite goldbraun braten. So fortfahren, bis der Teig aufgebraucht ist. Die Pfannkuchen nebeneinanderliegend etwas abkühlen lassen.

4. Die Leber im Mixer fein pürieren. Das Weißbrot in der Milch einweichen, gut ausdrücken und mit Ei und Eigelb unter das Leberpüree rühren. Mit Salz, Pfeffer und Majoran herzhaft abschmecken.

5. Die Füllung etwa 1/2 cm dick auf die Pfannkuchen streichen und diese aufrollen. In gefettete Alufolien wickeln, Enden gut verschließen und im leicht siedenden Wasser etwa 10 bis 15 Minuten pochieren. Herausnehmen und abkühlen lassen. Dann auspacken und die Pfannkuchenrollen in schräge Scheiben schneiden.

Graupensuppe

Die »Kälberzähne«, wie Graupen früher auch genannt wurden, haben nur noch wenig gemeinsam mit den feinen Perlgraupen, die man heute kaufen kann. In Mecklenburg serviert man die Suppe mit einer gekochten Backpflaume. Wer das nicht so gerne mag, dem empfehle ich Kalbszunge.

Für 4 Personen:

150 g Perlgraupen

1 Schalotte

1 Möhre

100 g Knollensellerie

1 dünne Lauchstange

30 g durchwachsener Räucherspeck

50 g Butter

3/4 l Fleischbrühe

Salz, frisch gemahlener Pfeffer

300 g gekochte Kalbszunge

1 EL gehackte Petersilie

1. Die Perlgraupen etwa 1 Stunde in kaltem Wasser einweichen, dann auf ein Sieb schütten, gründlich abbrausen und abtropfen lassen.

2. Schalotte, Möhre und Knollensellerie waschen und schälen. Vom Lauch die Wurzeln und das grüne Ende entfernen. Die Stange der Länge nach halbieren und gründlich waschen. Gemüse und Räucherspeck in kleine Würfel schneiden.

3. Butter in einem Kochtopf erhitzen und die Speckwürfel darin glasig braten. Das Gemüse hinzufügen und andünsten. Die Graupen untermischen, mit Brühe aufgießen und mit Salz und Pfeffer würzen. Zum Kochen bringen und in etwa 25 bis 30 Minuten bei schwacher Hitze garen.

4. Die Kalbszunge in Würfel oder Streifen schneiden und kurz in der Suppe erwärmen. Vor dem Servieren mit Petersilie bestreuen.

Weinsuppe

Nicht nur an der Mosel oder im Rheingau, überall dort, wo Weinreben gedeihen, kennt man ein Rezept für Weinsuppe. Häufig wird die Weinsuppe mit Stärkemehl gebunden, manchmal gibt man Rosinen, Makronen oder auch Brotwürfel als Einlage hinein, aber immer gilt: je besser der Wein – um so besser die Suppe!

Für 4 Personen:

3/4 l Weißwein, z. B. ein Riesling von der Mosel

1/8 l Wasser

1 Stückchen unbehandelte Zitronenschale

1/3 Zimtstange, 100 g Zucker

4 Eigelb, 100 ml Sahne

Salz, frisch gemahlener weißer Pfeffer

frisch geriebene Muskatnuß

40 g kalte Butter

einige Kerbelzweige

4 Scheiben Weißbrot

1. Weißwein, Wasser, Zitronenschale, Zimtstange und Zucker in einen Kochtopf geben und aufkochen lassen. Dann durch ein Sieb zurück in den Kochtopf gießen.

2. Eigelb und Sahne gut verquirlen und langsam unter ständigem Rühren in die Weinsuppe einlaufen lassen. Die Suppe darf auf keinen Fall mehr kochen. Mit Salz, Pfeffer und Muskat abschmecken.

3. Zum Schluß die kalte Butter in kleinen Flocken mit einem Pürierstab unter die heiße Suppe mixen. Auf vorgewärmte tiefe Teller verteilen und mit abgezupften Kerbelblättchen bestreuen. Mit knusprig geröstetem Weißbrot servieren.

A.S.

» *Auch wenn's gut schmeckt, ein Teller davon reicht – die Suppe hat's nämlich kalorien- und promillemäßig in sich!* «

Brotsuppe

Wie so viele Armeleuteessen aus der weniger guten alten Zeit läßt sich heute auch die Brotsuppe auf vielerlei Art adeln. Hier eine Thüringer Version.

Für 4 Personen:

200 g altbackenes Roggenbrot

2 Schalotten, 40 g Butter, 1 EL Mehl

1,2 l gute Fleischbrühe

Salz, frisch gemahlener Pfeffer

1 bis 2 EL Rotweinessig

2 EL geschlagene Sahne

1 EL frisch gehackte Petersilie

1. Das Brot in Würfel schneiden. Die Schalotten schälen und in kleine Würfel schneiden. Die Butter in einem Kochtopf erhitzen, das Mehl dazugeben und goldbraun rösten. Die Schalottenwürfel hinzufügen und kurz mit anrösten.

2. Mit Fleischbrühe aufgießen, aufkochen lassen und die Brotwürfel in die Suppe geben. Mit Salz, Pfeffer und Essig würzig abschmecken und einige Minuten bei mittlerer Hitze köcheln lassen.

3. Die Suppe mit einem Pürierstab oder im Mixer fein pürieren, falls nötig noch einmal mit Salz, Pfeffer und Essig abschmecken und die Sahne unterziehen. Mit Petersilie bestreut servieren.

A.S.

» In Bayern schneidet man das altbackene Brot in dünne Scheiben, legt es in einen Suppenteller und übergießt es dann mit kochendheißer kräftiger Fleischbrühe. Verfeinern kann man diese herrliche Resteverwertung mit gerösteten Zwiebeln oder mit gebratener Leberwurst. «

Märkischer Hühnereintopf

MARK
BRANDENBURG

Die Zubereitung eines Hühnerfrikassees, wie es in Berlin oder in Hamburg früher üblich war, ist eine zeit- und kostenaufwendige Angelegenheit. Neben Spargel und anderen feinen Gemüsesorten kamen Morcheln, Kalbsbries, Kalbszunge oder auch Krebse in das Ragout. Weniger kostspielig und der heutigen schnellen Küche angepaßt ist nachfolgendes Rezept.

Für 4 Personen:

1 Hähnchen (etwa 1 1/2 kg)

1 Zwiebel

3 EL geschmacksneutrales Öl

1 Lorbeerblatt

10 zerstoßene Pfefferkörner

1 Thymianzweig

1 1/2 l Wasser

Salz

1 Möhre

250 g weißer Spargel

4 bis 5 Selleriestangen

2 Tomaten

frisch gemahlener Pfeffer

etwas Zitronensaft

1. Das Hähnchen halbieren, Flügel und Keulen sowie die Brust auslösen. Das Knochengerüst kleinschneiden.

2. Die Zwiebel schälen und in kleine Würfel schneiden. Das Öl in einem Kochtopf erhitzen und die Zwiebel darin glasig dünsten. Hühnerflügel, -keulen und -knochen sowie Lorbeerblatt, Pfefferkörner und Thymian hinzufügen. Mit dem Wasser auffüllen, salzen, einmal aufkochen und 30 Minuten bei milder Hitze ziehen lassen.

3. Möhre und Spargel schälen. Möhre in kleine Würfel, Spargel und die gewaschenen Selleriestangen in etwa 2 cm lange Stücke schneiden.

4. Gewürze, Knochen und Flügel aus der Hühnerbrühe nehmen und das vorbereitete Gemüse dazugeben.

5. Die Tomaten blanchieren, häuten, halbieren, entkernen und das Fruchtfleisch in Würfel schneiden.

6. Die Hühnerbrustfilets in die Brühe geben und etwa 10 Minuten sanft garen. Herausnehmen, kurz ruhen lassen, dann in Scheiben schneiden. Den Eintopf mit Salz, Pfeffer und Zitronensaft abschmecken.

7. Keulen, Brustscheiben und die Tomatenstücke auf vier vorgewärmten tiefen Tellern anrichten und mit dem heißen Sud und dem Gemüse übergießen.

A.S.

» *Im Zeitalter der vorportionierten Teilstücke kann man diesen Eintopf natürlich auch nur mit Hähnchenbrust oder -keulen zubereiten. Die Brühe wird dann aus Hühnerklein gekocht. Gekochte Geflügelhaut ist nicht jedermanns Sache, sie schützt allerdings während des Garens das zarte Geflügelfleisch vor dem Auslaugen. Ich entferne daher die Haut immer erst kurz vor dem Servieren.* «

Blindhuhn

Bäuerlich und bodenständig war und ist die Küche in Westfalen. Keine großen Experimente, sondern ehrliche, handfeste Gerichte liebt man in dieser Region. Hier einmal eine leichtere Version des kräftigen Eintopfs, ohne Gänsekeule, Äpfel und Kartoffeln. Wer nicht ganz darauf verzichten möchte, kann als Beilage gebratene Apfelscheiben und Salzkartoffeln reichen.

Für 4 Personen:

400 g Schwarzwurzeln

250 g Perlzwiebeln

2 EL geschmacksneutrales Öl

250 g ausgepalte Erbsen

Salz, frisch gemahlener Pfeffer

frisch geriebene Muskatnuß

1 l gute Hühnerbrühe

1 Thymianzweig

3 Hähnchenbrustfilets (500 g)

1/2 Bund glatte Petersilie, gehackt

1 Bund Schnittlauch, feingeschnitten

1. Die Schwarzwurzeln gründlich unter fließendem Wasser abbürsten, schälen und in kleine Stücke schneiden. Die Perlzwiebeln schälen.

2. Das Öl in einem Kochtopf erhitzen und Schwarzwurzeln, Perlzwiebeln und Erbsen darin andünsten. Mit Salz, Pfeffer und Muskat würzen und mit Brühe aufgießen. Einmal aufkochen lassen, dann den Thymianzweig dazugeben.

3. Die Hähnchenbrustfilets waschen und in die Brühe legen. 20 bis 25 Minuten bei schwacher Hitze gar ziehen lassen. Dann herausnehmen und nach kurzer Ruhezeit schräg in dünne Scheiben schneiden.

4. Die Filetscheiben auf vier vorgewärmte tiefe Teller verteilen, das Gemüse dazugeben, mit den Kräutern bestreuen und mit der Brühe begießen.

Weißroter Bohneneintopf

Für 4 Personen:

200 g weiße Bohnen

120 g rote Bohnen

1 gepökelte Vorderhaxe vom Schwein

Salz, frisch gemahlener Pfeffer

1/2 Bund Petersilie, gehackt

1. Die weißen und roten Bohnen über Nacht jeweils in reichlich kaltem Wasser einweichen. Die Schweinshaxe in einen Kochtopf geben, mit kaltem Wasser bedecken und in etwa 1 1/2 Stunden bei schwacher Hitze gar kochen.

2. Am nächsten Tag die Bohnen auf zwei Siebe schütten und gut abtropfen lassen. 3/4 Liter Brühe von der Haxe in einen Topf geben und die weißen Bohnen darin gar kochen. Die roten Bohnen in der restlichen Brühe gar kochen.

3. Die weißen Bohnen mit der Brühe portionsweise im Mixer fein pürieren. Zurück in den Topf geben und die weichgegarten roten Bohnen unter das Bohnenpüree mischen.

4. Die sämige Bohnensuppe vorsichtig mit Salz und Pfeffer abschmecken. Das Haxenfleisch vom Knochen lösen, in die Suppe geben und darin erwärmen. Mit Petersilie bestreut servieren.

A.S.

» *Gerichte aus Hülsenfrüchten schmecken nicht nur, sie sind auch ein Fundus wertvoller Inhaltsstoffe. Bohnen, Linsen & Co. enthalten reichlich biologisch hochwertiges Eiweiß und Ballaststoffe. Zudem weisen sie auch beachtliche Mengen an Mineralstoffen und Spurenelementen auf.* **«**

Bohneneintopf mit Lammkeule

SCHLESWIG-
HOLSTEIN

Dicke Bohnen sind in den südlichen Regionen weniger bekannt als in den nördlichen Gefilden. Hauptanbaugebiete dieser ausschließlich im Freiland angebauten Bohnenart sind Nordrhein-Westfalen, Niedersachsen und Schleswig-Holstein. Verständlich, daß es dort auch die meisten Rezepte für dieses deftige Gemüse gibt. Hier eine der vielen Möglichkeiten, Sau- oder Puffbohnen, wie sie auch genannt werden, zuzubereiten.

Für 4 Personen:

2 Lammvorderkeulen

1 Bund Suppengrün

2 Knoblauchzehen

4 bis 5 Pfefferkörner

Salz

1 Zwiebel

300 g grüne Bohnen

500 g mehligkochende Kartoffeln

2 EL geschmacksneutrales Öl

250 g dicke Bohnen

1 EL Rotweinessig

1 Bund Bohnenkraut

frisch gemahlener Pfeffer

2 EL frisch gehackte Petersilie

1. Die Lammkeulen waschen, das Suppengrün kleinschneiden und den Knoblauch schälen. Die Keulen mit Pfefferkörnern und 1 Knoblauchzehe in einen Kochtopf geben. Mit Wasser bedecken, salzen, aufkochen und in etwa 1 1/2 Stunden gar kochen.

2. Die Zwiebel schälen und in Würfel schneiden. Von den Bohnen die Enden abknipsen, falls nötig entfädeln, und in 2 cm lange Stücke schneiden. Die Kartoffeln schälen und in 2 cm große Würfel schneiden.

3. Das Öl in einem Kochtopf erhitzen und die Zwiebelwürfel darin glasig dünsten. Die dicken Bohnen, die grünen Bohnen und die Kartoffeln dazugeben und kurz mit andünsten. Mit Essig ablöschen und mit 1/2 Liter Lammbrühe aufgießen. Das Bohnenkraut und die andere durchgepreßte Knoblauchzehe hinzufügen und etwa 35 bis 40 Minuten bei schwacher Hitze köcheln lassen.

4. Das Lammfleisch von den Knochen lösen, in kleine Stücke schneiden und unter den Bohneneintopf mischen. Falls nötig, noch etwas Brühe dazugießen und mit Salz und Pfeffer nachwürzen. Das Bohnenkraut herausnehmen und die Petersilie untermischen. Den Eintopf in eine große Schüssel geben oder gleich im Topf servieren.

A.S.

» *Dicke Bohnen stecken voller wertvoller Inhaltsstoffe.
Saison haben die gesunden Energiebündel von Juni bis
September. Außerhalb dieser Zeit kann man dicke
Bohnen als Tiefkühlprodukt kaufen.* «

Pichelsteiner

Der wohl bekannteste deutsche Eintopf kommt aus dem Bayerischen Wald, aus Büchelstein, einem kleinen Ort in der Nähe von Regen, wo seit 1874 alljährlich ein großes Pichelsteiner Fest gefeiert wird. Wie bei allen berühmten Gerichten gibt es auch von diesem Eintopf allerlei Variationen – als Grundregel gilt jedoch: Es müssen dreierlei Fleischarten, Gemüse und Kartoffeln enthalten sein!

Für 4 bis 6 Personen:

250 g Rinderbrust

250 g Schweineschulter oder -halsgrat

250 g Kalbsbrust

Salz, frisch gemahlener Pfeffer

50 g gewässertes, ausgelöstes Rindermark

2 Zwiebeln

2 große Möhren

1/2 kleine Sellerieknolle

2 Petersilienwurzeln

2 Kohlrabi

300 g vorwiegend fest-kochende Kartoffeln

1/4 Kopf Wirsing

3 EL geschmacksneutrales Öl

1 Bund glatte gehackte Petersilie

1. Das Fleisch waschen, trockentupfen und in Würfel schneiden. Mit Salz und Pfeffer würzen. Das Rindermark kleinschneiden und in einem Schmortopf bei mittlerer Hitze zerlassen. Die Fleischwürfel in dem heißen Mark rundherum anbraten, mit 1 Liter Wasser aufgießen und zugedeckt etwa 20 Minuten schmoren lassen.

2. Inzwischen Zwiebeln, Möhren, Sellerie, Petersilienwurzeln, Kohlrabi und Kartoffeln schälen und alles in gleich große Würfel schneiden. Vom Wirsing die dicken Blattrippen entfernen und die Blätter ebenfalls kleinschneiden.

3. In einem großen Kochtopf das Öl erhitzen und erst die Zwiebeln darin glasig dünsten. Dann das Gemüse dazugeben und mit andünsten. Die Fleischwürfel zusammen mit der Brühe unter das Gemüse mischen und zugedeckt bei schwacher Hitze etwa 1 Stunde garen.

4. Zum Schluß noch einmal mit Salz und Pfeffer würzen und reichlich Petersilie untermischen.

A.S.

» *Man kann den Pichelsteiner auch im Backofen bei etwa 180° C garen. Die Garzeit verlängert sich dadurch zwar ein wenig, die feinen Gemüsearomen kommen aber fast noch besser zur Geltung!* «

Baeckaoffe

Dieses ursprünglich elsässische Rezept ist schon lange auch in Baden beliebt. Der Name entstand dadurch, daß die Hausfrauen früher die fertig vorbereitete Speise im Kochgeschirr zum Bäcker brachten, der sie dann in den heißen Ofen schob. Mittags holten sich die Hausfrauen, verbunden mit einem kleinen Schwätzchen, die fertiggebackene Mahlzeit wieder ab.

Für 4 bis 6 Personen:

800 g Lammfleisch ohne Knochen

1 Bund Suppengrün

3 bis 4 schwarze Pfefferkörner

1 Lorbeerblatt

1 Thymianzweig

Salz

500 g Kartoffeln

1 kleiner Kopf Wirsing

2 Zwiebeln, 2 Knoblauchzehen

3 EL geschmacksneutrales Öl

frisch gemahlener Pfeffer

frisch geriebene Muskatnuß

Butter für die Förmchen

1/4 l trockener Weißwein

2 EL frisch gehackte Petersilie

1. Das Lammfleisch waschen, das Suppengrün kleinschneiden. Mit Pfefferkörnern, Lorbeerblatt und Thymian in einen Topf geben. Gut mit Wasser bedecken und zum Kochen bringen. Salzen und in etwa 1 bis 1 1/2 Stunden gar kochen.

2. Die Kartoffeln waschen, schälen und in dünne Scheiben schneiden. Vom Wirsing die äußeren welken Blätter entfernen, den Kopf halbieren, den Strunk herausschneiden und die Hälften in feine Streifen schneiden. In kochendem Salzwasser kurz blanchieren und sofort eiskalt abschrecken.

3. Die Zwiebeln und Knoblauchzehen schälen, in kleine Würfel schneiden und in heißem Öl glasig dünsten. Zwei Drittel des Wirsings dazugeben und mit Salz, Pfeffer und Muskat abschmecken. Den Backofen auf 160° C vorheizen.

4. Das Lammfleisch aus der Brühe nehmen und in etwa 1/2 cm dicke Scheiben schneiden. Einige Scheiben in feine Streifen schneiden.

5. 4 bis 6 Auflaufförmchen mit Butter ausstreichen und schichtweise Kartoffel-, Lammfleischscheiben und die gedünsteten Wirsingstreifen hineingeben. 1/2 Liter Lammbrühe mit Wein vermischen und mit Salz und Pfeffer abschmecken. Die Auflaufförmchen damit füllen und etwa 40 bis 45 Minuten im Backofen garen.

6. Die Förmchen jeweils auf einen Suppenteller stürzen, ringsum mit Wirsing- und Lammstreifen bestreuen, mit der restlichen Lammbrühe begießen und mit Petersilie bestreuen.

A.S.

» In kleinen Förmchen angerichtet, sieht der Eintopf natürlich besonders originell aus – er schmeckt aber in einer großen Auflaufform zubereitet genauso gut. Die Garzeit muß dann allerdings ein wenig verlängert werden. «

Gaisburger Marsch

Diese für Nichtschwaben etwas ungewöhnliche Mischung aus gekochtem Fleisch, Kartoffeln und Spätzle verdankt ihren Namen einem Gasthof in Gaisburg. Die Soldaten der nahe liegenden Kaserne machten sich während des Ersten Weltkrieges mit Begeisterung auf den Marsch dorthin, um sich mit diesem sättigenden Eintopf zu stärken. Heute ist Gaisburg ein Vorort von Stuttgart.

Für 4 Personen:

250 g gekochte Rinderbrust

250 g grüne Bohnen

250 g vorwiegend festkochende

Kartoffeln

3 Möhren

1 l gute Fleischbrühe

Salz, frisch gemahlener Pfeffer

frisch geriebene Muskatnuß

200 g gewässertes ausgelöstes

Rindermark

grobes Meersalz

1 EL gehackter Kerbel

1 Bund Schnittlauch, feingeschnitten

200 g gekochte Spätzle

1. Das Rindfleisch in feine Streifen schneiden. Von den Bohnen die Enden abknipsen, falls nötig entfädeln, und in Stücke schneiden. Kartoffeln und Möhren schälen und beides in Würfel schneiden.

2. Die Fleischbrühe zum Kochen bringen. Bohnen, Möhren und Kartoffeln dazugeben und mit Salz, Pfeffer und Muskat gut würzen. Etwa 20 Minuten bei schwacher Hitze köcheln lassen, dann das Fleisch untermischen und darin erhitzen.

3. Das Rindermark in Scheiben schneiden und in eine ofenfeste Form geben. Mit grobem Salz aus der Mühle, Kerbel und Schnittlauch bestreuen und unter dem Grill überbacken.

4. Kurz vor dem Servieren die Spätzle in die Suppe geben, erhitzen und mit den überbackenen Markscheiben anrichten.

Steckrübeneintopf

In manchen Gegenden mag man Steckrüben immer noch verächtlich als Viehfutter abtun – in Niedersachsen weiß man den feinen Geschmack dieses Wurzelgemüses zu schätzen.

Für 4 Personen:

500 g gepökelter Schweinebauch

1 Gänsekeule

1 kg Steckrüben

1 Majoranzweig

1/2 l gute Fleischbrühe

Salz, frisch gemahlener Pfeffer

400 g vorwiegend festkochende

Kartoffeln

1/2 Bund Petersilie, gehackt

1. Den Schweinebauch und die Gänsekeule in einen Topf geben, mit 1 Liter Wasser begießen und zum Kochen bringen. Etwa 25 Minuten bei schwacher Hitze köcheln lassen.

2. Die Steckrüben schälen und in Würfel schneiden. Mit dem Majoranzweig und der Fleischbrühe zum Fleisch geben, salzen und pfeffern und zugedeckt weitere 45 bis 50 Minuten garen.

3. Die Kartoffeln schälen, in kleine Würfel schneiden und in wenig Salzwasser garen. Abgießen, gut abdampfen lassen und mit der Petersilie unter den Eintopf mischen. Einige Minuten durchziehen lassen.

Leipziger Allerlei

SACHSEN ——————

Diese exklusive Gemüsemischung ist nicht, wie häufig vermutet wird, eine Gemüsebeilage, sondern eine eigenständige Mahlzeit, vor allem wenn man das Allerlei wie in alten Rezepten mit Krebsen und Morcheln anreichert.

Für 4 Personen:

100 g Zuckerschoten

4 junge Möhren

1 junger Kohlrabi

250 g weißer Spargel

250 g grüner Spargel

1 Bund kleine Frühlingszwiebeln

Salz

60 g Butter

einige Bärlauchblätter (ersatzweise

Schnittlauch)

frisch gemahlener Pfeffer

2 EL geschmacksneutrales Öl

1 l gute Gemüsebrühe

frisch geriebene Muskatnuß

20 gekochte und geschälte Krebs-

schwänze

1. Von den Zuckerschoten die Enden abknipsen. Möhren und Kohlrabi schälen. Die Möhren in Scheiben, den Kohlrabi in Streifen schneiden. Den weißen Spargel ganz, den grünen nur am unteren Ende schälen und die Stielenden abschneiden. Von den Frühlingszwiebeln die Wurzeln und das hintere Ende der grünen Blätter entfernen.

2. Den Spargel in leicht gesalzenem Wasser kurz blanchieren und in Eiswasser abschrecken. Die Stangen in 2 cm lange Stücke schneiden und beiseite stellen.

3. Die Butter cremig rühren. Den Bärlauch waschen, kleinschneiden und im Mixer oder mit dem Pürierstab kurz mit der Butter vermischen. Mit Salz und Pfeffer herzhaft abschmecken.

4. Das Öl in einem großen, breiten Topf erhitzen und Möhren, Kohlrabi und Zuckerschoten darin andünsten. Mit etwas Brühe begießen und mit Salz, Pfeffer und Muskat würzen. Sobald das Gemüse bißfest ist, Frühlingszwiebeln, Spargelstücke und die restliche Brühe dazugeben. Alles etwa 10 Minuten ziehen lassen und noch einmal abschmecken.

5. Die Krebsschwänze in etwas Gemüsebrühe erwärmen. Den Eintopf in Suppentellern anrichten, die Krebsschwänze darauflegen und in die Mitte einen Eßlöffel Bärlauchbutter geben.

A.S.

» *Möchte man das Allerlei mit Morcheln anreichern, sollte man nur frische verwenden, getrocknete übertönen zu sehr den Geschmack der feinen, jungen Gemüsesorten. Man kann zusätzlich auch Grießnockerl oder kleine Semmelknödel dazu servieren.* «

Linsenschüssel

Für 4 Personen:

1 gepökelte Schweinshaxe

1 Zwiebel

1 Lorbeerblatt, 1 Gewürznelke

1 Möhre, 1 Zwiebel, 1 Lauchstange

80 g durchwachsener Räucherspeck

3 EL geschmacksneutrales Öl

300 g Tellerlinsen

1 TL Tomatenmark

400 g festkochende Kartoffeln

Salz, frisch gemahlener Pfeffer

Rotweinessig nach Geschmack

1/2 Bund glatte Petersilie, gehackt

1. Die Schweinshaxe in einen Kochtopf geben und mit kaltem Wasser bedecken. Die Zwiebel schälen und mit Lorbeerblatt und Nelke spicken. Zum Fleisch geben, einmal aufkochen und in 1 1/2 bis 2 Stunden bei schwacher Hitze gar kochen.

2. Möhre und Zwiebel schälen. Vom Lauch die Wurzeln und das grüne Ende entfernen. Die Stange der Länge nach halbieren und gründlich waschen. Das Gemüse in kleine, gleich große Stücke, den Räucherspeck in kleine Würfel schneiden.

3. Öl in einem Kochtopf erhitzen und die Speckwürfel darin glasig braten. Gemüsewürfel dazugeben und andünsten. Linsen waschen, abtropfen lassen und mit dem Tomatenmark untermischen. Gründlich verrühren und mit 1/2 Liter Fleischbrühe aufgießen. Einmal aufkochen und bei schwacher Hitze köcheln lassen.

4. Die Kartoffeln schälen, waschen und in gleich große Stücke schneiden. Nach etwa 15 Minuten in den Linseneintopf geben und das Ganze weitere 20 bis 25 Minuten köcheln lassen. Falls nötig, noch etwas Brühe dazugießen. Den Eintopf mit Salz, Pfeffer und Essig herzhaft abschmecken.

5. Das Haxenfleisch vom Knochen lösen, in Streifen oder Würfel schneiden und mit der Petersilie unter den Linseneintopf mischen.

Labskaus

Ein typisches Seemannsgericht, das irgendwann an Bord eines Kutters kreiert wurde, als der Smutje seine Vorräte durchstöberte. Ein alter Seemannsspruch heißt nicht umsonst: »Im Labskaus findet der Seemann alles wieder, was er das letzte Jahr über verloren hat!« Hier eine appetitlichere Version mit frischen Zutaten.

Für 4 Personen:

600 g gepökelte Rinderbrust, 3 Zwiebeln

2 Lorbeerblätter, 2 Gewürznelken

1 kg mehligkochende Kartoffeln

4 große Salzgurken

Salz, frisch gemahlener Pfeffer

100 g rote Bete (aus dem Glas)

4 Matjesfilets

2 EL geschmacksneutrales Öl, 4 Eier

1 EL gehackte Petersilie

1. Das Rindfleisch in einen Kochtopf geben und mit kaltem Wasser bedecken. Die Zwiebeln schälen und mit Lorbeerblättern und Gewürznelken spicken. Zum Fleisch geben und etwa 1 1/2 Stunden bei schwacher Hitze köcheln lassen.

2. Kartoffeln waschen, schälen, in Stücke schneiden und in wenig Wasser ohne Salz gar kochen. Abgießen, abdampfen lassen und mit einem Kartoffelstampfer nicht zu fein zerdrücken.

3. Das Fleisch mit den Zwiebeln (ohne Lorbeerblätter und Nelken) durch die grobe Scheibe des Fleischwolfes drehen. Mit den Kartoffeln vermischen und so viel Kochbrühe hinzufügen, bis eine breiige Masse entsteht.

4. Die Salzgurken in sehr kleine Würfel schneiden und unter die Kartoffelmischung geben. Nochmals kurz erhitzen und mit Salz und Pfeffer abschmecken.

5. Die rote Bete in Streifen schneiden. Matjesfilets und Labskaus auf Teller verteilen. Öl in einer Pfanne erhitzen und die Eier darin braten. Auf dem Labskaus anrichten, mit Salz, Pfeffer und Petersilie bestreuen und mit roter Bete garnieren.

Rote-Bete-Eintopf

MECKLENBURG-
VORPOMMERN

Die sättigende, gut gewürzte Suppe mit Fleisch und roter Bete ist die ostpreußische Variante des russischen Borschtsch.

Für 4 Personen:

800 g Rinderbrust

1 Zwiebel

1 Lorbeerblatt, 1 Gewürznelke

800 g rote Beten

1/2 TL Kümmel

Salz, 4 Pfefferkörner

frisch gemahlener Pfeffer

1 Msp gemahlener Kümmel

1/2 TL gerebelter Majoran

1 bis 2 EL Rotweinessig

1/8 l saure Sahne

1/2 Bund Petersilie, gehackt

1. Das Rindfleisch in einen Kochtopf geben und mit Wasser begießen. Die Zwiebel schälen, das Lorbeerblatt mit der Gewürznelke darauf spicken. Zum Fleisch geben und das Fleisch in etwa 1 1/2 Stunden bei schwacher Hitze gar kochen.

2. Die roten Beten waschen und in einem zweiten Topf mit Kümmel, Salz und Pfefferkörnern gar kochen. Dann herausnehmen, mit kaltem Wasser abschrecken und schälen. Die Hälfte der Beten in feine Streifen schneiden, die andere Hälfte in Stücke.

3. Die in Stücke geschnittenen roten Beten mit 3/4 Liter Fleischbrühe portionsweise im Mixer pürieren. In einem Topf erwärmen und die Betestreifen untermischen. Die Suppe mit Salz, Pfeffer, gemahlenem Kümmel, Majoran und Rotweinessig herzhaft würzen. Das Fleisch in schmale Streifen schneiden und unter die Suppe mischen.

4. Die Suppe auf vier Teller verteilen und jeweils in die Mitte einen Löffel saure Sahne geben. Mit Petersilie bestreuen.

Pilzpfanne

SACHSEN

Für 4 Personen:

500 g gemischte Waldpilze

(z. B. Pfifferlinge, Maronen, Butter-pilze, Herbsttrompeten)

2 Schalotten

400 g festkochende Kartoffeln,

am Vortag gekocht

2 Hähnchenbrustfilets (etwa 400 g)

150 g Geflügellebern

4 EL geschmacksneutrales Öl

Salz, frisch gemahlener Pfeffer

40 g Butter

1/2 TL Thymianblätter

1 Bund Schnittlauch, feingeschnitten

1. Die Pilze putzen, nur falls nötig waschen und gut abtropfen lassen. Größere Exemplare halbieren oder vierteln. Schalotten und Kartoffeln schälen. Die Schalotten in kleine Würfel, die Kartoffeln in etwa 1 cm große Würfel schneiden.

2. Die Hähnchenbrustfilets waschen, trockentupfen und in Würfel schneiden. Die Geflügellebern waschen, von Haut und Fett befreien und in kleine Stücke schneiden.

3. 1 Eßlöffel Öl in einer beschichteten Pfanne erhitzen und das Hähnchenfleisch darin rundherum anbraten. Herausnehmen und die Leberstückchen im heißen Bratfett kurz anbraten.

4. In einer zweiten Pfanne 2 Eßlöffel Öl erhitzen und die Schalottenwürfel darin glasig dünsten. Die Kartoffelwürfel dazugeben und in 5 bis 6 Minuten bei starker Hitze goldbraun braten. Dann die Filets und die Leber untermischen und mit Salz und Pfeffer würzen.

5. Butter und das restliche Öl in einer Pfanne erhitzen und die Pilze kurz darin anbraten. Mit Salz, Pfeffer und Thymian würzen und zu der Kartoffel-Geflügel-Mischung geben. Gut vermischen, kurz durchziehen lassen und mit Schnittlauch bestreut servieren.

3. KAPITEL
Gemüse

Daheim wie im Restaurant ist Gemüse trotz seiner Aromenfülle normalerweise nur eine Begleiterscheinung. Wer ein Gericht nennt – ob der Koch auf seiner Speisekarte oder die Hausfrau im Gespräch mit ihrer Familie –, erwähnt zunächst Fleisch oder Fisch und dann erst ein dazu passendes Gemüse. Nur der Spargel und die Trüffel schaffen es, eine kulinarische Hauptrolle zu spielen. Beide sind das edelste aller Gemüse, die es von der Artischocke bis zur Zwiebel in beinahe unerschöpflicher Vielfalt gibt. Wir essen es in Form von Wurzeln und Knollen, zum Beispiel als Kartoffeln, Karotten oder Sellerie, als Radieschen, rote Bete oder Topinambur. Wir entblättern Kohlköpfe, Spinat und Salat. Wir erfreuen uns der Blütengemüse wie Blumenkohl, Artischocke oder Rosenkohl. Wir essen, genauso gern kalt wie warm, Fruchtgemüse wie Gurken, grüne Bohnen und Zuckererbsen, Auberginen, Paprika oder Tomaten. Wir beißen vergnüglich in die Sprossen von Spargel und Hopfen, wir weichen trockene Hülsenfrüchte ein, sammeln stundenlang Pilze und bekommen Tränen in die Augen beim schärfsten aller Gemüse, den Zwiebeln. Guten Gewissens können wir beim Gemüse immer reichlich nehmen, denn es besteht bis zu 95 Prozent aus Wasser, enthält höchstens ein halbes bis ein Prozent Fett und ist – die reifen Erbsen ausgenommen – mit durchschnittlich 20 Kalorien pro 100 Gramm ziemlich kalorienarm. Dafür aber reich an Mineralstoffen, Vitaminen und Spurenelementen sowie an organischen Säuren und ätherischen Ölen, die unser Wohlbefinden steigern. Auch deswegen kommt der Gemüseteller als ideales Ergebnis heraus, wenn bei uns im Restaurant oder bei Ihnen daheim gesunde Ernährungsweise mit kulinarischem Genuß und wohlgefälliger Präsentation kombiniert werden soll.

Gemüse spielt seit Jahrhunderten in allen deutschen Regionen, die städtisch geprägt sind, seine wichtige Rolle als angenehmer Begleiter. Heute können sie angesichts unseres Hangs zum Übergewicht gar nicht oft genug eine Hauptrolle bei Tisch spielen. Die schönsten regionalen Rezepte werden noch angenehmer, wenn man sie vom überflüssigen Fett und überkommener Routine befreit. Nur eines würde ich mir noch so wünschen, wie es zu Zeiten unserer Großmütter war. Damals hatte unser Gemüse noch reizvolle Namen, da gab's den Blumenkohl namens »Erfurter Zwerg« oder die »Dunkelrote Braunschweiger Zwiebel«, und Tomaten hießen vollmundig »Bonner Beste« oder »Rheinlands Ruhm«.

Zwiebelauflauf

MECKLENBURG-
VORPOMMERN

Für 4 Personen:

3 Gemüsezwiebeln

2 mehligkochende Kartoffeln

200 g durchwachsener Räucherspeck,

in Scheiben geschnitten

7 EL geschmacksneutrales Öl

Salz, frisch gemahlener Pfeffer

frisch geriebene Muskatnuß

¹/₄ l Sahne

3 Knoblauchzehen

1 Bund glatte Petersilie, feingehackt

100 g Paniermehl

1. Zwiebeln und Kartoffeln schälen. Die Zwiebeln in feine Ringe schneiden, die Kartoffeln grob raspeln. Den Speck in feine Streifen schneiden.

2. 2 Eßlöffel Öl in einer Pfanne erhitzen und die Speckstreifen darin kroß braten. Herausnehmen, Zwiebeln und Kartoffeln in das Bratfett geben und unter Rühren glasig dünsten. Mit Salz, Pfeffer und Muskat würzen. Den Backofen auf 200° C vorheizen.

3. Eine feuerfeste Auflaufform mit 1 Eßlöffel Öl ausfetten. Die Zwiebel-Kartoffel-Masse abwechselnd mit den Speckstreifen in die Form schichten und mit Sahne übergießen.

4. Die Knoblauchzehen schälen und durch eine Presse drücken. Mit der Petersilie, dem Paniermehl und 4 Eßlöffel Öl vermischen. Mit Salz und Pfeffer abschmecken. Den Auflauf damit bestreuen und im heißen Backofen in 20 bis 25 Minuten goldbraun backen. Noch warm servieren.

Gefüllte Zwiebeln, auf Salz gebacken

FRANKEN

Für 4 Personen:

200 g grobes Salz

4 Gemüsezwiebeln

1 Brötchen

30 g Mandelblättchen

50 g gekochter Schinken, in kleine Würfel geschnitten

1/8 l Sahne

Salz, frisch gemahlener Pfeffer

20 g Butter, 1 EL Paniermehl

1. Den Backofen auf 150° C vorheizen. Das grobe Salz in eine feuerfeste Form streuen. Von den Zwiebeln einen Deckel abschneiden und die Zwiebeln ungeschält auf das Salz setzen. Im Backofen 1 Stunde lang garen. Herausnehmen und den Backofen auf 220° C schalten.

2. Die Zwiebeln auskühlen lassen und bis auf die beiden äußeren Schichten aushöhlen. Die ausgelöste Zwiebelmasse im Mixer pürieren und in eine Schüssel geben.

3. Das Brötchen in kleine Würfel schneiden. Zusammen mit den Mandelblättchen und den Schinkenwürfeln zum Zwiebelmus geben. Mit der Sahne begießen, gut vermischen und mit Salz und Pfeffer abschmecken. Die Zwiebeln damit füllen und erneut auf das Salzbett stellen.

4. Die Butter schaumig rühren, das Paniermehl untermischen und die Füllung damit bestreichen. Im heißen Backofen etwa 10 Minuten goldbraun überbacken.

A.S.

» *Für dieses Rezept muß man unbedingt große Gemüsezwiebeln verwenden, da diese Sorte nicht so scharf ist wie die üblichen Haushaltszwiebeln. Im fränkischen Zwiebelland füllt man die Zwiebeln häufig mit Bratwurstbrät. Ich persönlich finde diese zarte Schinkenfüllung besonders fein.* «

Lauchgemüse mit Möhren

ALLE REGIONEN

Für 4 Personen:

2 bis 3 Lauchstangen (etwa 600 g)

300 g junge Möhren

50 g Butter

Salz, frisch gemahlener Pfeffer

etwa 100 ml Fleischbrühe

Saft von 1 Zitrone

1 EL frisch gehackte Petersilie

1. Von den Lauchstangen die Wurzeln und die grünen Enden entfernen. Die Stangen der Länge nach halbieren und unter fließendem Wasser gründlich waschen. Dabei die Blätter leicht auseinanderziehen, damit alle Schmutzteilchen herausgespült werden. Den Lauch in etwa 1 cm breite Streifen schneiden. Die Möhren waschen, schälen und erst der Länge nach in dünne Scheiben, dann quer in feine Streifen schneiden.

2. 30 g Butter in einem Topf erhitzen und den Lauch darin andünsten. Mit Salz und Pfeffer würzen und mit Brühe begießen. Zugedeckt 3 bis 4 Minuten dünsten, dann die Möhrenstreifen dazugeben und in weiteren 3 bis 4 Minuten fertiggaren.

3. Mit Zitronensaft abschmecken und, falls nötig, mit Salz und Pfeffer nachwürzen. Die restliche Butter in kleinen Flöckchen untermischen und das Gemüse mit Petersilie bestreuen.

A.S.

» *Besonders raffiniert schmeckt das Gemüse, wenn man kurz vor Ende der Garzeit etwas frisch gehackten Zitronenthymian untermischt.* «

Überbackene Kürbisschnitzel

MARK
BRANDENBURG

»Melonen des Nordens« werden die orange-farbenen Riesenfrüchte auch häufig genannt. Großflächigen Anbau von Kürbis gibt es in Deutschland nicht, aber in der Gegend um Berlin, in Westfalen und in Schlesien fehlen sie in keinem Hausgarten.

Für 4 Personen:

8 oval geschnittene Scheiben

Kürbis (à 90 g), Salz

100 g Kalbsbrät

1 EL gehackte Kräuter (z. B. Petersilie,

Kerbel, Thymian)

frisch gemahlener Pfeffer

100 g geschabte Rinderleber

1 Eigelb

2 EL Paniermehl

frisch gerebelter Majoran

geschmacksneutrales Öl zum Braten

1. Die Kürbisscheiben kurz in kochendem Salzwasser blanchieren, in kaltem Wasser abschrecken und auf einem Küchentuch abtropfen lassen.

2. Für die Kräuterfarce das Kalbsbrät mit den Kräutern verrühren und herzhaft mit Salz und Pfeffer würzen.

3. Die Leber mit Eigelb und Paniermehl verrühren und mit Majoran, Salz und Pfeffer abschmecken. Den Grill oder den Backofen auf 250° C vorheizen.

4. Die Kürbisscheiben mit Salz und Pfeffer würzen. Etwas Öl in einer Pfanne erhitzen und die Kürbisscheiben darin auf jeder Seite kurz anbraten, dann auf den Gitterrost legen. Vier Kürbisschnitzel mit Kräuter-, die übrigen vier mit der Leberfarce bestreichen. Den Rost mit dem darunterliegenden tiefen Backblech auf die obere Schiene des Backofens oder des Grills schieben und die Kürbisschnitzel wenige Minuten überbacken. Mit grünem Salat servieren!

Birnen, Bohnen und Speck

SCHLESWIG-
HOLSTEIN

Dieses Rezept ist eine Abwandlung des beliebten norddeutschen Eintopfes, der auch »Gröner Heinrich« genannt wird. Normalerweise werden kleine, ungeschälte grüne Birnen mitgekocht. Da diese spezielle Birnensorte bundesweit nur schwer erhältlich ist, hier eine Version mit Williamsbirnen.

Für 4 Personen:

500 g grüne Bohnen, Salz

500 g vorwiegend festkochende

Kartoffeln

200 g durchwachsener Räucherspeck

¹/₄ l Sahne, frisch gemahlener Pfeffer

4 halbe pochierte Williamsbirnen

1 EL gehacktes Bohnenkraut

1. Die Enden der Bohnen abknipsen und die Bohnen entfädeln. Waschen, in etwa 2 bis 3 cm lange Stücke schneiden und kurz in Salzwasser blanchieren. In einem Sieb abtropfen lassen und in Eiswasser abschrecken. Den Grill oder den Backofen auf 250° C vorheizen.

2. Die Kartoffeln schälen und in Scheiben schneiden. Den Speck in nicht zu kleine Würfel schneiden. Beides in einen Topf geben, mit Sahne begießen, vorsichtig salzen und pfeffern und etwa 20 Minuten kochen lassen. Auf einem Sieb abtropfen lassen, dabei die Sahne auffangen.

3. Birnen der Länge nach in Scheiben schneiden. Die Kartoffel-Speck-Masse in eine Auflaufform schichten, die Bohnen darüber verteilen und mit den Birnenspalten belegen. Mit der aufgefangenen Sahne begießen und dem Bohnenkraut bestreuen. Unter dem Grill oder im Backofen kurz überbacken.

A.S.

» *Die Zubereitung dieses traditionellen Eintopfgerichts als Auflauf bekommt der Gemüse-Frucht-Kombination sehr gut.* «

Kohlroulade

BERLIN/MARK
BRANDENBURG

Kohlrouladen sind nicht nur eine Leibspeise der Berliner: Das einfache und deftige Gericht ißt man überall in Deutschland sehr gerne. Die Bayern nennen sie Krautwickerl.

Für 4 Personen:

12 große Kohlblätter, Salz

1 bis 2 EL Essig, 2 Brötchen

2 kleine Zwiebeln, gehackt

je 250 g Kalbs- und Rinderhack

2 Eier, 2 EL gehackte Petersilie

1 EL gehackte Majoranblätter

frisch gemahlener Pfeffer

Cayennepfeffer

2 EL geschmacksneutrales Öl

100 g Räucherspeck,

in Würfel geschnitten

knapp ½ l Fleischbrühe

1. Die Kohlblätter in kochendem Salzwasser kurz blanchieren, in Essigwasser abschrecken und abtropfen lassen.

2. Brötchen in kaltem Wasser einweichen und gut ausgedrückt mit den Zwiebeln zum Hackfleisch geben. Eier und Petersilie hinzufügen und zu einem glatten Fleischteig verkneten. Mit Majoran, Salz, Pfeffer und Cayennepfeffer herzhaft abschmecken. Den Backofen auf 160° C vorheizen.

3. Die Kohlblätter ausbreiten, jeweils etwas von der Fleischmasse daraufgeben und die Blätter seitlich einschlagen. Von der Längsseite her aufrollen und mit Küchengarn verschnüren.

4. Öl in einem Schmortopf erhitzen und die Speckwürfel darin glasig braten. Mit der Brühe ablöschen und die Rouladen nebeneinander hineinlegen. Zugedeckt gut 1 Stunde im Backofen schmoren.

5. Die Kohlrouladen herausnehmen und warm stellen. Bratenfond kurz durchkochen lassen, durch ein Sieb passieren und die Rouladen damit übergießen.

Kalte Wirsingrouladen

HESSEN

Für 4 Personen:

250 g gekochter Schinken

200 g Kalbsbrät

4 cl Weinbrand

Salz, frisch gemahlener Pfeffer

4 Blatt weiße Gelatine

2 bis 3 EL Kalbsfond (aus dem Glas)

200 g halbsteif geschlagene Sahne

16 große Wirsingblätter

8 Scheiben gekochter Schinken

1. Das Schinkenstück zusammen mit dem Kalbsbrät durch den Fleischwolf drehen. Den Weinbrand dazugeben, mit Salz und Pfeffer würzen und mit Hilfe eines Pürierstabes zu einer glatten Farce verarbeiten.

2. Die Gelatine in kaltem Wasser einweichen, gut ausdrücken und im erwärmten Kalbsfond auflösen. Vorsichtig unter die Farce rühren, dann die Sahne gleichmäßig unterziehen.

3. Wirsingblätter in Salzwasser kurz blanchieren, dann in Eiswasser abschrecken. Nebeneinander auf ein Tuch legen und abtropfen lassen.

4. Die Blattrippen flach schneiden und acht Blätter mit je einer Schinkenscheibe belegen. Darauf wieder ein Wirsingblatt legen und mit der Farce bestreichen. Die seitlichen Ränder einschlagen und der Länge nach aufrollen. Die Rouladen mit Klarsichtfolie umwickeln, damit sie nicht aufgehen. Etwa 1 Stunde kalt stellen.

5. Die Wirsingrouladen in Scheiben schneiden und zum Beispiel auf marinierten Salatblättern anrichten.

A.S.

» *Köstlich schmeckt auch eine zarte Fischfarce in Wirsingblättern oder eine Wildfarce, verpackt in Rotkohlblätter.* «

Gefüllter Kohlrabi

Deutschland ist der größte Anbauer von Kohlrabi, und das meiste verzehren wir selbst. Die grünen oder blauen Knollen sind ein typisch deutsches Gemüse, das nicht nur als Beilage schmeckt.

Für 4 Personen:

4 Kohlrabi

1 Bund junge, sehr kleine Möhren

200 g Stangensellerie

100 g frische Spinatblätter

40 g Butter

etwa ¼ l Gemüsebrühe

Salz, frisch gemahlener Pfeffer

frisch geriebene Muskatnuß

2 EL gehackte Kräuter

1. Die Kohlrabi von den Blättern befreien, die inneren zarten Blätter aufbewahren. Die Knollen schälen, einen kleinen Deckel abschneiden und vorsichtig aushöhlen. Die Kohlrabi so lange in Salzwasser kochen, bis sie fast gar sind.

2. Inzwischen das restliche Gemüse putzen und waschen. Die Selleriestangen in etwa 6 cm lange Stücke schneiden. Jedes Gemüse separat in Salzwasser blanchieren. Den Backofen auf 150° C vorheizen.

3. Butter und Brühe in einem Schmortopf erhitzen, das Gemüse dazugeben. Mit Salz, Pfeffer und Muskat würzen und kurz durchschwenken. Die Kräuter untermischen und die Kohlrabi damit füllen. Nebeneinander in eine gefettete Auflaufform stellen und im Backofen in etwa 10 Minuten fertiggaren, dabei immer wieder mit Gemüsebrühe begießen.

A.S.

» Treibhauskohlrabi sind zwar sehr zart, aber leider nicht sehr aromatisch. Probieren Sie dieses Rezept unbedingt mit frischen Freilandkohlrabi, die es ab Ende Mai zu kaufen gibt. «

Grünkohl mit Gänsekeulen

Eines haben alle diese Regionen gemeinsam: Mit dem ersten Frost beginnt die Grünkohlzeit. Bei der Zubereitung aber gibt's kleine Unterschiede – während in Schleswig-Holstein unbedingt eine gepökelte Schweinebacke mitgekocht werden muß, darf in Bremen niemals die Pinkelwurst fehlen.

Für 4 Personen:

1 ½ kg Grünkohl, Salz

1 große Zwiebel, 2 Gänsekeulen

frisch gemahlener Pfeffer

2 EL geschmacksneutrales Öl

½ TL Zucker, ½ l Fleischbrühe

4 geräucherte Mettwürste

1. Den Grünkohl von den Blattrippen streifen und waschen. In reichlich Salzwasser einige Minuten garen lassen. In einem Sieb gut abtropfen lassen, dann grob hacken. Die Zwiebel schälen und in Würfel schneiden.

2. Die Gänsekeulen mit Salz und Pfeffer einreiben. Das Öl in einem großen Kochtopf erhitzen und die Keulen darin anbraten. Herausnehmen und die Zwiebel in dem Bratfett glasig dünsten. Grünkohl hinzufügen und unter Rühren zusammenfallen lassen. Mit Salz, Pfeffer und Zucker würzen, mit Fleischbrühe aufgießen und die Keulen unter das Gemüse mischen. Zugedeckt bei schwacher Hitze 1 ½ bis 2 Stunden schmoren lassen.

3. Etwa ½ Stunde vor Ende der Garzeit die Würste auf das Gemüse legen und fertiggaren.

A.S.

» Vergessen Sie nicht, einen 'Klaren' kalt zu stellen, der gehört ebenso dazu wie die mit Puderzucker glasierten, goldbraun gebratenen Pellkartoffeln. Vorsichtig salzen, da die mitgekochten Würste reichlich Salz an das Gemüse abgeben. «

Scharfe Tüften

MECKLENBURG-
VORPOMMERN

Für 4 Personen:

1 kg mehligkochende Kartoffeln

¼ l Sahne

½ l Buttermilch

2 Salzheringe (wenn nötig gewässert)

1 kleine Gemüsezwiebel

2 kleine saure Gurken

1 Prise Salz

frisch gemahlener Pfeffer

1 Prise Zucker

1 Msp scharfer Senf

½ TL Essig

1. Die Kartoffeln waschen und in etwa 20 Minuten gar kochen. Das Kochwasser abschütten, die Kartoffeln abdampfen lassen, pellen und noch heiß in Scheiben schneiden.

2. Sahne und Buttermilch aufkochen und die Kartoffelscheiben dazugeben. Bei schwacher Hitze so lange kochen lassen, bis alle Flüssigkeit aufgesogen ist und die Kartoffeln zerfallen sind.

3. Die Heringe häuten und filetieren. Die Zwiebel schälen und wie die Gurken fein hacken, beides zu den Kartoffeln geben. Mit Salz, Pfeffer, Zucker, Senf und Essig würzen und noch einmal aufkochen lassen. Mit den Heringsfilets servieren.

A.S.

» *Sollten die Tüften zu dick geraten, kann man sie mit etwas Buttermilch verdünnen.* «

Überbackene Kartoffelscheiben

SAARLAND

Für 4 Personen:

4 große mehligkochende Kartoffeln

Salz

50 g Butter

etwa 100 ml Milch

frisch gemahlener Pfeffer

frisch geriebene Muskatnuß

1 Lauchstange

2 EL frisch geriebener Meerrettich

100 g geriebener Hartkäse

(z. B. Emmentaler)

1. Kartoffeln schälen und in 12 gleich große Scheiben schneiden. Die restlichen Kartoffelteile in Salzwasser gar kochen, abgießen und abdampfen lassen. Mit einem Kartoffelstampfer zerdrücken und die Butter sowie so viel Milch unterrühren, bis eine streichfähige Masse entsteht. Mit Salz, Pfeffer und Muskat abschmecken.

2. Den Backofen auf 160° C vorheizen. Die Kartoffelscheiben in Salzwasser bißfest kochen. Den Lauch sorgfältig putzen, in schmale Ringe schneiden und in Salzwasser blanchieren.

3. Den Lauch abtropfen lassen und mit dem Meerrettich und dem Kartoffelpüree vermischen. Die Masse auf die Kartoffelscheiben häufen. Nebeneinander auf ein gefettetes Backblech setzen, mit Käse bestreuen und etwa 10 Minuten überbacken.

A.S.

» *Diese überbackenen Kartoffelscheiben können als Beilage zu Kurzgebratenem, als Vorspeise, aber auch als vegetarisches Hauptgericht für zwei Personen serviert werden.* «

Kartoffelpuffer

RHEINLAND

Die knusprigen Pfannkuchen aus Kartoffelteig sind zwar in allen deutschen Regionen zu Hause – als Kartoffelplätzchen, Grumbeerküchle oder Reiberdatschi –, aber in keiner anderen Region sind sie so allgegenwärtig wie im Rheinland. Angelockt vom verführerischen Duft kann man dort die frischgebackenen »Rievekooche« an jeder Straßenecke kaufen.

Für 4 Personen:

800 g festkochende Kartoffeln

1 Zwiebel, 3 Eier, 1 EL Mehl

1 Bund Petersilie, feingehackt

Salz, frisch gemahlener Pfeffer

frisch geriebene Muskatnuß

geschmacksneutrales Öl zum Braten

1. Die Kartoffeln schälen, grob raspeln und ausdrücken. Die Zwiebel schälen, in kleine Würfel schneiden und mit den Kartoffeln vermischen. Die Eier verquirlen und mit dem Mehl und der Petersilie zu den Kartoffeln geben. Gründlich verrühren und mit Salz, Pfeffer und Muskat würzen.

2. Etwas Öl in einer beschichteten Pfanne erhitzen. Mit einem Eßlöffel etwas von der Kartoffelmasse in die Pfanne geben, mit dem Löffelrücken plattdrücken und auf einer Seite goldbraun braten. Mit einem Bratwender wenden und auch die zweite Seite knusprig braten.

A.S.

» *Regional unterschiedlich sind nicht nur die Namen für die Kartoffelpuffer, sondern auch die Beilagen: Die Bayern essen am liebsten Sauerkraut oder Apfelmus dazu, die Rheinländer legen sie gerne auf Schwarzbrotscheiben und bestreichen sie mit Rübenkraut, die Thüringer mögen Heidelbeeren dazu.* «

Kartoffel-Birnen-Puffer

RHEINLAND, SAARLAND, SCHWABEN

Für 4 Personen:

400 g festkochende Kartoffeln

200 g aromatische, nicht zu weiche Birnen

Salz, frisch gemahlener Pfeffer

3 EL geschmacksneutrales Öl

50 g Butter

1. Kartoffeln und Birnen waschen und schälen. Die Birnen halbieren, entkernen und die Hälften wie die Kartoffeln in sehr feine Streifen schneiden. Ein Sieb mit einem Küchentuch auslegen, die Kartoffel-Birnen-Mischung hineingeben und abtropfen lassen. Anschließend in eine Schüssel geben und mit Salz und Pfeffer würzen.

2. In einer großen beschichteten Pfanne etwas Öl und Butter erhitzen und die Hälfte der Mischung hineingeben. Etwa zwei Minuten goldbraun anbraten, dann mit Hilfe einer Palette wenden und auf der zweiten Seite knusprig backen. Auf ein Gitter legen, damit das Fett abtropfen kann, und die restlichen Birnen-Kartoffel-Streifen ebenso zubereiten.

3. Mit einem runden Ausstecher gleich große Kreise ausstechen und als Beilage, zum Beispiel zu Wildgerichten, servieren.

A.S.

» *Diese Nobel-Version der Kartoffelpuffer kann man auch gut mit Apfelstreifen zubereiten. Wichtig ist jedoch, daß Sie eine festkochende Kartoffelsorte, wie Sieglinde, Selma oder Hansa, dafür verwenden, denn nur dann werden die Puffer richtig knusprig!* «

Himmel und Erde

RHEINLAND

Seinen ungewöhnlichen Namen verdankt dieses Rezept den beiden wichtigsten Zutaten: Unter dem Himmel wachsen die Äpfel, unter der Erde die Kartoffeln. Im Rheinland ist »Himmel un Äd« die unverzichtbare Beilage zu Blut- und Leberwurst.

Für 4 Personen:

400 g Äpfel (z. B. Boskop)

1 TL Zitronensaft

400 g mehligkochende Kartoffeln

Salz, etwa 100 ml Milch

frisch geriebene Muskatnuß

frisch gemahlener Pfeffer

40 g Butter, 1 Prise Zucker

1/2 TL feingehackter Zitronenthymian

80 g durchwachsener Räucherspeck, in Würfel geschnitten

1. Die Äpfel schälen, vierteln, entkernen, in kleine Würfel schneiden und mit Zitronensaft beträufeln. Kartoffeln waschen, schälen, vierteln und in Salzwasser gar kochen. Abdampfen lassen und mit einem Kartoffelstampfer fein zerdrücken.

2. Milch mit einer Prise Muskat erhitzen. Mit einem Schneebesen unter die Kartoffeln rühren, mit Salz und Pfeffer würzen. Zugedeckt warm halten.

3. Die Butter in einer Pfanne erhitzen, die Apfelwürfel dazugeben, mit Zucker und Zitronenthymian bestreuen und goldgelb braten. Die Räucherspeckwürfel in einer zweiten Pfanne kroß braten.

4. Sobald die Äpfel gar sind, unter den Kartoffelbrei mischen, in eine Schüssel geben und mit Speckwürfeln bestreuen.

A.S.

» Das Püree niemals mit einem Pürierstab oder einem elektrischen Handrührgerät aufschlagen – dadurch wird es zäh wie Kleister! «

Kartoffelpüree

ALLE REGIONEN

Kartoffelpüree ist in ganz Deutschland eine beliebte Beilage. Es schmeckt aber nicht nur solo, sondern auch vermischt mit anderen Gemüsesorten, mit Kräutern oder Früchten!

Grundrezept für 4 Personen:

600 g mehligkochende Kartoffeln

Salz, gut 1/8 l Milch

40 g Butter

frisch geriebene Muskatnuß

Aus den Zutaten, wie bei »Himmel und Erde« beschrieben, ein Püree zubereiten.

Vorschläge zum Variieren:

Kartoffel-Pilz-Püree

200 g Steinpilze, Pfifferlinge oder Egerlinge putzen, in dünne Scheiben schneiden und in 30 g Butter andünsten. Mit Salz, Pfeffer und gehacktem Thymian würzen. Mit 2 Eßlöffel gehackter Petersilie unter das fertige Püree mischen.

Kartoffel-Birnen-Püree

250 g nicht zu weiche Birnen schälen, vierteln, entkernen und in Würfel schneiden. Mit 2 Eßlöffel Mandelstiften in 30 g Butter anbraten, mit etwas Zucker bestreuen, glasieren lassen und unter das fertige Püree mischen.

Kartoffel-Kräuter-Püree

2 Schalotten schälen und in kleine Würfel schneiden. In 30 g Butter glasig dünsten. 2 bis 3 Eßlöffel frisch gehackte Frühlingskräuter dazugeben, kurz durchschwenken und unter das fertige Püree mischen.

Bratkartoffeln

S C H L E S W I G -
H O L S T E I N

Unumstritten: Die besten Bratkartoffeln gibt es in Norddeutschland! Sie sind dort nicht nur die begehrteste Beilage, man ißt sich auch schon mal daran satt. Richtig knusprige Bratkartoffeln zuzubereiten erscheint zwar auf den ersten Blick sehr einfach – es ist jedoch eine Kunst. Wichtigste Voraussetzung: festkochende Kartoffeln – bereits am Vortag gekocht.

Für 4 Personen:

800 g festkochende Kartoffeln,

am Vortag gekocht

50 g Butter-, Schweineschmalz oder

geschmacksneutrales Öl

Salz, 1 TL Kümmel

1. Die Kartoffeln schälen und in Scheiben schneiden. Ob sehr dünn oder etwas dicker, ist Geschmackssache.

2. Das Fett in einer großen Pfanne, am besten aus Eisen, erhitzen und die Kartoffelscheiben dazugeben. Bei starker Hitze so lange braten, bis die unterste Kartoffelschicht goldbraun ist, dann mit einem Bratwender wenden, salzen und bei mittlerer Hitze ebenfalls goldbraun braten.

3. Zwischendurch immer wieder wenden, damit die Kartoffelscheiben rundherum gebräunt und kroß werden. Zum Schluß mit dem Kümmel würzen.

A.S.

» *Manche schwören darauf, Bratkartoffeln mit Zwiebelwürfeln anzureichern. Ich persönlich mag das auch sehr gerne, obwohl die Zwiebeln den Geschmack aromatischer Kartoffeln leicht übertönen! In anderen Regionen werden auch Speckwürfel mitgebraten, und statt Kümmel wird mit frisch gehackten Majoranblättern gewürzt.* «

Béchamelkartoffeln

H A M B U R G

»Püschamelkartoffel« bestellt man in Hamburg – will man saftiges Kartoffelgemüse als Beilage zu Kurzgebratenem. Grundlage ist eine leichte Mehlschwitze, mit Kalbsbrühe und Milch aufgegossen, unter die dann Scheiben von frisch gekochten Kartoffeln gemischt werden.

Für 4 Personen:

600 g vorwiegend festkochende

Kartoffeln, Salz

2 Schalotten, 40 g Butter

5 EL Kalbsfond (aus dem Glas)

1/4 l Sahne

frisch gemahlener weißer Pfeffer

frisch geriebene Muskatnuß

1 EL gehackte Petersilie

1. Kartoffeln schälen und in etwa 1/2 cm dicke Scheiben schneiden. In kochendes Salzwasser geben, einmal aufkochen lassen und abgießen. Abschrecken und in einem Sieb abtropfen lassen.

2. Die Schalotten schälen und in kleine Würfel schneiden. Die Butter in einer großen Pfanne zerlassen und die Schalotten darin glasig dünsten. Mit Kalbsfond aufgießen und etwas einkochen lassen.

3. Die Sahne hinzufügen, kurz aufkochen lassen und mit Salz, Pfeffer und Muskat würzen. Die Kartoffelscheiben dazugeben, alles vermischen und in 10 bis 12 Minuten bei schwacher Hitze zugedeckt garen. Mit Petersilie bestreut servieren.

A.S.

» *Falls die Sauce noch etwas zu flüssig ist, abgießen und in einer Sauteuse bei starker Hitze ein wenig einkochen lassen. Dann erneut mit den Kartoffelscheiben vermischen. Ich bevorzuge glatte Petersilie zum Bestreuen, da diese viel mehr Aroma hat als krause Petersilie.* «

Bouillonkartoffeln

NIEDERSACHSEN

Für 4 Personen:

600 g festkochende Kartoffeln

½ kleine Sellerieknolle

1 Petersilienwurzel

3 junge Möhren

1 dünne Lauchstange

50 g Butter

¾ l kräftige Fleischbrühe

Salz, frisch gemahlener Pfeffer

½ Bund glatte Petersilie, feingehackt

einige Estragonblätter, feingehackt

1. Kartoffeln, Sellerie, Petersilienwurzel und Möhren waschen und schälen. Die Lauchstange der Länge nach halbieren, unter fließendem Wasser gründlich waschen, damit alle Schmutzteilchen herausgespült werden. Den Lauch in feine Streifen, das übrige Gemüse und die Kartoffeln in kleine Würfel schneiden.

2. 30 g Butter in einem großen Kochtopf erhitzen und das Gemüse darin kurz andünsten. Die Kartoffeln dazugeben und mit Fleischbrühe aufgießen. Mit Salz und Pfeffer würzen. Zugedeckt bei schwacher Hitze etwa 20 Minuten köcheln lassen.

3. Petersilie und Estragon zum Schluß mit der restlichen Butter in kleinen Flöckchen unter die Bouillonkartoffeln mischen. Als Beilage zu gekochtem Rindfleisch oder zu Lyoner-Wurst servieren.

A.S.

» *Den Estragon auf keinen Fall mitkochen – das Kraut wird dadurch leicht bitter. Außerdem verträgt sich das pikant herzhafte Aroma des Estragons nicht mit anderen Kräutern und Gewürzen – mit Ausnahme von Petersilie. Hat man keinen Estragon, kann man auch mit einem Lorbeerblatt würzen.* «

Saures Kartoffelgemüse

ALTBAYERN

Für 4 Personen:

600 g vorwiegend festkochende

Kartoffeln, 2 Zwiebeln

1 Lorbeerblatt, 1 Gewürznelke

1 EL geschmacksneutrales Öl

1 TL Zucker

100 ml Weißweinessig

½ l Fleischbrühe

3 bis 4 Pfefferkörner

1 zerstoßene Wacholderbeere

60 g kalte Butter

½ Bund glatte Petersilie, gehackt

1. Die Kartoffeln waschen, schälen und in nicht zu dünne Scheiben schneiden. Die Zwiebeln schälen, eine davon in kleine Würfel schneiden, die zweite mit Lorbeerblatt und Nelke spicken.

2. Öl in einem Topf erhitzen, die Zwiebelwürfel dazugeben und mit Zucker bestreuen. Bei mittlerer Hitze goldbraun rösten, dann mit Essig ablöschen und mit Fleischbrühe aufgießen. Die gespickte Zwiebel, Pfefferkörner und Wacholderbeere sowie die Kartoffelscheiben in die Brühe geben und bei schwacher Hitze etwa 20 Minuten köcheln lassen.

3. Die Flüssigkeit abgießen und auffangen, die gespickte Zwiebel, Pfefferkörner und Wacholderbeere entfernen. Die Brühe auf knapp ¼ Liter einkochen lassen. Vom Herd nehmen und die Butter in kleinen Flöckchen mit einem Schneebesen unterschlagen. Über die Kartoffelscheiben gießen, vermischen und mit Petersilie bestreut servieren. Die Kartoffeln passen gut zu gekochtem Rindfleisch.

A.S.

» *Als Kind habe ich sehr gerne saures Kartoffelgemüse gegessen, das damals mit einer dunklen Einbrenne gemacht wurde. Wie man hier sieht, geht es auch ohne schwerbekömmliche Mehlschwitze.* «

Stielmus
in Sahnesauce

RHEINLAND ————————————

Stielmus wächst und kennt man fast ausschließlich am Niederrhein. Es sind die Stiele und Blätter gewöhnlicher Speiserüben, die so eng gepflanzt werden, daß es zu keiner Knollenbildung kommt und deshalb alles ins Kraut schießt.

Für 4 Personen:

500 g Rübstiel (Stielmus)

2 Schalotten

1 Knoblauchzehe

30 g Butter

200 ml Sahne

Salz, frisch gemahlener Pfeffer

frisch geriebene Muskatnuß

1 Fleischtomate

1. Das Gemüse verlesen, waschen und in etwa 3 cm lange Stücke schneiden (die Blätter können mitverwendet werden).

2. Schalotten und Knoblauch schälen, in Würfel schneiden und in der Butter glasig dünsten. Das tropfnasse Gemüse hinzufügen und kurz mitanschwitzen. Mit Sahne aufgießen und mit Salz, Pfeffer und Muskat würzen. Etwa 4 bis 5 Minuten köcheln lassen.

3. Die Tomate blanchieren, häuten, halbieren, entkernen und in kleine Würfel schneiden. Das Gemüse damit bestreuen.

Schwarzwurzel-
gemüse

SACHSEN ————————————

Für 4 Personen:

800 g Schwarzwurzeln, 30 g Butter

150 ml Kalbsfond (aus dem Glas)

Salz, frisch gemahlener Pfeffer

frisch geriebene Muskatnuß

einige zerstoßene Korianderkörner

1 EL gehackter Kerbel

1. Die Schwarzwurzeln gut waschen, mit einem Sparschäler dünn schälen und in etwa 2 cm breite Stücke schneiden. (Am besten mit Gummihandschuhen arbeiten, da der austretende Saft unschöne Flecken auf den Händen hinterläßt.)

2. Schwarzwurzeln in der zerlassenen Butter andünsten. Mit Kalbsfond begießen und mit Salz, Pfeffer, Muskat und Koriander würzen. Im geschlossenen Topf bei schwacher Hitze in 12 bis 15 Minuten gar kochen. Mit Kerbel bestreuen.

Petersilienwurzel-
püree

SACHSEN-
ANHALT ————————————

Für 4 Personen:

350 g Petersilienwurzeln

200 ml Gemüsebrühe

Salz, frisch gemahlener Pfeffer

1 EL gehackte Petersilie

1. Die Petersilienwurzeln waschen, schälen und in Würfel schneiden.

2. Die Gemüsebrühe in einen Topf geben, mit Salz und Pfeffer würzen und die Gemüsewürfel darin gar dünsten.

3. Mit einem Schaumlöffel herausnehmen und im Mixer pürieren. Dabei so viel Brühe hinzufügen, bis eine cremige Masse entsteht. Noch einmal abschmecken und die Petersilie untermischen.

Maronen

SAARLAND

Überall dort, wo Wein gedeiht, ist auch das optimale Klima für Eßkastanien und Maronen! Wenn im Herbst der neue Wein ausgeschenkt wird, ist auch ihre Zeit gekommen. Dampfendheiß geröstet sind sie ein köstlicher Knabberspaß zum Federweißen. Die stärkehaltigen Früchte harmonieren jedoch auch sehr gut mit Wildgerichten.

Für 4 Personen:

500 g Maronen

4 EL geschmacksneutrales Öl

1 TL Zucker, etwa 100 ml Wasser

1 EL Kirschwasser

1. Die Schalen der Maronen an der Oberseite mit einem spitzen Messer kreuzweise einritzen. Die Maronen in einen Topf geben, knapp mit Wasser bedecken und etwa 10 Minuten kochen.

2. Die Maronen in ein Sieb schütten, abschrecken und etwas abkühlen lassen. Dann die braune Schale mitsamt der Innenhaut abziehen.

3. Öl in einer Pfanne erhitzen und die Maronen hineingeben. (Die Pfanne soll so groß sein, daß sie nebeneinander Platz haben.) Mit Zucker bestreuen und unter gelegentlichem Wenden bei mittlerer Hitze garen und glasieren. Dabei immer wieder mit etwas Wasser beträufeln, damit sich der Zucker gut löst und nicht zu braun wird. Vor dem Servieren mit Kirschwasser begießen.

A.S.

» *Maronen unterscheiden sich von Eßkastanien in Form und Geschmack: Maronen sind leicht herzförmig und haben einen besonders herzhaften, angenehm sahnigen Geschmack. Eßkastanien hingegen sind etwas größer und rundlicher und schmecken etwas derber. Eßkastanien müssen rasch verbraucht werden!* «

Teltower Rübchen

BERLIN/MARK BRANDENBURG

Nirgendwo sonst gedeihen die zarten weißen Rübchen so gut wie in Mark Brandenburg. Der karge Sandboden scheint ideal für das würzige Gemüse. Schon Goethe liebte diese Rübchen über alles, und wahrscheinlich genoß er sie auch gekocht und mit Zucker glasiert – denn dies war und ist auch heute noch die beste Zubereitung!

Für 4 Personen:

800 g Teltower Rübchen mit Grün

60 g Butter

1 EL Zucker

Salz, frisch gemahlener weißer Pfeffer

1/4 l Fleischbrühe

1. Die Blätter der Rübchen bis auf die kleinen jungen Blätter entfernen. Rübchen waschen und sorgfältig schaben.

2. Die Butter in einem Schmortopf erhitzen, die Rübchen dazugeben und mit Zucker, Salz und Pfeffer würzen. Einige Minuten unter vorsichtigem Umrühren mit einem Kochlöffel glasieren lassen. Mit Fleischbrühe aufgießen und zugedeckt bei schwacher Hitze in etwa 35 bis 40 Minuten garen.

3. Den Deckel abnehmen und falls nötig die Flüssigkeit noch etwas einkochen lassen. Unter Schwenken des Topfes das Gemüse mit der eingekochten Sauce überziehen.

A.S.

» *Teltower Rübchen passen gut zu Gänse- oder Entenbraten. Es begeistert mich immer wieder, wie die Natur alles so perfekt einrichtet – wenn das fette Federvieh schlachtreif wird, ist auch die Erntezeit der Teltower Rübchen!* «

Gefüllte Egerlinge

Schwaben sind sparsame Leute – daher sind Gerichte aus Pilzen, die es im Wald zum Nulltarif gibt, schon immer sehr beliebt gewesen. Für alle, die nicht so gerne selber Schwammerl suchen, hier ein Rezept mit Zuchtpilzen.

Für 4 Personen:

100 g Kalbshirn

5 EL geschmacksneutrales Öl

20 g Butter

Salz, frisch gemahlener Pfeffer

2 hartgekochte Eier

1 EL gehackter Kerbel

1 rote Paprikaschote

1 gelbe Paprikaschote

einige gehackte Thymianblätter

2 Zwiebeln

1 Tomate

1 Knoblauchzehe

2 Zucchini (etwa 300 g)

1 kleine Aubergine (etwa 250 g)

1/8 l Gemüsebrühe

20 große Egerlinge

geriebener Käse zum Überbacken

1. Das Kalbshirn säubern und fein hacken. 1 Eßlöffel Öl und die Butter erhitzen und das Hirn darin kurz anbraten. Mit Salz und Pfeffer würzen und beiseite stellen.

2. Die gekochten Eier schälen, fein hacken und mit dem Hirn und der Hälfte des Kerbels vermischen.

3. Die Paprikaschoten halbieren, Stengelansätze und Kerne entfernen. Die Schoten waschen und in kleine Würfel schneiden. In einer Pfanne in 1 Eßlöffel Öl gar dünsten und mit Thymian, Salz und Pfeffer abschmecken.

4. Die Zwiebeln schälen, in kleine Würfel schneiden und in 1 Eßlöffel Öl glasig dünsten. Die Tomate blanchieren, häuten, entkernen und das Fruchtfleisch in Würfel schneiden. Knoblauch schälen und durch eine Presse drücken. Mit der Tomate zu den Zwiebeln geben und alles mit Salz und Pfeffer und abschmecken. Etwa 5 Minuten bei schwacher Hitze dünsten, dann die Paprikawürfel hinzufügen und alles miteinander vermischen.

5. Von den Zucchini und der Aubergine die Stengelansätze entfernen, Gemüse waschen und in kleine Würfel schneiden. 2 Eßlöffel Öl erhitzen und das Gemüse darin anbraten. Mit der Brühe begießen und gar dünsten. Dann mit dem übrigen Gemüse und dem restlichen Kerbel vermischen. Den Backofen auf 180° C vorheizen.

6. Die Egerlinge putzen, die Stiele herauslösen und mit Hilfe eines Teelöffels die Pilzköpfe aushöhlen. Das ausgehöhlte Pilzfleisch sowie die Stiele fein hacken und in 1 Eßlöffel Öl kurz anbraten. Mit Salz und Pfeffer abschmecken und unter die Hirn-Eier-Masse mischen.

7. Die Häfte der Paprika-Gemüse-Mischung in eine feuerfeste Form geben. Mit der restlichen Mischung zehn der ausgehöhlten Egerlinge füllen und auf das Gemüse setzen. Die restlichen Pilze mit der Hirnfarce füllen und ebenfalls auf dem Gemüsebett anordnen. Mit dem Käse bestreuen und im heißen Backofen etwa 8 bis 10 Minuten überbacken.

A.S.

» *Gefüllte Egerlinge sind ein willkommenes Gericht, wenn Sie einmal mehr Gäste zu bewirten haben, denn man kann alles gut vorbereiten. Die Pilze müssen kurz vor dem Servieren nur noch in den heißen Backofen geschoben werden.* **«**

Eierschwammerl mit Semmelknödel

ALTBAYERN

Für 4 Personen:

Für die Semmelknödel:

6 altbackene Semmeln

etwa 100 ml lauwarme Milch

1 Schalotte

50 g durchwachsener Räucherspeck

30 g Butter

1 kleines Bund Petersilie, feingehackt

3 Eier, Salz, frisch gemahlener Pfeffer

Für die Schwammerlsauce:

500 g Eierschwammerl

1 kleine Zwiebel, 1 Knoblauchzehe

80 g Butter, Salz

400 ml Kalbsfond (aus dem Glas)

100 ml Sahne

frisch geriebene Muskatnuß

frisch gemahlener Pfeffer

1 EL gehackte Petersilie

1. Semmeln in feine Scheiben schneiden, mit der Milch übergießen und 10 Minuten einweichen. Schalotte schälen und wie den Speck in kleine Würfel schneiden.

2. Butter erhitzen und die Schalotte darin glasig dünsten. Speckwürfel dazugeben und kurz anbraten. Alles unter die Semmeln mischen. Petersilie und Eier hinzufügen, salzen und pfeffern und die Masse gründlich durchkneten. Von der Masse gleich große Stücke (4 bis 5 cm Durchmesser) abnehmen und glatte, runde Knödel daraus formen. In leicht siedendem Salzwasser etwa 15 Minuten garen.

3. Pilze sorgfältig putzen, die Stielenden in Scheiben schneiden. Zwiebel und Knoblauch schälen, in Würfel schneiden und in der zerlassenen Butter glasig dünsten. Die Pilze dazugeben, salzen und 2 Minuten braten.

4. Mit Kalbsfond und Sahne aufgießen. Einige Minuten durchkochen lassen, dann würzig abschmecken. Die Petersilie und eventuell 1 Eßlöffel geschlagene Sahne untermischen. Mit den Knödeln servieren.

Sauerkraut

Das Vitamin-C-reiche Gemüse ist in ganz Deutschland gleichermaßen beliebt – vor allem als Beilage zu gepökeltem Fleisch, Leber- und Blutwurst. Durch das Einsalzen des feingehobelten Weißkohls entwickelt sich Milchsäure, die dem Kraut den typisch feinsäuerlichen Geschmack verleiht und es zugleich bekömmlicher macht.

Für 4 Personen:

1 Zwiebel

2 aromatische Äpfel (z. B. Boskop)

40 g Schweineschmalz, etwas Zucker

750 g Sauerkraut

1 kleines Lorbeerblatt, 1/2 TL Kümmel

3 zerstoßene Wacholderbeeren

5 Pfefferkörner

1/8 l Weißwein (z. B. Riesling)

1/8 l Wasser

1 Scheibe durchwachsener Räucherspeck

1 Bund Schnittlauch, feingeschnitten

1. Zwiebel und Äpfel schälen. Die Äpfel vierteln, entkernen und wie die Zwiebel in kleine Würfel schneiden. Das Schmalz in einem Schmortopf erhitzen und die Zwiebel- und Apfelwürfel darin anbraten. Mit Zucker bestreuen, Sauerkraut dazugeben und kurz mitanbraten. (Das Sauerkraut nur leicht zerpflücken, nicht waschen oder ausdrücken, denn dadurch geht nicht nur feines Aroma, sondern vor allem auch Vitamin C verloren!)

2. Die Gewürze in ein kleines Mullsäckchen füllen, zubinden und zum Kraut geben. Mit Wein und Wasser aufgießen, aufkochen lassen und den Räucherspeck auf das Sauerkraut legen. Zugedeckt bei schwacher Hitze etwa 40 Minuten garen. Das Kräutersäckchen und den Räucherspeck herausnehmen und das Sauerkraut in eine Schüssel geben. Mit Schnittlauch bestreut servieren.

Rotkohl

Rotkohl ist im Norden ebenso beliebt wie im Süden, wo er Blaukraut heißt. Ganz besonders jedoch schätzt man das Gemüse in den Regionen, die auch eine Vorliebe für Enten- und Gänsebraten haben. Ohne Rotkohl ist eine knusprig gebratene Gans nur halb so gut!

Für 6 Personen:

1 Rotkohl (etwa 1 kg), Salz

100 ml Rotweinessig

1 säuerlicher Apfel, 1 Zwiebel

30 g Butter

1 EL Zucker

frisch gemahlener Pfeffer

1/4 l Rotwein

100 ml Fleischbrühe

1/2 Zimtstange, 1 Gewürznelke

1 kleines Lorbeerblatt

70 g eingemachte Preiselbeeren

1. Vom Kohlkopf die äußeren Blätter entfernen, den Kopf halbieren und den Strunk entfernen. Die Kohlhälften entweder auf einem Gurkenhobel oder mit einem scharfen Messer in feine Streifen schneiden. In eine Schüssel geben, mit Salz bestreuen und mit Rotweinessig begießen. Gut vermischen und zugedeckt etwa 2 Stunden durchziehen lassen.

2. Apfel und Zwiebel schälen. Den Apfel halbieren, entkernen und beides raspeln. Die Butter in einem Schmortopf zerlassen, die Apfel- und Zwiebelraspel dazugeben, mit Zucker bestreuen und andünsten. Den Rotkohl mitsamt der entstandenen Flüssigkeit dazugeben. Kurz mitanschmoren, salzen und pfeffern, dann mit Rotwein und Brühe aufgießen. Die Gewürze in ein Mullsäckchen geben, zubinden und mit den Preiselbeeren unter den Rotkohl mischen. Zugedeckt bei schwacher Hitze 30 Minuten garen.

3. Das Gewürzsäckchen entfernen und das Gemüse noch einmal abschmecken.

Überbackene rote Bete

SCHLESWIG-
HOLSTEIN

Rote Bete sind im hohen Norden ein unentbehrlicher Bestandteil des Labskaus und mancher Heringssalate. Im Süden schätzt man rote Rüben (oder Rahnen) gekocht als Salat.

Für 4 Personen:

4 mittelgroße rote Beten

1 EL geschmacksneutrales Öl

20 g Butter

Salz, frisch gemahlener Pfeffer

1 Msp gemahlener Kümmel

1/2 TL gerebelter Majoran

1 EL Rotweinessig, 2 bis 3 EL Wasser

2 Eigelb

2 EL frisch geriebener Meerrettich

3 EL geschlagene Sahne

frisch geriebene Muskatnuß

1. Die roten Beten gründlich waschen und abbürsten. Schälen und in etwa 1 1/2 cm große Würfel schneiden.

2. Öl und Butter in einem Schmortopf erhitzen und die Gemüsewürfel darin andünsten. Mit Salz, Pfeffer, Kümmel und Majoran würzen, mit Essig und Wasser begießen und zugedeckt dünsten, bis die Gemüsewürfel gar sind und die Flüssigkeit verdampft ist. Falls nötig, noch ein wenig Wasser nachgießen.

3. Grill oder Backofen auf 250° C vorheizen. Die roten Beten auf vier Suppenteller verteilen. Eigelb mit Meerrettich verrühren, die Sahne unterziehen und mit Salz, Pfeffer und Muskat würzen. Die Creme über dem angerichteten Gemüse verteilen und unter dem Grill oder im Backofen auf der obersten Schiene in wenigen Minuten goldbraun überbacken.

A.S.

» *Die überbackenen roten Beten eignen sich als kleine vegetarische Vorspeise oder als Beilage zu Steak oder gebratenem Fisch.* «

Laubfrösche

SCHWABEN

Ein echt schwäbischer Leckerbissen sind diese gefüllten Spinatblätter, die bevorzugt mit Kartoffelpüree oder – wie könnte es in Schwaben anders sein – mit Kartoffelsalat und Spätzle genossen werden.

Für 4 Personen (als Vorspeise):

16 große Spinatblätter oder

8 Mangoldblätter, Salz

1 Brötchen, 1 Schalotte,

1 kleine Knoblauchzehe, 60 g Butter,

1 Eigelb, 1 EL gehackte Kräuter

250 g Kalbshack (oder Bratwurstbrät)

frisch gemahlener weißer Pfeffer

abgeriebene Schale von

1/2 unbehandelten Zitrone

frisch geriebene Muskatnuß

1/8 l Kalbsfond (aus dem Glas)

1. Spinat- oder Mangoldblätter nacheinander in reichlich kochendem Salzwasser kurz blanchieren. Mit einem Schaumlöffel herausheben und auf einem Küchentuch ausbreiten. Jeweils zwei Spinatblätter übereinanderlegen, Mangoldblätter um die Hälfte zusammenklappen.

2. Das Brötchen in Wasser einweichen. Schalotte und Knoblauch schälen, in kleine Würfel schneiden und in 10 g Butter glasig dünsten. Mit dem ausgedrückten Brötchen, Eigelb und Kräutern zum Kalbfleisch geben, gut vermischen und mit Salz, Pfeffer, Zitronenschale und Muskat herzhaft würzen.

3. Jeweils etwa 1 Eßlöffel voll auf die Gemüseblätter geben und mit den Blättern umhüllen. Entweder kleine Bällchen formen oder wie Rouladen aufrollen.

4. 20 g Butter in einem Schmortopf erhitzen und die Laubfrösche hineinsetzen. Mit Kalbsfond begießen und zugedeckt bei schwacher Hitze 15 bis 20 Minuten garen. Warm stellen. Den Bratenfond etwas einkochen, durch ein Sieb passieren und die restliche Butter in kleinen Flöckchen unterschlagen. Die Laubfrösche mit der Sauce überziehen.

4. KAPITEL

Fisch

Ich habe ja nicht das geringste dagegen, daß die Fischer der Malediven ihre Zackenbarsche nach Deutschland liefern, daß es auch bei uns Mahi Mahi aus der Karibik und Red Grouper aus dem Chinesischen Meer geben muß. Doch ich bin mit einem Saibling aus dem Königssee, einem Zander aus der Havel oder einer Schwarzwälder Forelle glücklicher. Und so sehr es mich freut, wie kunstvoll der Fisch in manchen tollen Restaurants gefüllt und soufliert wird und in welch' aufregenden Saucen er schwimmen darf, so sehr bin ich den einfachen Fischgenüssen zugetan: dem Berliner Karpfen säuerlich, dem Regensburger Waller auf einem Gemüsebett oder dem Rügener Aal grün. Je souveräner ein Koch und je frischer sein Fisch ist, desto weniger Gehabe wird am Herd nötig sein. Gemach, gemach, ich möchte nicht mißverstanden werden: Ich will keinen Kollegen daran hindern, all' seine geniale Kochkunst auch beim Fisch zu zelebrieren, eine Symphonie der Aromen, Formen und Farben zu komponieren. Aber ich amüsiere mich, wenn Filets eines weißen und eines lachsfarbenen Fischs zu einem Zopf geflochten sind, der zwischen zwei bunte Saucen zu dreierlei Gemüschen hindekoriert ist. Ist das wirklich immer große Kochkunst oder bloß das Bemühen, nicht mehr so ganz frischen Fisch mit weltläufigem Namen durchzumogeln? Ich bekomme dann immer unbändige Sehnsucht nach einem gebratenen frischen Zander mit schlichtem Gurkensalat. Für mich sind unsere heimischen Saiblinge, Forellen, Zander, Hechte, Waller oder Karpfen – fangfrisch oder nach ein paar Stunden »Ausblutens« auf Eis – eine solche Delikatesse, daß ich dabei auf jedes kochkünstlerische Brimborium verzichten kann. Am liebsten bereite ich sie so natürlich wie möglich zu.

Damit Sie Ihren Fisch nicht mit der Unsicherheit unserer Großeltern, sondern in der heute möglichen Frische einkaufen, hier noch ein paar Hinweise: Frische Fische haben eine natürlich glänzende Haut mit dünner Schleimschicht; klare, pralle Augen und rote, leicht verschleimte Kiemen; eine feste Bauchpartie, keine angetrockneten Flossen und fest anliegende Schuppen. Mir_mich haben Süßwasserfische durchweg einen kräftigeren Geschmack als Meeresfische, und Fische aus klarem Wasser schmecken mir wiederum besser als jene aus Gewässern mit Schlammgründen – obwohl ich mir vom Karpfen immer ein paar besonders schöne Schuppen ins Portemonnaie stecke, damit mir das Geld darin nicht ausgeht...

Gebratener Zander mit Kartoffelschuppen

M A R K
B R A N D E N B U R G

**Zander ist einer der schmackhaftesten Süß-
wasserfische und in vielen deutschen Flüs-
sen, zum Beispiel in der Weser, Saale oder
in der Havel, beheimatet. In Berlin schätzt
man den Havelzander in Butter gebraten
mit Kartoffelsalat. Für dieses Rezept hülle
ich das feine Fischfilet in einen Kartoffelmantel.**

Für 4 Personen:

300 g festkochende Kartoffeln

100 g Butter

Salz, frisch gemahlener weißer Pfeffer

300 g frische Spinatblätter

1 Knoblauchzehe, 100 g Sahne

frisch geriebene Muskatnuß

4 Zanderfilets (à 180 g), mit Haut

etwas Zitronensaft

1 Eiweiß

1. Die Kartoffeln waschen, schälen und
auf dem Gurkenhobel in sehr feine
Scheiben schneiden. 40 g Butter in einer
beschichteten Pfanne erhitzen und die
Kartoffelscheiben darin kurz andünsten.
Von der Kochplatte nehmen und mit Salz
und Pfeffer würzen.

2. Den Spinat verlesen und gründlich waschen. Die Knoblauchzehe schälen und
zerdrücken. In 20 g Butter kurz andünsten, den Spinat dazugeben und zusammenfallen lassen. Die Sahne unterrühren
und mit Salz, Pfeffer und Muskat würzen.
Den Backofen auf 220° C vorheizen.

3. Die Zanderfilets von Gräten befreien,
mit Zitronensaft beträufeln und mit Salz
und Pfeffer würzen. Eine Auflaufform mit
etwas Butter einfetten und die Fischfilets
mit der Hautseite nach unten nebeneinander hineinlegen. Das Eiweiß verquirlen
und die Filets damit bestreichen. Die Kartoffeln schuppenartig darauf legen. Die
restliche Butter in Flöckchen darauf verteilen und den Fisch auf der mittleren
Schiene des Ofens etwa 8 Minuten garen.

4. Den Spinat auf vier vorgewärmten Tellern verteilen und mit den Zanderfilets
belegen.

Zander mit Meerrettichkruste

NIEDERSACHSEN

Nicht nur in Franken und an der Unterelbe, auch rund um Braunschweig wird viel Meerrettich angebaut. Naheliegend, daß man gerade dort das würzig-scharfe Wurzelgemüse in vielen Rezepten wiederfindet.

Für 4 Personen:

700 g Zanderfilet, ohne Haut

Salz, frisch gemahlener Pfeffer

125 g weiche Butter

1 TL gehackter Thymian

1 EL gehackte Petersilie

60 g Paniermehl

2 EL frisch geriebener Meerrettich

1 aromatischer Apfel (z. B. Boskop)

2 EL geschmacksneutrales Öl

1. Das Zanderfilet sorgfältig entgräten und in vier gleich große Stücke teilen. Mit Salz und Pfeffer würzen.

2. Die Butter schaumig schlagen. Kräuter, Paniermehl und Meerrettich untermischen und mit Salz und Pfeffer würzen. 10 Minuten stehen lassen, damit sich die Aromen der Gewürze entfalten können. Apfel schälen, vierteln und entkernen. Dann in kleine Würfel schneiden und unter die Buttermasse mischen. Backofen auf 180° C vorheizen.

3. Das Öl in einer Pfanne erhitzen und die Zanderfilets auf beiden Seiten kurz anbraten. Herausnehmen, auf eine feuerfeste Platte legen und mit der Buttermasse bestreichen. Etwa 8 Minuten im Backofen überbacken. Wer die Kruste besonders kroß möchte, schaltet zum Schluß noch einige Minuten den Grill dazu.

A.S.

» *Meerrettich und Apfel harmonieren sehr gut miteinander: Der süßlich-saure Apfelgeschmack mildert auf angenehme Weise die beißende Schärfe des Meerrettichs.* «

Holsteiner Schnüsch

SCHLESWIG-HOLSTEIN

Alles, was in der schönsten Zeit des Jahres der Garten hergab, wanderte in diesen traditionellen Gemüsetopf, mit Butter verfeinert und mit kochender Milch übergossen. Als Beilage gab es ein Stück Schinken oder einen frisch gefangenen, gebratenen Fisch. Hier eine Rezeptvariante.

Für 4 Personen:

700 g Zanderfilet, mit Haut

150 g grüne Bohnen

150 g Wachsbohnen

Salz, 1 Möhre, 150 g dicke Bohnen

50 g Butter

1/2 Bund Petersilie, feingehackt

2 bis 3 Zweige Bohnenkraut,

feingehackt

frisch gemahlener Pfeffer

2 EL geschmacksneutrales Öl

1. Das Zanderfilet sorgfältig entgräten und in vier gleich große Stücke teilen.

2. Von den Bohnen die Enden abknipsen, entfädeln und in kleine Stücke brechen. In kochendem Salzwasser in etwa 10 Minuten bißfest kochen, anschließend in Eiswasser kurz abschrecken.

3. Möhre putzen, schälen und in Scheiben schneiden. Zusammen mit den dicken Bohnen ebenfalls in kochendem Salzwasser gar kochen.

4. Die Butter in einem Topf erhitzen und die Kräuter sowie das Gemüse dazugeben. Alles gut vermischen und mit Salz und Pfeffer abschmecken.

5. Die Zanderstücke mit Salz und Pfeffer würzen. In einer Pfanne das Öl erhitzen und die Zanderfilets mit der Hautseite nach unten hineinlegen. 2 bis 3 Minuten braten, bis die Haut richtig kroß ist, anschließend wenden und die zweite Seite kurz braten.

6. Das Bohnengemüse auf vier vorgewärmte Teller verteilen und mit den Zanderfilets belegen.

Donau-Waller im Gemüsesud

Waller, auch Wels genannt, ist einer der größten Süßwasserfische. Er kann bis zu drei Meter lang und 80 Jahre alt werden. Solche Exemplare sind zwar der Stolz jeden Fischers – wir Köche bevorzugen jedoch das zarte, etwas fettere Fleisch der jungen Waller.

Für 4 Personen:

2 Möhren

150 g Knollensellerie

1 Lauchstange

1/4 l trockener Weißwein

1/8 l Fischfond oder Gemüsebrühe

Salz, frisch gemahlener weißer Pfeffer

1 Lorbeerblatt

2 Gewürznelken

4 Wallerfilets (à 180 g)

etwas Zitronensaft

1 mittelgroße Fleischtomate

1 EL süßer Senf

1 bis 2 TL Weißweinessig

50 g eiskalte Butter

1 EL feingeschnittener Schnittlauch

1. Möhren und Sellerie waschen, schälen und grob raspeln. Von der Lauchstange die Wurzeln und das grüne Ende entfernen. Die Stange der Länge nach halbieren, gut waschen und in feine Streifen schneiden.

2. Weißwein und Fischfond in einem Schmortopf zum Kochen bringen. Mit Salz und Pfeffer würzen und das Lorbeerblatt sowie die Nelken dazugeben. Etwa 5 Minuten bei schwacher Hitze köcheln lassen, dann das Gemüse hineingeben und weitere 5 Minuten ziehen lassen.

3. Die Wallerfilets sorgfältig von Gräten befreien, mit Zitronensaft beträufeln und mit Salz und Pfeffer würzen. Die Fischfilets auf das Gemüse legen und zugedeckt bei schwacher Hitze 5 bis 6 Minuten gar ziehen lassen.

4. Die Fleischtomate blanchieren, häuten, halbieren und entkernen. Das Fruchtfleisch in kleine Würfel schneiden.

5. Den Waller mit einem Schaumlöffel herausheben und warm stellen. Den Sud durch ein Sieb in eine Sauteuse gießen und auf etwa 1/8 Liter einkochen lassen. Den Senf mit einem kleinen Schneebesen unterschlagen und mit Essig sowie mit Salz und Pfeffer abschmecken. Vom Herd nehmen und die Butter in Flöckchen unterschlagen, bis die Sauce eine cremige Konsistenz hat.

6. Lorbeerblatt und Nelken aus dem Gemüse entfernen. Die Tomatenwürfel unter das Wurzelgemüse mischen. Das lauwarme Gemüse auf vier vorgewärmte Teller verteilen und den Fisch darauf anrichten. Mit der süßsauren Sauce übergießen. Mit Schnittlauch bestreuen.

A.S.

» *Die alte Stadt Regensburg an der Donau ist bekannt für erstklassige Waller und natürlich auch für gute Rezepte. Meist wird der Waller aber auf diese klassische Art zubereitet: gedämpft auf Wurzelgemüse mit Salzkartoffeln.* «

Karpfen mit Buttersauce

BERLIN

Traditionsgemäß kommt in Berlin an Silvester Karpfen auf den Tisch. Bewahrt man eine Schuppe davon auf, soll sie das ganze Jahr hindurch Glück bringen. Hoffen wir's. Sicher ist, daß der Karpfen, auf folgende Weise zubereitet, trefflich mundet und zudem leicht bekömmlich ist.

Für 4 Personen:

1 küchenfertiger Karpfen (etwa 2 kg)

Salz

frisch gemahlener weißer Pfeffer

1 Bund Frühlingszwiebeln

2 Möhren

1 Bund glatte Petersilie

1 Lorbeerblatt

$^1/_4$ l trockener Weißwein

$^1/_4$ l Gemüsebrühe

1 TL Pfefferkörner

100 g eiskalte Butter

etwas Zitronensaft

1. Den Karpfen waschen und trockentupfen. Innen und außen salzen und pfeffern.

2. Die Frühlingszwiebeln putzen und in Ringe schneiden. Die Hälfte davon in den Karpfenbauch füllen.

3. Die Möhren waschen, schälen und schräg in $^1/_2$ cm dicke Scheiben schneiden. Die Petersilie waschen und mit den restlichen Frühlingszwiebeln, den Möhren und dem Lorbeerblatt in einen Topf geben. Mit Weißwein und Gemüsebrühe aufgießen. 1 Teelöffel Salz und die Pfefferkörner zufügen, aufkochen und 10 Minuten bei schwacher Hitze köcheln lassen. Den Backofen auf 180° C vorheizen.

4. Den Karpfen in einen Bräter oder eine Reine legen und mit dem heißen, aber nicht mehr kochenden Sud übergießen. Den Bräter zudecken und auf die mittlere Schiene des vorgeheizten Backofens stellen. Den Fisch in 20 bis 30 Minuten gar ziehen lassen. Dann aus dem Sud nehmen und im ausgeschalteten Backofen warm halten.

5. Den Sud durch ein Sieb gießen und im offenen Topf um etwa ein Drittel einkochen lassen. Die Butter in kleine Stücke schneiden und mit dem Schneebesen kräftig unterschlagen, bis die Sauce eine cremige Konsistenz bekommt. Mit Salz, Pfeffer und Zitronensaft herzhaft abschmecken.

6. Den Fisch häuten und vorsichtig das Fischfleisch von den Gräten heben. Auf vorgewärmten Tellern anrichten und mit der Buttersauce überziehen. Dazu passen neue Kartoffeln und, je nach Saison, gedünstetes Gemüse oder Salat.

A.S.

» *In früheren Zeiten wurde der Karpfen bevorzugt auf königlichen Tafeln aufgetischt. Das saftige weiße Fleisch wurde hochgeschätzt – und je angesehener die Gäste waren, um so älter und größer mußte der Karpfen sein. Heutzutage bevorzugt der Genießer junge Karpfen mit einem Gewicht von etwa 1 $^1/_2$ bis 2 kg, dann ist das Fleisch am schmackhaftesten.* «

Gebratener Hecht mit Weißweinsauce

BADEN

Schon im Mittelalter verzehrte man im badischen Raum diesen Raubfisch am liebsten gespickt und gebraten. Da Kartoffeln noch unbekannt waren, servierte man Nudeln dazu. Diese Vorliebe ist geblieben, lediglich aufs Spicken verzichten Feinschmecker heute, da dadurch das zarte Fischfleisch leicht trocken wird.

Für 4 bis 6 Personen:

1 küchenfertiger Hecht (etwa 1 1/2 kg)

Salz, frisch gemahlener Pfeffer

etwas Zitronensaft

3 Schalotten, 1 Möhre, 50 g Butter

1/4 l Weißwein (z. B. ein Riesling)

1 geschälte Kartoffel zum Füllen

4 hauchdünne Scheiben durchwachsener Räucherspeck

200 ml Sahne

3 EL gehackte Frühlingskräuter

1. Den Hecht waschen und trockentupfen. Mit Salz und Pfeffer würzen und mit Zitronensaft beträufeln. Den Backofen auf 160° C vorheizen.

2. Schalotten und Möhre schälen und in kleine Würfel schneiden. In einer länglichen Kasserolle 20 g Butter erhitzen und das Gemüse darin andünsten. Mit Wein aufgießen und einmal aufkochen lassen.

3. Die Kartoffel unten flach abschneiden und dem Hecht in den Bauch stecken, damit er nicht umkippen kann. Den Fisch mit der Bauchseite nach unten auf das Gemüse setzen und den Rücken mit den Speckscheiben belegen. Etwa 40 bis 50 Minuten im Ofen garen, dabei ab und zu mit der Sahne begießen.

4. Den Fisch vorsichtig herausheben und warm stellen. Den Bratenfond etwas einkochen, dann im Mixer fein pürieren, durch ein Sieb streichen und die Kräuter sowie die restliche Butter untermischen.

5. Den Fisch am besten im ganzen servieren, die Sauce und feine Bandnudeln getrennt dazu reichen.

Gebratene Eglifilets mit Kräuterschaum

BADEN

Vor allem im Bodensee tummeln sich zahlreiche Barsche, die unter der Bezeichnung Egli oder Bodenseekretzer auf keiner badischen Speisekarte fehlen dürfen. Filiert und kurz gebraten kommt das magere, feine Fischfleisch optimal zur Geltung.

Für 4 Personen:

8 Eglifilets (à 100 g), mit Haut

Salz, frisch gemahlener Pfeffer

2 EL Zitronensaft, Mehl zum Wenden

1 Schalotte, 60 g Butter

1 Bund Frühlingskräuter, feingehackt

200 ml Fischfond (aus dem Glas)

100 ml Sahne

frisch gemahlener weißer Pfeffer

frisch geriebene Muskatnuß

3 EL geschmacksneutrales Öl

1. Die Fischfilets kurz waschen und trockentupfen. Mit Salz und Pfeffer würzen und mit Zitronensaft beträufeln. Die Filets in Mehl wenden, überschüssiges Mehl leicht abklopfen.

2. Schalotte schälen, in Würfel schneiden und in 20 g Butter glasig dünsten. Die Kräuter dazugeben, kurz durchschwenken und mit dem Fond aufgießen. Einmal aufkochen lassen und anschließend im Mixer fein pürieren.

3. Durch ein Sieb zurück in den Topf gießen und die Sahne hinzufügen. Mit Salz, weißem Pfeffer und Muskat abschmecken und etwas einkochen lassen. 20 g Butter in kleinen Flocken unterschlagen. Kurz vor dem Servieren mit einem Pürierstab schaumig aufschlagen.

4. Öl und restliche Butter in einer Pfanne erhitzen und die Eglifilets mit der Hautseite nach unten in das heiße Fett legen. Wenige Minuten anbraten, dann vorsichtig wenden und auch die zweite Seite braten. Jeweils zwei Fischfilets auf einem vorgewärmten Teller anrichten und mit dem Kräuterschaum überziehen. Mit Salzkartoffeln und grünem Salat servieren.

Saibling mit Petersilienwurzelsauce

Je kälter der See, um so wohler fühlen sich die Saiblinge. Die besten Exemplare sollen sich im hochgelegenen Walchensee in Oberbayern tummeln.

Für 4 Personen:

2 Saiblinge (à 600 g)

1/2 unbehandelte Zitrone

20 weiße Pfefferkörner

4 Lorbeerblätter

Salz, frisch gemahlener Pfeffer

150 g Petersilienwurzeln

1/8 l Sahne, 1/4 l Gemüsebrühe

frisch gemahlener weißer Pfeffer

frisch geriebene Muskatnuß

30 g kalte Butter

1 EL geschlagene Sahne

2 EL gehackte Petersilie

1. Saiblinge am besten gleich beim Fischhändler filetieren und die Gräten entfernen lassen. Die Filets salzen und pfeffern.

2. Die Zitrone in Scheiben schneiden und mit Pfefferkörnern und Lorbeerblättern in eine längliche Kasserolle mit Siebeinsatz geben, mit etwas Wasser begießen und aufkochen lassen.

3. Die Petersilienwurzeln waschen, schälen und kleinschneiden. Mit Sahne und Brühe in einen Topf geben und mit Salz, weißem Pfeffer und Muskat würzen. Bei mittlerer Hitze gar kochen.

4. Inzwischen die Saiblingfilets mit der Hautseite nach unten auf den Siebeinsatz legen und über Dampf etwa 3 bis 5 Minuten garen.

5. Die Petersilienwurzeln mitsamt der Flüssigkeit im Mixer fein pürieren und durch ein Sieb streichen. Die Butter in kleinen Flocken unterschlagen, dann die Sahne und die Petersilie unterziehen. Die Saiblingfilets auf vier vorgewärmten Tellern anrichten, mit der Petersilienwurzelsauce überziehen und mit Salzkartoffeln oder Graupenrisotto servieren.

Ragout aus Flußfischen

Für 4 Personen:

1 kg gemischte Flußfische, mindestens drei Sorten (z. B. Zander, Hecht, Schleie, Karpfen)

3 große Zwiebeln

3 vorwiegend festkochende Kartoffeln

2 EL geschmacksneutrales Öl

2 EL Paprikapulver, edelsüß

4 große Fleischtomaten

3/8 l Fischfond

Salz, frisch gemahlener Pfeffer

1 Bund Dill, feingehackt

1. Die Fische am besten gleich beim Fischhändler filetieren und die Gräten entfernen lassen. Die Filets in nicht zu kleine Würfel schneiden. Zwiebeln und Kartoffeln schälen. Die Zwiebeln in kleine, die Kartoffeln in 1 cm große Würfel schneiden.

2. Öl in einem großen Schmortopf erhitzen. Die Zwiebeln sowie die Kartoffeln darin unter Rühren 10 Minuten andünsten und mit Paprikapulver bestäuben.

3. Die Tomaten blanchieren, häuten, halbieren und entkernen. Das Fruchtfleisch grob hacken und in den Topf geben. Mit Fischfond aufgießen, einmal aufkochen lassen und mit Salz und Pfeffer würzen. Den Fisch untermischen und zugedeckt bei sehr schwacher Hitze 8 bis 10 Minuten gar ziehen lassen.

4. Zum Schluß den Dill untermischen und mit Salzkartoffeln servieren.

Grüner Aal auf grünem Spargel

BERLIN ————————————

»Gröne Aal« ist ein Klassiker der Hamburger Küche – als »Aal jrün« schätzt man ihn aber auch in Berlin! Der in alten Rezepten mit einer Mehlschwitze zubereitete frische Aal war eine regelrechte Fettbombe. Mit Spargel und Kräutern angerichtet, wird daraus jedoch ein bekömmliches Mahl.

Für 4 Personen:

750 g grüner Spargel, Salz

750 g frischer Aal, gehäutet und in

2 cm dicke Scheiben geschnitten

1 bis 2 EL Zitronensaft

frisch gemahlener Pfeffer

1 Prise Paprikapulver, scharf

2 EL geschmacksneutrales Öl

1/4 l trockener Weißwein

je 1 Bund Rauke (Rucola) und Kerbel

3 EL Weißweinessig

4 EL Walnußöl

1. Vom Spargel das untere Drittel schälen und die Enden abschneiden. Die Stangen in kochendem Salzwasser 8 bis 10 Minuten garen.

2. Den Aal mit Zitronensaft beträufeln und mit Salz, Pfeffer und Paprika würzen. Das Öl in einer Pfanne erhitzen und den Aal darin kräftig anbraten. Mit dem Weißwein ablöschen und 10 Minuten zugedeckt garen.

3. Rauke und Kerbel waschen. Die Rauke in Streifen schneiden, kleine Blättchen ganz lassen. Die Kerbelblättchen grob hacken. Den Spargel in 2 cm lange Stücke schneiden.

4. Aus Weißweinessig, Salz, Pfeffer und Walnußöl eine Vinaigrette rühren. Spargel und Kräuter darin wenden und auf vier Tellern anrichten. Den Aal darauf setzen und mit dem Bratenfond übergießen. Mit kleinen, kurz in Butter geschwenkten Salzkartoffeln servieren.

Gespickter Dorsch

MECKLENBURG- ————————————
VORPOMMERN

Dorsch heißt der junge Kabeljau an der Ostsee, und da man in dieser Ecke Deutschlands gerne alles ein wenig üppiger und fetter mag, wird der magere Fisch dort mit Speckstreifen gespickt.

Für 6 Personen:

1 küchenfertiger Dorsch (etwa 2 kg)

Salz, frisch gemahlener Pfeffer

Saft von 1/2 Zitrone

80 g grüner Speck

6 Tomaten, 1 Möhre, 6 Schalotten

2 EL geschmacksneutrales Öl

20 g Butter

1 Knoblauchzehe

1/8 l Sahne

2 Zweige Koriandergrün, feingehackt

1. Den Dorsch waschen, trockentupfen und innen und außen mit Salz und Pfeffer einreiben. Mit Zitronensaft beträufeln. Den Speck in 1/2 cm dicke Streifen schneiden und den Fisch links und rechts entlang der Rückengräte mit Hilfe einer Spicknadel spicken. Den Backofen auf 180° C vorheizen.

2. Die Tomaten waschen, Stielansätze entfernen und vierteln. Möhre und Schalotten schälen und beides in kleine Würfel schneiden.

3. Öl und Butter in einem länglichen Bräter erhitzen und das Gemüse darin andünsten. Die Knoblauchzehe ungeschält dazugeben und das Gemüse mit Salz und Pfeffer würzen.

4. Den Fisch auf das Gemüse setzen und zugedeckt im Backofen etwa 30 Minuten garen. Den Deckel abnehmen, den Dorsch mit Sahne begießen und offen in weiteren 15 Minuten fertig garen. Den Fisch und das Gemüse mit dem Koriandergrün bestreuen. In der Form servieren und erst bei Tisch portionieren.

Gebratener Fisch mit Weißkohl

FRANKEN ——————

»Hechtenkraut« ist in Franken seit jeher eine beliebte Spezialität. Nach dem Originalrezept werden Stücke von Hecht oder Zander verwendet, mit Sauerkraut in eine Form geschichtet, mit Sahne übergossen und im Rohr gebacken. Hier eine neue Version des Klassikers.

Für 4 Personen:

1 kleiner Weißkohl

3 EL geschmacksneutrales Öl

Salz, frisch gemahlener Pfeffer

3 bis 4 EL Weißwein

3 bis 4 EL Fleischbrühe

4 frische Aalfilets (à 200 g)

4 dünne Scheiben grüner Speck

2 große Zwiebeln

30 g kalte Butter

etwas gehackte Petersilie

1. Vom Kohlkopf die äußeren welken Blätter ablösen. Den Kopf halbieren, den Strunk entfernen und die Hälften in schmale Streifen schneiden.

2. 2 Eßlöffel Öl in einem Topf erhitzen und die Kohlstreifen darin andünsten. Mit Salz und Pfeffer würzen, mit Weißwein und Brühe ablöschen und zugedeckt bei schwacher Hitze gar dünsten.

3. Inzwischen die Aalfilets in 4 cm lange Stücke schneiden und mit Salz und Pfeffer würzen. Den Speck in breitere Streifen schneiden, die Aalstücke damit umwickeln und den Speck mit Küchengarn festbinden. Die Zwiebeln schälen und in kleine Würfel schneiden.

4. In einer Pfanne das restliche Öl erhitzen und die Aalstücke darin etwa 3 Minuten anbraten, bis sich eine schöne Kruste gebildet hat. Die Zwiebeln zu dem Aal in die Pfanne geben und etwa 3 bis 4 Minuten mit anbraten, bis sie goldbraun sind. Die Aalstücke herausnehmen und das Küchengarn entfernen.

5. Das Kraut auf einem Sieb abtropfen lassen, dann auf vier Tellern anrichten. Die Aalstücke darauf legen und die braunen Zwiebeln darübergeben. Die Butter in kleinen Flocken unter den Krautfond schlagen. Die Sauce über den Aal gießen und mit Petersilie bestreut servieren.

A.S.

» *Die Kombination von Sauerkraut und dem sehr feinen Geschmack von Hecht oder Zander finde ich, mit Verlaub, liebe Franken, ein wenig derb. Deshalb habe ich mich bei meiner Version für den fetteren, sehr geschmacksintensiven Aal entschieden und als Beilage frisches Weißkraut – am besten nimmt man Frühkraut – ausgewählt.* **«**

Fischfrikadellen

Entlang der Küste waren die gebratenen Fischfrikadellen ein typisches Resteessen: Blieb etwas vom Fisch, roh oder schon gegart, übrig, wurde es am nächsten Tag fein püriert, mit eingeweichten Brötchen vermischt und wie Frikadellen gebraten. Dazu gab es dann Kartoffelsalat, der mit Mayonnaise angemacht wurde.

Für 4 Personen:

2 altbackene Brötchen

300 g Glattbuttfilet

200 g Kabeljaufilet

1 Zwiebel

1 Knoblauchzehe

1 EL geschmacksneutrales Öl

2 bis 3 Petersilienstengel, gehackt

einige Kerbelzweige, gehackt

1 Möhre

1 Zucchino

1 kleine Lauchstange

100 ml Weißwein

1 Ei

Salz, frisch gemahlener Pfeffer

1 EL Zitronensaft

3 große festkochende Kartoffeln

1 Eigelb

geschmacksneutrales Öl

zum Ausbacken

1. Die Brötchen in kaltem Wasser einweichen, dann ausdrücken und mit dem Fischfilet durch die grobe Scheibe des Fleischwolfs drehen.

2. Zwiebel und Knoblauch schälen und in kleine Würfel schneiden. Das Öl in einer Pfanne erhitzen und die Zwiebel- und Knoblauchwürfel darin andünsten. Die Kräuter dazugeben und kurz durchschwenken.

3. Möhre schälen und mit dem Zucchino waschen. Vom Lauch die Wurzeln und das grüne Ende entfernen. Die Stange der Länge nach halbieren und gründlich waschen. Alles in kleine Würfel schneiden. Kurz in kochendem Salzwasser blanchieren, auf ein Sieb schütten und in Eiswasser abschrecken.

4. Weißwein im offenen Topf, am besten in einer Sauteuse, bis auf 1 Eßlöffel einkochen lassen, dann kalt stellen.

5. Die Fischfarce mit der Zwiebel-Kräuter-Mischung, den Gemüsewürfeln, Wein und dem Ei zu einem glatten Teig verrühren. Mit Salz, Pfeffer und Zitronensaft abschmecken. Mit angefeuchteten Händen gleich große Frikadellen formen, nebeneinander auf eine Platte legen und 1 Stunde kühl stellen.

6. Den Backofen auf 180° C vorheizen. Die Kartoffeln schälen und mit dem Gurkenhobel in hauchdünne Scheiben schneiden. Die Frikadellen mit etwas Eigelb bestreichen und mit den Kartoffelscheiben umhüllen.

7. Öl in einer Pfanne erhitzen, die umhüllten Frikadellen darin kurz anbraten. Wenden und im vorgeheizten Backofen in 10 bis 12 Minuten goldbraun braten.

A.S.

» *Durch den Kartoffelmantel werden die Frikadellen besonders knusprig. Sie schmecken aber auch ohne diese Umhüllung sehr fein. Auch aus entgräteten Süßwasserfischen lassen sich feine Frikadellen zubereiten.* «

Schollenfilets auf Finkenwerder Art

H A M B U R G

Die beste Zeit für Schollen ist der Mai. In und um Hamburg genießt man dann diesen Plattfisch am liebsten auf Finkenwerder Art: bestreut mit frisch gerösteten Speckwürfeln und selbstverständlich mit Kartoffelsalat.

Für 4 Personen:

2 kleine Zucchini

4 Scheiben durchwachsener

Räucherspeck

50 g Butter

Salz, frisch gemahlener Pfeffer

1/2 TL frische Thymianblättchen

800 g Schollenfilets

3 EL geschmacksneutrales Öl

zum Braten

1. Zucchini waschen. Erst der Länge nach in dünne Scheiben, dann quer in feine Streifen schneiden. Den Räucherspeck ebenfalls in schmale Streifen schneiden.

2. 10 g Butter in einer Pfanne zerlassen und die Speckwürfel darin kroß braten. Herausnehmen, weitere 20 g Butter in die Pfanne geben und die Zucchinistreifen darin goldbraun braten. Mit Salz, Pfeffer und Thymian würzen.

3. Die Schollenfilets von beiden Seiten mit Salz und Pfeffer würzen. In einer großen Pfanne das Öl mit der restlichen Butter erhitzen. Die Filets 2 bis 3 Minuten anbraten, vorsichtig wenden und auch die zweite Seite goldbraun braten.

4. Die Schollenfilets auf Tellern anrichten und mit den Zucchini- und Speckstreifen bestreuen.

Pfannfisch

S C H L E S W I G - H O L S T E I N

Eines der beliebtesten Resteessen entlang der Küste. Es schmeckt, je nachdem, was gerade übrigbleibt, immer ein wenig anders.

Für 4 Personen:

800 g Schellfisch

Salz, frisch gemahlener Pfeffer

je 2 rote und gelbe Paprikaschoten

300 g vorwiegend festkochende

Kartoffeln, am Vortag gekocht

1 bis 2 Lauchstangen

1 Knoblauchzehe, 50 g Butter

2 EL gehackte Petersilie

1/4 l Sahne, 1/8 l Fischbrühe

3 Eier, 1 Eigelb

frisch geriebene Muskatnuß

1. Den Schellfisch quer in gleich große Stücke teilen und mit Salz und Pfeffer würzen.

2. Die Paprikaschoten waschen, halbieren, Stengelansätze und Kerne entfernen. Die Hälften mit den Schnittflächen nach unten unter dem heißen Grill so lange rösten, bis die Haut braune Flecken bekommt und Blasen wirft. Dann die Haut abziehen und das Fruchtfleisch in Rauten schneiden.

3. Die Kartoffeln schälen und in Scheiben schneiden. Vom Lauch die Wurzeln und das grüne Ende entfernen. Die Stangen der Länge nach halbieren, gründlich waschen und in feine Streifen schneiden. Den Backofen auf 160° C vorheizen.

4. Eine mittelgroße Pfanne mit dem Knoblauch ausreiben und mit Butter ausstreichen. Gemüse, Kartoffeln, Fisch und Petersilie schichtweise hineingeben.

5. Sahne, Fischbrühe, Eier und Eigelb im Mixer vermischen, mit Salz, Pfeffer und Muskat gut abschmecken. Durch ein Sieb gießen und über den Pfannfisch geben. Im Backofen in etwa 35 bis 45 Minuten gar und goldbraun werden lassen. In der Pfanne servieren.

Kabeljau in der Senfkruste

MECKLENBURG-VORPOMMERN

Schellfisch oder Kabeljau mit Senfsauce ist seit Generationen ein Traditionsessen in deutschen Küstengebieten. Wesentlich raffinierter als die Senfsauce ist eine Senfkruste.

Für 4 Personen:

800 g Kabeljaufilet, 4 EL scharfer Senf

2 EL Grillgewürz (Mischung aus

Curry, Salz, schwarzem Pfeffer,

Knoblauchsalz und Cayennepfeffer)

frisch gemahlener Pfeffer

2 Fleischtomaten, 200 g Rauke (Rucola)

2 EL geschmacksneutrales Öl

50 g doppelgriffiges Mehl

Für die Vinaigrette:

2 EL geschmacksneutrales Öl

1 EL Nußöl, 1 EL Rotweinessig

Salz, frisch gemahlener Pfeffer

1 bis 2 TL Zitronensaft

1. Das Kabeljaufilet waschen, trockentupfen und in feine, etwa 1/2 cm dicke Scheiben schneiden.

2. Die Hälfte des Senfs auf eine Platte streichen, etwas Grillgewürz und Pfeffer darüberstreuen. Die Filetscheiben nebeneinander auf die Platte legen, mit etwas Pfeffer und Grillgewürz bestreuen und mit dem restlichen Senf bestreichen.

3. Tomaten halbieren, Stielansatz und Kerne entfernen und das Fruchtfleisch in feine Streifen schneiden. Die Rauke waschen und trockenschleudern. Größere Blätter in mundgerechte Stücke zupfen.

4. Das Öl in einer Pfanne erhitzen. Den Kabeljau im Mehl wenden und im heißen Öl von beiden Seiten goldbraun braten. Auf Küchenpapier abtropfen lassen.

5. Öl, Rotweinessig, Salz, Pfeffer und Zitronensaft zu einer Vinaigrette verrühren. Rauke und Tomatenstreifen damit marinieren und auf vier Tellern anrichten. Die noch warmen Kabeljauscheiben darauflegen und servieren.

Fischtopf mit Gemüse

SCHLESWIG-HOLSTEIN

Für 4 Personen:

200 g Steinbuttfilet

200 g Kabeljaufilet

200 g Lachsfilet

2 Kohlrabi

2 Lauchstangen

2 Schalotten

1 bis 2 EL geschmacksneutrales Öl

1 l Fischbrühe

1 Knoblauchzehe

Salz, etwas Zitronensaft

frisch gemahlener Pfeffer

2 EL gehackte Basilikumblätter

1 kleines Bund Schnittlauch,

feingeschnitten

1. Steinbutt-, Kabeljau- und Lachsfilet in etwa gleich große Würfel oder Streifen schneiden.

2. Kohlrabi putzen, schälen und in dünne Scheiben, dann in Rauten schneiden. Vom Lauch die Wurzeln und die grünen Enden entfernen. Die Stangen der Länge nach halbieren, gründlich waschen und in feine Streifen schneiden. Schalotten schälen und in kleine Würfel schneiden.

3. Das Öl in einem Schmortopf erhitzen und die Schalotten darin glasig dünsten. Lauch und Kohlrabi dazugeben und mitandünsten. Mit Fischbrühe aufgießen. Die Knoblauchzehe schälen, durch eine Presse drücken, hinzufügen und einmal aufkochen lassen. Etwa 8 Minuten bei schwacher Hitze köcheln lassen.

4. Die Fischstücke salzen, mit Zitronensaft beträufeln und auf das Gemüse legen. In etwa 2 Minuten gar ziehen lassen. Herausheben und auf vier vorgewärmte Teller verteilen.

5. Den Gemüsetopf mit Salz und Pfeffer abschmecken. Die Kräuter untermischen und das Gemüse über den Fischstücken verteilen. Mit geröstetem Brot und Kräuterbutter servieren.

Heringskoteletts

RUHRGEBIET

Weit gefehlt, daß Heringe eine rein norddeutsche Angelegenheit sind. Seit jeher schätzt man auch im Ruhrgebiet die aromatischen Fische.

Für 4 Personen:

3 bis 4 Salzheringe, gut gesalzen

und gewässert

je 1 rote und gelbe Paprikaschote

1 Thymianzweig

4 EL geschmacksneutrales Öl

Salz, frisch gemahlener Pfeffer

1 mittelgroße mehligkochende

Kartoffel, am Vortag gekocht

1 Ei

2 bis 3 EL Paniermehl

eventuell etwas Sahne

Für die Sauce:

2 kleine Zwiebeln

2 rote Paprikaschoten

200 ml Gemüsebrühe

3 bis 4 EL Sahne

Salz, frisch gemahlener Pfeffer

1. Heringe häuten, filetieren und sorgfältig entgräten. Die Filets fein hacken und in eine Schüssel geben.

2. Die Paprikaschoten waschen, halbieren, Stengelansätze und Kerne entfernen. Die Hälften mit den Schnittflächen nach unten so lange unter dem heißen Grill oder im Backofen rösten, bis die Haut braune Flecken bekommt und Blasen wirft. Häuten, in kleine Würfel schneiden und mit dem Thymianzweig in 2 Eßlöffel Öl andünsten. Mit Salz und Pfeffer abschmecken und anschließend kalt stellen.

3. Die Kartoffel schälen und fein reiben oder durch eine Presse drücken.

4. Heringe, Paprikawürfel, Kartoffel, Ei und Paniermehl zu einer formbaren Masse verarbeiten. Sollte sie zu fest sein, noch etwas Sahne dazugeben, sollte sie zu weich sein, etwas Paniermehl einarbeiten. Würzig abschmecken. Den Backofen auf 130° C vorheizen.

5. Aus der Heringsmasse 4 gleich große Koteletts formen. Das restliche Öl in einer Pfanne erhitzen und die Koteletts darin etwa 2 Minuten anbraten, wenden und auch die zweite Seite kurz braten. Dann die Pfanne in den Backofen stellen und weitere 10 Minuten garen.

6. Die Zwiebeln schälen, die Paprikaschoten putzen und häuten (siehe oben). Beides in feine Streifen schneiden und mit Brühe und Sahne in einen Topf geben. Bei schwacher Hitze gar kochen, anschließend im Mixer fein pürieren und die Sauce durch ein Sieb streichen. Mit Salz und Pfeffer abschmecken und zu den Heringskoteletts servieren.

A.S.

» Zugegeben, das Häuten der Paprikaschoten ist etwas langwierig und mühsam, aber das Gemüse ist dann wesentlich besser bekömmlich. Außerdem bekommen die Paprikaschoten dadurch einen angenehmen, feinen Röstgeschmack. «

Matjes-Quiche

MECKLENBURG-
VORPOMMERN

Für 4 bis 6 Personen:

Für den Teig:

250 g Mehl, 1 Prise Salz

1 Ei, 180 g Butter

Für die Füllung:

1 Lauchstange

1 mittelgroße, vorwiegend

festkochende Kartoffel

2 Zwiebeln

50 g durchwachsener Räucherspeck

Salz, 300 ml Sahne, 4 Eier

frisch gemahlener Pfeffer

frisch geriebene Muskatnuß

4 Matjesfilets, 1 EL geriebener Hartkäse

1. Mehl, Salz, Ei und Butter in einer Schüssel mit den Knethaken eines Handrührgerätes zu einem glatten Teig verarbeiten. Mit Folie umhüllt 30 Minuten kühl stellen.

2. Inzwischen vom Lauch die Wurzeln und das grüne Ende entfernen. Die Stange der Länge nach halbieren, gründlich waschen. Die Kartoffel und die Zwiebel schälen und wie den Lauch und den Räucherspeck in kleine Würfel schneiden. Alles in kochendem Salzwasser blanchieren. Abtropfen lassen und ausgebreitet auf einem Tuch völlig trocknen lassen.

3. Sahne und Eier gut verquirlen und mit Salz, Pfeffer und Muskat würzen. Die Matjesfilets in Würfel schneiden. Den Backofen auf 160° C vorheizen.

4. Den Teig auf einem bemehlten Backbrett dünn ausrollen und Boden und Rand einer gefetteten Quiche- oder Tortenform (26 cm Durchmesser) damit auskleiden. Erst das Gemüse, dann den Hering auf dem Boden verteilen. Die Eiersahne und den Käse darübergeben.

5. Auf der untersten Schiene des Backofens 25 Minuten backen, dann auf der mittleren Schiene in weiteren 10 bis 15 Minuten goldbraun backen. Lauwarm serviert schmeckt die Quiche am besten!

Matjes mit Bohnen und Speckkrusteln

HAMBURG

Für 4 Personen:

8 frische junge Matjesfilets

Saft von 1/2 Zitrone

2 EL geschmacksneutrales Öl

600 g grüne Bohnen

Salz

2 Bohnenkrautzweige

40 g Butter

frisch gemahlener Pfeffer

1 EL gehackte Petersilie

6 dünne Scheiben Räucherspeck

1. Matjesfilets kurz waschen, trockentupfen und nebeneinander auf eine Platte legen. Zitronensaft und Öl verrühren, die Filets damit beträufeln und mit Folie umhüllt kalt stellen.

2. Die Bohnen waschen und die Enden abknipsen. Salzwasser mit dem Bohnenkraut zum Kochen bringen und die Bohnen darin in 6 bis 8 Minuten bißfest garen. Das Kochwasser abschütten und das Gemüse kurz in Eiswasser tauchen. Abtropfen lassen und in der zerlassenen Butter schwenken. Mit Salz und Pfeffer würzen.

3. Speckscheiben quer in feine Streifen schneiden und in einer Pfanne so lange braten, bis sie knusprig sind.

4. Die Matjesfilets mit den Bohnen auf vier Tellern anrichten und mit den Speckkrusteln bestreuen. Am besten passen Salzkartoffeln dazu.

A.S.

» Eine besonders reizvolle Kombination – der Gegensatz von heißem Gemüse und kaltem Fisch! «

Muscheln im Rieslingsud

RHEINLAND ————————————————

Die begeistertsten Muschelesser Deutschlands sind seit Generationen die Rheinländer – und am allerliebsten genießen sie die »Austern des kleinen Mannes« schlicht und einfach in einem guten Weinsud.

Für 4 Personen:

mindestens 2 kg Miesmuscheln

1 Möhre

4 Schalotten

1 Lauchstange

1 Knoblauchzehe

40 g Butter

2 EL geschmacksneutrales Öl

1 Bund glatte Petersilie

1 Thymianzweig

Salz, frisch gemahlener Pfeffer

400 ml trockener Riesling

1. Die Muscheln unter fließendem Wasser gründlich mit einer Bürste abbürsten. Bärtchen entfernen und die Muscheln auf einem Durchschlag gut abtropfen lassen.

2. Möhre und Schalotten schälen, vom Lauch die Wurzeln und das grüne Ende entfernen. Die Stange der Länge nach halbieren und gründlich waschen. Das Gemüse in dünne Scheiben schneiden. Knoblauchzehe schälen und fein hacken.

3. In einem großen Topf Butter und Öl erhitzen und das Gemüse darin andünsten. Die Petersilienblätter von den Stielen zupfen, die Stiele kleinschneiden und mit dem Thymian zum Gemüse geben. Mit Salz und Pfeffer abschmecken. Die Petersilienblätter fein hacken.

4. Das Gemüse mit Wein aufgießen und etwa 5 Minuten bei schwacher Hitze köcheln lassen. Dann die Muscheln in den Topf geben und zugedeckt einmal aufkochen lassen. Die Kochplatte abschalten und die Muscheln unter gelegentlichem Schütteln des Topfes in wenigen Minuten garen lassen. Sie sind fertig, wenn alle Muschelschalen geöffnet sind. Nicht geöffnete Muscheln entfernen. Die Muscheln mit Petersilie bestreuen und im Sud servieren. Dazu Weißbrot reichen.

Flußkrebse auf Schwarzwurzelsalat

ALTBAYERN ————————————

Früher waren Flußkrebse nichts Besonderes, zuhauf tummelten sich die Krustentiere in deutschen Gewässern. Heute sind sie rar und entsprechend teuer. Erschwinglicher sind die Flußkrebse aus der Türkei oder aus Andalusien.

Für 4 Personen:

etwa 32 Flußkrebse (am besten bereits vom Fischhändler gekocht)

12 Schwarzwurzelstangen

Salz

5 EL Rotweinessig

1 EL Balsamessig

6 EL Traubenkernöl

3 bis 4 EL Kalbsfond (aus dem Glas)

4 EL Sahne

frisch gemahlener weißer Pfeffer

2 Bund Rauke (Rucola)

einige Kerbelzweige

1. Das Krebsfleisch aus den Schalen brechen und den Darm mit einem spitzen Messer entfernen.

2. Die Schwarzwurzeln gründlich unter fließendem Wasser abbürsten, schälen und in dünne Scheiben schneiden. Wenig Salzwasser und 1 EL Rotweinessig zum Kochen bringen und die Schwarzwurzeln darin bißfest garen. Auf ein Sieb schütten, mit kaltem Wasser abbrausen und abtropfen lassen.

3. Restlichen Rotweinessig, Balsamessig, Öl, Kalbsfond, Sahne und Salz gut verquirlen und mit Pfeffer würzen. Die Schwarzwurzeln in die Marinade legen und mindestens 10 Minuten durchziehen lassen.

4. Die Rauke verlesen, waschen, trockenschleudern und größere Blätter in mundgerechte Stücke zupfen. Die Rauke zu den Schwarzwurzeln geben und gut vermischen. Dann auf ein Sieb schütten und eine Schüssel darunterstellen, um die überschüssige Salatsauce aufzufangen. Die Krebse in die abgetropfte Sauce geben und in einer Pfanne leicht erwärmen.

5. Den Schwarzwurzel-Rauke-Salat auf vier Teller verteilen und mit den warmen marinierten Flußkrebsen anrichten. Mit Kerbel garnieren und knuspriges Weißbrot dazu reichen.

A.S.

» *Wer gerne Flußkrebse ißt, aber mit dem Kochen lebender Flußkrebse Probleme hat, kauft die Krustentiere gekocht in einem guten Fischgeschäft. Die angegebene Menge reicht für ein kleines Mittag- oder Abendessen.* «

5. KAPITEL
Wild & Geflügel

Die Küche teilt das Wild in drei Kategorien frei lebender Tiere ein: das kleine Federvieh wie Wachtel und Krammetsvogel; das größere Federvieh wie Rebhuhn und Fasan sowie das kleinere Haarwild wie Wildkaninchen und Hase; das Hoch- oder Edelwild wie Reh, Hirsch oder Wildschwein. Unter Geflügel verstehen wir Nutzvögel, die – wie Huhn, Ente und Gans – zu Haustieren geworden sind.

Doch nicht erst seit der weltweiten Umweltzerstörung und Massentierzucht gilt: Wild ist nicht gleich Wild, Geflügel nicht gleich Geflügel. Schon 1826 hing für den großen Gastrosophen Brillat-Savarin »der Werth des Wildpretes auch grossentheils von der Natur des Bodens ab, wo es sich nährt«. Heute muß man auch noch einen vertrauenswürdigen Metzger haben.

Reh, das tunlichst nicht älter als drei Jahre sein sollte, weil das Fleisch dann grobfaserig und zäh wird, ist zarter und wohlschmeckender als Hirsch, und bei beiden wirkt ein schöner Rücken entzückender als Keule und Kotelett. Schulter und Nacken werden zumeist für Wildpfeffer verwendet. Hasen schmecken am besten, wenn sie nicht älter als sechs Monate und nicht schwerer als sechs Pfund sind. Wildkaninchen erreichen nicht den Geschmack der Hasen, ergeben aber jung ein gutes Ragout. Beim Wildschwein greift die große Küche vorzugsweise zum Frischling. Von den Überläufern (zwei Jahre alt) läßt sich der Rücken ganz gut essen. Den Rest würde ich nur servieren, wenn's ausdrücklich erwünscht ist.

Das meistgegessene Geflügel kommt vom Hühnerhof: als Stubenküken, Hähnchen, Suppenhuhn, Poularde oder Kapaun. Das in Butter gebratene Hähnchen galt bis zu jener Zeit, da Hummer, Kaviar und Trüffel groß in Mode kamen, als Inbegriff der Feinschmeckerei – weshalb der Hahn zur Symbolfigur Frankreichs und sogar dessen Wappentier werden konnte. Das helle Fleisch der Hähnchen, Hühner, Poularden und Kapaune hat weichere Muskelfasern und ist insgesamt zarter als die dunkleren Brüste und Schenkel des Federwilds. Dessen vollerer und kräftigerer Geschmack resultiert aus einem höheren Stickstoffgehalt des Fleischs der Tauben, Fasane, Rebhühner, Truthähne und Wachteln. Als interessantestes Geflügel gelten die Truthähne (oder Puter), obwohl sie im Gegensatz zur landläufigen Ansicht nicht siebenerlei, sondern im Idealfall nur dreierlei Fleisch bieten: helles wie ein Kapaun, dunkles à la Federwild und rosazartes, das an Milchkalb erinnert.

Geschmortes Täubchen

Brieftauben züchten ist im Ruhrgebiet eines der beliebtesten Hobbies. Kein Wunder also, daß man sich dort auch für gute Täubchenrezepte interessiert...

Für 4 Personen:

4 küchenfertige junge Tauben,

mit Innereien

Salz, frisch gemahlener Pfeffer

2 altbackene Brötchen

1/8 l heiße Milch

2 Schalotten, 100 g Butter

4 Thymianzweige

1 Bund Petersilie, gehackt

2 Eigelb, frisch geriebene Muskatnuß

1/4 l Geflügelbrühe

1. Die Tauben waschen, trockentupfen und innen und außen mit Salz und Pfeffer einreiben. Den Backofen auf 160° C vorheizen.

2. Für die Füllung die Brötchen in Würfel schneiden und in Milch einweichen. Die Schalotten schälen und in kleine Würfel schneiden. In 20 g Butter glasig dünsten. Die Taubenleber in kleine Stücke schneiden und kurz mit andünsten. Die abgezupften Blätter von 2 Thymianzweigen sowie die Hälfte der Petersilie dazugeben. Die Brötchen ausdrücken und mit den Eigelb und der Schalotten-Leber-Mischung zu einer geschmeidigen Farce verarbeiten. Mit Salz, Pfeffer und Muskat würzen und in die Tauben füllen. Die Öffnung mit Holzspießchen zustecken.

3. 30 g Butter in einem Schmortopf erhitzen und die Tauben darin rundherum anbraten. Restlichen Thymian und Petersilie dazugeben und mit der Brühe aufgießen. Zugedeckt in etwa 20 Minuten im heißen Backofen fertig garen.

4. Die Tauben herausnehmen und warm halten. Den Bratenfond durch ein Sieb gießen und auf der Kochplatte etwas einkochen lassen. Die restliche Butter möglichst kalt in kleinen Flocken unter die Sauce schlagen, bis eine leichte Bindung entstanden ist. Die Tauben mit der Sauce überziehen und servieren.

117

Rieslinghuhn

Für 4 Personen:

1 Hähnchen (etwa 1 ¹/₂ kg)

Salz, grob gemahlener Pfeffer

1 Estragonzweig

3 Petersilienstengel

2 EL geschmacksneutrales Öl

¹/₄ l trockener Riesling

¹/₄ l Geflügelbrühe

2 Zwiebeln

1 Lorbeerblatt

30 g kalte Butter

1 EL gehackte Estragonblätter

1. Hähnchen waschen, trockentupfen und innen und außen mit Salz und Pfeffer einreiben. Estragon und Petersilie in die Bauchhöhle stecken. Den Backofen auf 180° C vorheizen.

2. Das Öl in einem Schmortopf erhitzen und das Hähnchen rundherum goldbraun anbraten. Mit Riesling und Geflügelbrühe ablöschen und einige Minuten köcheln lassen.

3. Die Zwiebeln schälen und in Ringe schneiden, mit dem Lorbeerblatt zum Hähnchen geben. Zugedeckt im Backofen 50 bis 60 Minuten schmoren.

4. Das Hähnchen aus dem Topf nehmen und warm stellen. Den Bratenfond entfetten und mitsamt den Zwiebeln mit dem Pürierstab fein pürieren. Die Sauce durch ein Sieb streichen und die Butter in kleinen Flocken unterschlagen. Zum Schluß den Estragon untermischen und einige Minuten durchziehen lassen. Das Hähnchen portionieren und die Estragonsauce dazu reichen.

A.S.

» Nur frische Estragonblätter verwenden, getrocknet schmeckt das Gewürzkraut wie Heu! «

Bierhähnchen

Bei Bier denken viele sicherlich sofort an Bayern, aber im Rheinland wird mindestens genausoviel Bier getrunken und manchmal auch damit gekocht.

Für 4 Personen:

1 Hähnchen (etwa 1 ¹/₂ kg)

Salz, frisch gemahlener Pfeffer

1 l Bier (am besten Kölsch)

1 Thymianzweig, 2 Zwiebeln

200 g durchwachsener Räucherspeck

50 g Butterschmalz

etwas Mehl zum Bestäuben

¹/₂ TL Majoranblättchen, ¹/₈ l Sahne

1 EL gehackte Petersilie

1. Hähnchen waschen, trockentupfen und mit einem scharfen Messer oder einer Geflügelschere in 8 Stücke teilen. Mit Salz und Pfeffer einreiben. Das Bier in eine Schüssel gießen, den Thymianzweig dazugeben und die Hähnchenteile darin 24 Stunden zugedeckt marinieren. Das Geflügel muß dabei vollständig von Bier bedeckt sein.

2. Die Zwiebeln schälen und wie die Hälfte des Specks in kleine Würfel schneiden. Butterschmalz in einem Schmortopf erhitzen und Speck- und Zwiebelwürfel darin glasig braten. Das Geflügel dazugeben und rundherum goldgelb braten. Mit Mehl bestäuben, kurz anschmoren und mit etwa der Hälfte der Biermarinade ablöschen. Aufkochen lassen, dann mit Salz, Pfeffer und Majoran würzen und mit der restlichen Marinade und der Sahne aufgießen. Zugedeckt bei schwacher Hitze 10 bis 15 Minuten schmoren lassen. Den Deckel abnehmen und das Hähnchen noch 10 bis 15 Minuten in der Sauce ziehen lassen.

3. Den restlichen Speck in schmale Streifen schneiden und in einer Pfanne ohne Fettzugabe knusprig rösten. Die Hähnchenteile auf eine Platte legen und mit Speckstreifen und Petersilie bestreuen. Die Sauce, falls nötig, noch etwas einkochen lassen und zum Geflügel reichen.

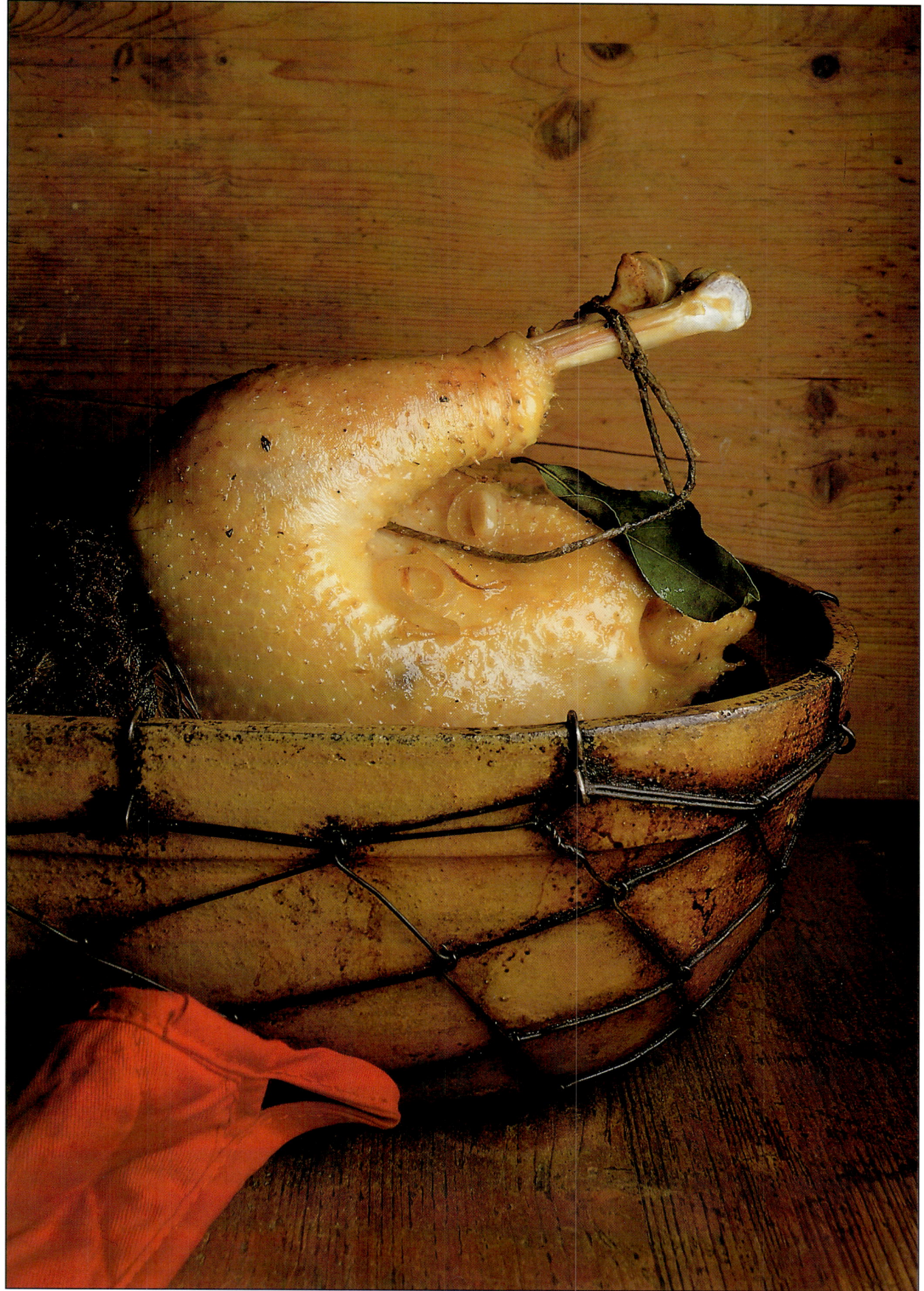

Gebratene Stubenküken

HAMBURG

Vorwiegend im norddeutschen Raum wuchsen Stubenküken früher wohlbehütet in der warmen Stube unter der Ofenbank auf. Zu Ostern, sobald es draußen warm wurde, hatte die gemütliche Zeit ein Ende: Etwa 400 bis 500 g schwer kamen sie dann als Sonntagsbraten auf den Tisch.

Für 4 Personen:

2 bratfertige Stubenküken (à 300 g)

Salz, frisch gemahlener Pfeffer

2 Schalotten, 100 g Champignons

30 g Butter, 100 g Geflügelleber

5 Scheiben Toastbrot

1 Ei, 3 EL Sahne

etwas abgeriebene Schale von

1 unbehandelten Zitrone

frisch geriebene Muskatnuß

3 EL flüssige Butter zum Bestreichen

1/8 l Hühnerbrühe

1. Die Stubenküken waschen, trockentupfen und innen und außen mit Salz und Pfeffer einreiben. Den Backofen auf 240° C vorheizen.

2. Schalotten schälen und in kleine Würfel schneiden. Pilze putzen, falls nötig waschen, und in dünne Scheiben schneiden. Die Butter erhitzen und beides darin andünsten. Die Geflügelleber säubern und mit anbraten. Etwas abkühlen lassen, dann fein hacken.

3. Das Brot entrinden, in kleine Würfel schneiden und mit dem Ei und der Sahne vermischen. Die abgekühlte Lebermasse dazugeben und mit Salz, Pfeffer, Zitronenschale und Muskat abschmecken.

4. Die Küken damit füllen und die Öffnungen mit Holzspießchen verschließen. In eine Bratreine legen, mit Butter bestreichen und im Backofen 10 Minuten braten. Dann die Hitze auf 160° C reduzieren. Die Küken erneut mit Butter bestreichen und die Brühe dazugießen. In weiteren 20 Minuten fertig garen.

Brathähnchen

MARK
BRANDENBURG

Was bei uns in Bayern das Brathendl ist, ist in den neuen Bundesländern der Broiler! Für beide gilt: Je besser die Aufzucht der Hähnchen, um so besser schmeckt das Geflügelfleisch.

Für 4 Personen:

2 große Brathähnchen (à 1,2 kg)

Salz, frisch gemahlener Pfeffer

1 TL Paprika, edelsüß

1/2 Bund glatte Petersilie

1 großer Rosmarinzweig

2 Thymianzweige

1 Knoblauchzehe, 1 Zwiebel

2 EL geschmacksneutrales Öl

2 EL flüssige Butter

1/4 l Wasser

1. Die Hähnchen waschen und trockentupfen. Salz, Pfeffer und Paprika miteinander vermischen und die Hähnchen innen und außen damit einreiben. Petersilie, Rosmarin und Thymian in die Bauchhöhle stecken. Knoblauch und Zwiebel schälen, die Zwiebel vierteln und die Hähnchen damit füllen. Den Backofen auf 200° C erhitzen.

2. Das Öl in einem großen Bräter erhitzen und die Hähnchen darin rundherum anbraten. Auf den Rücken legen und im offenen Topf im Backofen 45 bis 50 Minuten braten. Zwischendurch immer wieder mit Butter bestreichen.

3. Die Hähnchen herausnehmen und tranchieren, Kräuter, Zwiebel und Knoblauch in den Bratenfond geben. Die Hähnchenteile im Backofen warm stellen. Den Bratenfond mit dem Wasser ablöschen und einige Minuten kochen lassen. Die Sauce durch ein Sieb gießen und etwas einkochen lassen. Noch einmal gut abschmecken und zu den Hähnchen servieren.

Gefülltes Perlhuhn

Gefüllte Hähnchen sind immer noch ein beliebter deutscher Sonntagsbraten, denn: Sie braten sich fast von allein, eine zusätzliche Beilage ist dank der Füllung nicht mehr nötig – und da Geflügel leicht bekömmlich und kalorienarm ist, kann man sich nachmittags mit gutem Gewissen Kaffee und Kuchen gönnen.

Für 4 Personen:

1 Perlhuhn (etwa 1 kg)

Salz, frisch gemahlener Pfeffer

1 Schalotte

50 g Butter

3 Scheiben Weißbrot

5 bis 6 EL Milch

1/2 Bund glatte Petersilie

2 bis 3 Estragonblätter

250 g Kalbsbrät

1 Ei

1 Bund Suppengrün

1 Zwiebel

1/8 l trockener Weißwein

1/8 l Geflügelbrühe

2 EL Crème fraîche

1. Das Perlhuhn waschen, trockentupfen und innen und außen mit Salz und Pfeffer einreiben.

2. Schalotte schälen, in Würfel schneiden und in 10 g Butter glasig dünsten. Das Weißbrot entrinden, in Würfel schneiden, mit Milch begießen und 5 Minuten einweichen. Die Petersilienblätter von den Stielen zupfen. Die Stiele aufbewahren, die Blätter mit dem Estragon fein hacken. Den Backofen auf 160° C vorheizen.

3. Das Weißbrot ausdrücken und mit der Schalotte, den Kräutern und dem Kalbsbrät vermischen. Das Ei hinzufügen und alles zu einer glatten Farce verarbeiten. Mit Salz und Pfeffer würzen und die Farce in das Perlhuhn füllen.

4. Die restliche Butter in einem Bräter erhitzen und das Perlhuhn darin rundherum goldgelb anbraten. Das Suppengrün waschen, die Zwiebel schälen. Beides kleinschneiden, in den Bräter geben und mit anbraten. Das Perlhuhn auf den Rücken legen, mit Wein und Brühe aufgießen und zugedeckt im Backofen 30 Minuten garen. Dann den Deckel abnehmen und in weiteren 15 Minuten goldbraun werden lassen.

5. Das Perlhuhn herausnehmen und den Bratenfond durch ein Sieb streichen. Die Crème fraîche unterrühren und einige Minuten sämig einkochen lassen.

6. Das Perlhuhn tranchieren, die Füllung herauslösen und in Scheiben schneiden. Die Sauce getrennt dazu reichen.

A.S.

»*Aus Gewohnheit greift man meist zu Hähnchen, wenn man gefülltes Geflügel auf den Tisch bringen will. Nehmen Sie doch zur Abwechslung öfter mal ein Perlhuhn! Obwohl sie sich äußerlich sehr ähneln – geschmacklich siegt das Perlhuhn.* «

Hühnerfrikassee mit Morcheln

BREMEN

Hühnerfrikassee war nicht nur in Bremen, sondern auch in Hamburg und Berlin ein beliebtes Festtagsessen in großbürgerlichen Familien. Die sehr aufwendige Zubereitung wurde im folgenden Rezept zeitgemäß vereinfacht.

Für 4 Personen:

4 Hähnchenbrustfilets

Salz, frisch gemahlener Pfeffer

1 Bund Suppengrün

50 g Butter

1/4 l Hühnerbrühe

30 g getrocknete Morcheln, über

Nacht eingeweicht und abgetropft

100 g gepökelte Rinderzunge, gekocht

1/8 l Sahne, etwas Zitronensaft

20 g eiskalte Butter

100 g frische kleine Champignons

1. Die Hähnchenbrustfilets salzen und pfeffern. Das Suppengrün waschen, putzen und kleinschneiden. Die Hälfte der Butter erhitzen und die Filets darin rundherum anbraten. Das Gemüse dazugeben und mit anbraten.

2. Mit der Hühnerbrühe ablösen, die Morcheln dazugeben und 15 Minuten mitköcheln lassen. Dann die Zunge in kleine Würfel schneiden und 5 Minuten mitgaren. Die Filets mit Morcheln und Zungenwürfeln mit einem Schaumlöffel herausheben und warm stellen.

3. Den Bratenfond durch ein Sieb gießen, die Sahne dazugeben und etwas einkochen lassen. Mit Salz, Pfeffer und Zitronensaft abschmecken. Die kalte Butter in kleinen Flocken unterschlagen.

4. Die Champignons putzen, nur falls nötig waschen, und in der restlichen Butter kurz schwenken. Mit den Hähnchenbrustfilets und den Zungenwürfeln auf vorgewärmten Tellern anrichten und mit der Sauce überziehen.

Hähnchenkeulen in körniger Senfsauce

SAARLAND

Für 4 Personen:

8 Hähnchenkeulen

2 EL geschmacksneutrales Öl

30 g Butter

Salz, frisch gemahlener weißer Pfeffer

4 Schalotten

1/8 l Hühnerbrühe

1/8 l Sahne

3 TL scharfer, körniger Senf

etwas Zitronensaft

1. Die Hähnchenkeulen waschen und gut trockentupfen.

2. Öl und Butter in einer Kasserolle erhitzen und die Keulen darin bei nicht zu starker Hitze von allen Seiten goldgelb anbraten. Herausnehmen und mit Salz und Pfeffer würzen.

3. Die Schalotten schälen, in sehr kleine Würfel schneiden und im verbliebenen Bratfett glasig dünsten.

4. Die Hähnchenkeulen zurück in den Topf legen. Mit Hühnerbrühe und Sahne ablöschen und den Senf gleichmäßig unterrühren. Zugedeckt bei milder Hitze in 15 bis 20 Minuten fertig garen.

5. Die Keulen herausnehmen und die Sauce, falls nötig, noch etwas einkochen lassen. Mit Salz, Pfeffer und Zitronensaft würzig abschmecken.

A.S.

»*Verwechseln Sie nicht grobkörnigen Senf mit dem süßen bayerischen Senf – denn dieser eignet sich nicht für dieses Rezept. Grobkörniger scharfer Senf wird häufig unter der Bezeichnung Rôtisseur-Senf angeboten. Er ist unter all den vielen Senfsorten der hitzebeständigste.*«

Gefüllte Weihnachtsgans

»Jeder, der Verstand hat, spricht: Einen schönren Vogel gibt es nicht!« Die Gans, die schon vor rund hundert Jahren Wilhelm Busch zu diesem Lobgesang anregte, gehört auch heute noch zu den Lieblingsgerichten der Deutschen. Die meisten Rezepte für dieses köstliche Federvieh kommen allerdings aus der östlichen Ecke Deutschlands. Hier die Rezepte für die zwei beliebtesten Füllungen.

Für 6 bis 8 Personen:

1 küchenfertige Gans (etwa 4 kg)

Salz, frisch gemahlener Pfeffer

1 TL gerebelter Majoran

1 TL gerebelter Beifuß

1/2 l Geflügelbrühe

Für die 1. Füllung:

2 aromatische Äpfel (z. B. Boskop)

250 g Rosenkohl

200 g geschälte gekochte Edelkastanien

1 EL Honig

Für die 2. Füllung:

3 Brötchen

Leber und Herz von der Gans

3 aromatische Äpfel (z. B. Boskop)

1 Zwiebel

1 EL Gänseschmalz

Salz, frisch gemahlener Pfeffer

300 g Kalbsbrät

3 Eier

1 TL gerebelter Majoran

1 Bund Petersilie, gehackt

1. Die Gans innen und außen waschen und für 4 bis 5 Stunden in Eiswasser legen. Dadurch wird sie später besonders knusprig.

2. Die Gans trockentupfen und innen und außen kräftig mit Salz, Pfeffer, Majoran und Beifuß einreiben. Den Backofen auf 160° C vorheizen.

3a. Für die 1. Füllung: Die Äpfel schälen, vierteln, die Kerngehäuse entfernen und die Viertel in Scheiben schneiden. Vom Rosenkohl die äußeren welken Blätter und die Stielansätze entfernen. Äpfel, Rosenkohl und die Edelkastanien mit dem Honig gut vermischen. Oder:

3b. Für die 2. Füllung: Die Brötchen in Würfel schneiden. Gänseleber und -herz kleinschneiden. Äpfel und Zwiebel schälen. Die Äpfel vierteln, die Kerngehäuse entfernen und die Viertel wie die Zwiebel in kleine Würfel schneiden. Das Schmalz erhitzen und Äpfel und Zwiebel darin goldgelb anbraten. Vom Herd nehmen, mit Salz und Pfeffer gut würzen und mit Kalbsbrät, Eiern, Brotwürfeln, Majoran, Leber und Herz sowie der Petersilie vermischen.

4. Eine der beiden Füllungen in die Gans geben und die Öffnung mit Holzspießchen zustecken oder mit Küchengarn zunähen.

5. Die Gans mit der Brust nach oben in einen großen Bräter legen, mit 1/4 Liter Geflügelbrühe begießen und auf der mittleren Schiene des Backofens etwa 1 1/2 Stunden braten.

6. Dann die Temperatur auf 200° C erhöhen und die Gans weitere 2 Stunden braten, dabei immer wieder mit dem austretenden Fett begießen.

7. Die Gans herausnehmen und warm stellen. Den Bratenfond sorgfältig entfetten, dann mit der restlichen Brühe aufgießen und bei starker Hitze etwas einkochen lassen. Die Sauce durch ein Sieb gießen und abschmecken.

8. Die Gans tranchieren, die Füllung mit einem Löffel herausholen und beides mit der Sauce servieren.

Geräucherte Gänsebrust auf Linsen

MARK
BRANDENBURG

**In hauchdünne Scheiben geschnitten und
auf herzhaftem Bauernbrot liebt man vor
allem in Mark Brandenburg die Gans. Mit
Linsen und Röstkartoffeln schmeckt sie
gepökelt gut, auf Buchenholz geräuchert ist
die Gänsebrust ebenfalls ein Genuß.**

Für 4 Personen:

4 Gänsebrustfilets, mit Haut

Salz, frisch gemahlener Pfeffer

6 EL geschmacksneutrales Öl

*etwas Räuchermehl (in Anglerfach-
geschäften erhältlich)*

1 Lauchstange

1 Möhre

1/8 l Brühe

300 g gekochte Tellerlinsen

*200 g eingelegter Kürbis, in Würfel
geschnitten*

2 EL Balsamessig

1 EL Rotweinessig

*400 g festkochende Kartoffeln,
am Vortag gekocht*

2 EL Gänseschmalz

1 TL gerebelter Majoran

1. Die Gänsebrustfilets auf der Hautseite
kreuzweise etwas einschneiden, mit Salz
und Pfeffer gut einreiben.

2. 1 Eßlöffel Öl in einer Pfanne erhitzen
und die Geflügelteile auf der Hautseite
etwa 2 Minuten scharf anbraten. Dann
wenden und weitere 2 Minuten auf der
anderen Seite braten. Herausnehmen und
auf ein Gitter mit darunterliegendem Teller legen.

3. Einen Räucherofen oder -topf erhitzen
und das Räuchermehl einfüllen. Die Gänsebrustfilets auf einem Gitter in das Räuchergerät legen. Etwa 5 bis 6 Minuten
langsam heiß räuchern. Den Backofen
auf 160° C vorheizen.

4. Vom Lauch die Wurzeln und das grüne
Ende entfernen, die Stange der Länge
nach halbieren und gut waschen. Die
Möhre schälen. Beides in kleine Würfel
schneiden. 1 Eßlöffel Öl in einem Topf
erhitzen und die Lauch- und Möhrenwür-
fel darin andünsten. Mit Brühe ablöschen, Linsen und Kürbis dazugeben.

5. Balsam- und Rotweinessig, Salz, Pfeffer und restliches Öl zu einer Vinaigrette
verrühren und mit dem Gemüse vermischen. Vom Herd nehmen und zugedeckt
durchziehen lassen.

6. Die Gänsebrustfilets aus dem Räuchergerät nehmen und noch für etwa 5 Minuten in den Backofen legen.

7. Die Kartoffeln schälen und in dünne
Scheiben schneiden. Das Schmalz erhitzen und die Kartoffeln darin goldbraun
und knusprig braten. Mit Salz, Pfeffer und
Majoran würzen.

8. Die Gänsebrustfilets in dünne Scheiben schneiden. Den warmen Linsen-
Kürbis-Salat auf vier Tellern verteilen, mit
der Gänsebrust belegen und mit den
Röstkartoffeln servieren.

A.S.

*» Für kleinere Mengen eignet
sich auch ein Wok zum Räuchern.
Bei gut sortierten Geflügelhändlern kann man die
geräucherten Gänsebrüste auch
schon fertig kaufen. «*

Gepökelte Gänsekeulen auf Sauerkraut

In Thüringen liebt man deftige, herzhaft gewürzte Kost. Die gepökelten Gänsekeulen sind zwar kein traditionelles Gericht aus dieser Region, aber alle hier verwendeten Zutaten – ausgenommen den Parmesan – gehören zum Standardrepertoire der Thüringer Küche.

Für 4 bis 6 Personen:

2 l Wasser

2 Wacholderbeeren, 1 Lorbeerblatt

1 Gewürznelke

1 Zwiebel

4 gepökelte Gänsekeulen

Für die Kräuterkruste:

125 g Butter

1/2 Knoblauchzehe

1 TL geriebener Parmesan

je 1 EL gehackter Rosmarin, Thymian

und Petersilie

60 g Paniermehl

Salz, frisch gemahlener Pfeffer

Für das Sauerkraut:

1 EL Gänseschmalz

1 EL grob zerstoßene weiße

Pfefferkörner

4 EL Sahne

500 g gekochtes Sauerkraut

1. Das Wasser mit Wacholderbeeren, Lorbeerblatt, Gewürznelke und geschälter Zwiebel zum Kochen bringen. Die Gänsekeulen einlegen, einmal kurz aufkochen lassen, dann 1 1/2 Stunden bei schwacher Hitze ziehen lassen.

2. Die Keulen herausnehmen, die Haut abziehen und noch anhaftendes Fett entfernen. Die Keulen mit etwas Sud begießen und warm stellen, restlichen Sud aufbewahren.

3. Für die Kräuterkruste die Butter cremig rühren. Die geschälte halbe Knoblauchzehe fein zerdrücken und mit Parmesan, Kräutern und dem Paniermehl unter die Butter mischen. Mit Salz und Pfeffer herzhaft würzen. 10 Minuten ruhen lassen, damit sich die Aromen der Kräuter richtig entfalten können.

4. Für das Sauerkraut das Gänseschmalz in einem Topf erhitzen und den Pfeffer darin leicht anrösten. Mit 150 ml Kochsud ablöschen und einmal aufkochen lassen. Die Sahne dazugeben und 10 Minuten bei schwacher Hitze köcheln lassen. Dann durch ein Sieb gießen. Grill oder Backofen auf 240° C vorheizen.

5. Das Sauerkraut erhitzen und die Hälfte der Pfeffersauce untermischen.

6. Die Gänsekeulen nebeneinander in eine feuerfeste Form legen und mit der Kräutermasse etwa 1 cm dick bestreichen. Unter dem vorgeheizten Grill wenige Minuten überbacken.

7. Das Sauerkraut auf vier Teller verteilen, die Gänsekeulen darauf anrichten und mit der restlichen Sauce servieren.

A.S.

» Gepökelte Gänsekeulen muß man beim Geflügelhändler unbedingt vorbestellen. Man kann die Keulen jedoch auch selber pökeln: 2 Liter Wasser mit 60 g Pökelsalz, Thymian und Lorbeerblatt einmal aufkochen lassen und abgekühlt über die Gänsekeulen gießen. Zugedeckt einige Tage an einem kühlen Ort durchziehen lassen. «

Gänsebrust in der Salzkruste

HESSEN

Für 4 Personen:

2 Gänsebrüste (à 500 g)

Salz, frisch gemahlener Pfeffer

2 große dünne Scheiben grüner Speck

4 Eiweiß

1 kg grobes Salz

80 g Speisestärke

30 g Mehl

2 fein zerstoßene Wacholderbeeren

3 bis 4 Thymianzweige

Fett für das Backblech

1. Die Gänsebrüste waschen, trockentupfen und mit Salz und Pfeffer gut einreiben. Jede Brust mit einer Speckscheibe umwickeln.

2. Eiweiß zu steifem Schnee schlagen und grobes Salz, Speisestärke und Mehl untermischen. Die Wacholderbeeren mit den abgezupften Thymianblättern unter die Salzmasse mischen. Den Backofen auf 240° C vorheizen.

3. Ein Backblech fetten, die Salzmasse etwa 1 cm dick aufstreichen, die beiden Gänsebrüste nebeneinander hineinsetzen und mit der restlichen Salzmasse vollständig bedecken.

4. 40 Minuten im Backofen garen, dann herausnehmen und noch 10 Minuten ruhen lassen.

5. Die Salzkruste mit einem Messer aufbrechen. Den Speckmantel entfernen und die Gänsebrust herausheben. Dünn aufschneiden und zum Beispiel mit Wirsingpüree servieren.

A.S.

»*Diese uralte, schonende Garmethode wurde von der Nouvelle cuisine wieder neu entdeckt. Der Salzmantel schützt das Fleisch vor dem Austrocknen und der Eigengeschmack des Gargutes bleibt erhalten.*
Aus dem übriggebliebenen Eigelb bereiten Sie am besten eine bayerische Creme (Rezept Seite 220) zu.«

Kochgans

MARK
BRANDENBURG

Früher kam es schon mal vor, daß eine Gans zu Martini oder Weihnachten nicht geschlachtet wurde. In der nächsten Saison war ihr Fleisch dann natürlich nicht mehr so zart. Nichts war also naheliegender, als die Gans zu zerteilen und so lange zu kochen, bis das Fleisch schön weich war.

Für 6 bis 8 Personen:

1 Bauerngans (etwa 4 kg)

Salz, frisch gemahlener Pfeffer

2 Möhren

2 Kohlrabi

2 Zwiebeln

2 Lauchstangen

3 Selleriestangen

50 g getrocknete Morcheln

2 l Geflügelbrühe

40 g Butter

1 Bund Petersilie, feingehackt

1. Die Gans waschen, trockentupfen und mit einem scharfen Messer oder einer Geflügelschere in acht Teile zerlegen. Mit Salz und Pfeffer einreiben und in einen großen Kochtopf schichten.

2. Möhren, Kohlrabi und Zwiebeln schälen. Von den Lauchstangen die Wurzeln und die grünen Enden entfernen, die Stangen der Länge nach halbieren und gründlich waschen. Die Selleriestangen waschen. Alle Gemüsesorten in etwa gleich große Stücke schneiden. Die Morcheln kurz einweichen und sorgfältig säubern.

3. Die Hälfte des vorbereiteten Gemüses und die Morcheln in den Kochtopf zu den Gänseteilen geben, mit der Brühe begießen und zum Kochen bringen. Zugedeckt etwa 1 $1/2$ bis 2 Stunden bei schwacher Hitze garen.

4. Sobald das Fleisch gar ist, die Gänseteile herausheben und etwas auskühlen lassen. Dann die Haut abziehen und das Fleisch von den Knochen lösen. Die Brühe gut entfetten.

5. Etwa $1/2$ Liter von der Brühe in einen zweiten Topf gießen und das zurückbehaltene Gemüse darin bißfest garen. Die übrige Gänsebrühe mit dem darin weichgekochten Gemüse durch ein Sieb streichen.

6. Das Gänsefleisch in Stücke schneiden und mit dem bißfest gegarten Gemüse in eine Schüssel geben. Die Brühe mit Salz und Pfeffer herzhaft würzen. Die Butter in kleinen Flocken mit einem Schneebesen unter die Brühe schlagen, dann die Petersilie untermischen. Gänsefleisch und Gemüse damit begießen.

A.S.

» Natürlich nehme ich für mein Rezept eine junge, fleischige Gans. Das Fleisch wird durch sanftes Kochen besonders saftig. Entfettet man den Kochsud sorgfältig, ist dieses Gänsegericht mit dem bißfesten Gemüse ein Genuß ohne Reue. «

Gansjung

ALTBAYERN

Gänse zählten schon immer zu den kostbarsten Braten, und so war es auch selbstverständlich, daß alle Teile der Gans verwendet werden mußten. Hals, Flügel, Füße und übrige Innereien wurden gebeizt und kamen ein paar Tage nach dem Gänsebraten in einer dunklen, sämigen Sauce auf den Tisch. Als Beilage dürfen heute wie damals Semmelknödel nicht fehlen.

Für 4 Personen:

etwa 1 kg Gänseklein (Flügel, Füße, Hals, Magen, Herz)

1 Zwiebel

1 Lorbeerblatt

1 Gewürznelke

1 Bund Suppengrün

4 Pfefferkörner

Salz

150 ml Rotweinessig

1 l Wasser

40 g Gänseschmalz

1 TL Zucker

1 EL Mehl

1 Stückchen Schale von einer unbehandelten Zitrone

2 EL gehackte Petersilie

1. Das Gänseklein waschen und eventuell kleinhacken. Die Zwiebel schälen und mit dem Lorbeerblatt und der Nelke spicken. Das Suppengrün waschen und kleinschneiden. Alles zusammen mit den Pfefferkörnern und Salz in einen Kochtopf geben. Mit Essig und dem Wasser begießen und zugedeckt 1 bis 2 Tage an einem kühlen Platz marinieren.

2. Dann alles in der Beize zum Kochen bringen und bei schwacher Hitze knapp 2 Stunden köcheln lassen. Das Fleisch muß sich leicht von den Knochen lösen.

3. Das Gänseschmalz in einem Schmortopf erhitzen und den Zucker darin karamelisieren lassen. Mit Mehl bestäuben und unter Rühren kurz bräunen lassen. $1/2$ Liter Kochbrühe durch ein Sieb in die Mehlschwitze gießen, kräftig durchrühren, die Zitronenschale dazugeben und etwa 15 Minuten bei schwacher Hitze köcheln lassen.

4. Das Fleisch von den Knochen lösen, Magen und Herz in Würfel schneiden und mit der Sauce vermischen. Einige Minuten durchziehen lassen und mit Salz, Pfeffer sowie Essig abschmecken. Die Zitronenschale entfernen.

5. Das Gansjung auf tiefe Teller verteilen, jeweils in die Mitte einen Semmelknödel geben und mit der Petersilie bestreuen.

A.S.

»Bei diesem Gericht darf man ruhig einmal ein paar goldene Tischregeln vergessen: Nach dem Brauch wird das Fleisch nicht schon vorher abgelöst, sondern bei Tisch genußvoll abgefieselt... «

Geräucherte Entenbrüste auf Graupen

PFALZ

Ende des vorigen Jahrhunderts war dies ein beliebtes Gericht, für das allerdings nur die alten, übriggebliebenen, etwas zähen Gänse verwendet wurden. Mit frisch geräucherter Entenbrust ist es ein besonderer Genuß!

Für 4 Personen:

4 Entenbrustfilets (à 180 g)

Salz, frisch gemahlener Pfeffer

200 g Perlgraupen

1 l Geflügelbrühe

1 EL geschmacksneutrales Öl

etwas Räuchermehl (in Anglerfach-

geschäften erhältlich)

1 Lauchstange

1 Möhre

1 Petersilienwurzel

2 Selleriestangen

40 g Butter

3 bis 4 EL Sahne

1 Bund Schnittlauch, feingeschnitten

1. Die Entenbrustfilets waschen, trockentupfen und auf der Hautseite vorsichtig kreuzweise einschneiden. Mit Salz und Pfeffer einreiben.

2. Die Perlgraupen in ein Sieb geben und unter fließendem Wasser waschen. Gut abtropfen lassen, in der Geflügelbrühe zum Kochen bringen und zugedeckt bei schwacher Hitze etwa 45 bis 55 Minuten ausquellen lassen.

3. Das Öl in einer Pfanne erhitzen und die Filets auf der Hautseite etwa 2 Minuten scharf anbraten, dann wenden und die andere Seite 1 Minute braten. Herausnehmen und auf einem Gitter mit darunterstehendem Teller abtropfen lassen.

4. Das Räuchermehl im Räucherofen oder Räuchertopf erhitzen. Die Entenbrüste auf einem Gitter in das Räuchergerät geben und etwa 5 bis 6 Minuten langsam heiß räuchern. Den Backofen auf 160° C vorheizen.

5. Vom Lauch die Wurzeln und das grüne Ende entfernen, die Stange der Länge nach halbieren und gründlich waschen. Möhre und Petersilienwurzel waschen und schälen und wie den Lauch und die Selleriestangen in kleine Würfel schneiden. Die Butter in einem Schmortopf zerlassen und das Gemüse darin andünsten. Mit der Sahne ablöschen und zugedeckt in wenigen Minuten bißfest garen. Die Graupen untermischen und das Gemüse mit Salz und Pfeffer abschmecken.

6. Die Entenbrustfilets aus dem Räuchergerät nehmen und noch etwa 5 Minuten im Backofen ruhen lassen.

7. Die Filets in dünne Scheiben schneiden. Das Gemüse mit den Perlgraupen auf vier Teller verteilen, mit dem Schnittlauch bestreuen und mit den Filetscheiben belegen.

Ente mit Lübscher Füllung

SCHLESWIG-
HOLSTEIN

Enten von hervorragender Qualität gibt es fast überall in Norddeutschland. Ein schönes Rezept kommt aus der alten Hansestadt Lübeck: Ente mit Apfel-Brot-Rosinen-Füllung. Hätte man damals, als das Originalrezept entstand, schon all die köstlichen exotischen Früchte gekannt, hätte die Lübsche Füllung sicherlich so ausgesehen!

Für 4 Personen:

1 Ente (etwa 2 ½ kg)

Salz, frisch gemahlener Pfeffer

1 kleine Mango, 2 säuerliche Äpfel

200 g frisches Ananasfruchtfleisch

200 g Weißbrot

3 EL Rosinen, in 2 cl Rum eingeweicht

1 Msp gemahlener Zimt, 1 TL Curry

½ l Geflügelbrühe

100 g Zucker

1 bis 2 EL Essig

1. Ente waschen, trockentupfen und innen und außen mit Salz und Pfeffer einreiben. Backofen auf 160° C vorheizen.

2. Mango und Äpfel schälen. Das Fruchtfleisch der Mango vom Kern schneiden, die Äpfel vierteln und entkernen. Mango, Äpfel und Ananas in kleine Würfel schneiden. Das Weißbrot in kleine Würfel schneiden und mit den Rosinen und der Hälfte der Früchte vermischen. Mit Salz, Pfeffer, Zimt und einer Prise Curry würzen und die Ente damit füllen. Die Öffnung mit Holzspießchen zustecken.

3. Die Ente in einen flachen Bräter geben, etwas Brühe angießen und im Backofen 2 ½ Stunden garen, dabei immer wieder mit Brühe übergießen.

4. Den Zucker im Schmortopf leicht karamelisieren lassen, die restlichen Früchte dazugeben und bei schwacher Hitze zu einem Chutney kochen. Mit Salz, Pfeffer, dem restlichen Curry und dem Essig abschmecken.

5. Ente herausnehmen und warm stellen. Den Bratenfond durch ein Sieb gießen und etwas einkochen lassen. Die Ente tranchieren und mit der Füllung, der Sauce und dem Früchte-Chutney servieren.

Entenkeulen mit Teltower Rübchen

BERLIN

Ente mit Teltower Rübchen – eine Spezialität der Berliner, die auch andere pflegen. Goethe ließ sich die Rübchen sogar nach Weimar nachsenden, damit die Ente auf diese Weise zubereitet werden konnte.

Für 4 Personen:

8 Schalotten

2 Möhren

2 Bund Teltower Rübchen

4 Entenkeulen

Salz, frisch gemahlener Pfeffer

2 EL geschmacksneutrales Öl

1/2 l Geflügelbrühe

1/4 l trockener Rotwein

1 Knoblauchzehe

1 Thymianzweig

20 g Butter

1. Schalotten und Möhren schälen, die Schalotten halbieren, die Möhren in Stücke schneiden. Die Teltower Rübchen waschen, putzen und schälen.

2. Die Entenkeulen waschen und trockentupfen. Mit Salz und Pfeffer einreiben. Das Öl in einem Schmortopf erhitzen und die Keulen rundherum scharf anbraten. Herausnehmen und Möhren und Schalotten kurz im Bratfett andünsten. Mit etwas Brühe ablöschen, kurz durchkochen lassen, dann die Möhren und die Schalotten mit einem Schaumlöffel herausheben und beiseite stellen.

3. Die Entenkeulen in den Schmortopf zurücklegen, mit Rotwein und restlicher Brühe aufgießen und etwa 1 1/2 Stunden zugedeckt gar schmoren.

4. Sobald das Fleisch gar ist und sich von den Knochen löst, die Schalotten und die Möhren dazugeben. Die Knoblauchzehe schälen, fein zerdrücken und mit dem Thymian unter das Gemüse mischen. Noch etwa 15 Minuten ohne Deckel köcheln lassen.

5. Die Butter in einer Pfanne zerlassen und die Teltower Rübchen darin andünsten. Mit wenig Wasser begießen, mit Salz und Pfeffer würzen und etwa 10 Minuten zugedeckt gar dünsten.

6. Die Entenkeulen herausnehmen, ein wenig auskühlen lassen, dann die Haut abziehen. Das Schalotten-Möhren-Gemüse auf ein Sieb geben und abtropfen lassen, die Sauce auffangen. Das Gemüse mit den Rübchen auf einer Platte oder vier Tellern anrichten. Mit den Keulen belegen und mit der Sauce begießen.

A.S.

» Falls der Bratenfond zu dünnflüssig ist, bei starker Hitze noch einige Minuten einkochen lassen oder mit einem Schneebesen so viele kalte Butterflocken unterschlagen, bis die Sauce eine leichte Bindung bekommt. «

Gebratene Wildenten mit Zitronensauce

MECKLENBURG-
VORPOMMERN

Dieses Rezept klingt zwar nach einer völlig modernen Kreation, man findet es jedoch schon Ende des vergangenen Jahrhunderts in Kochbüchern. Die auf den ersten Blick eigenwillige Zusammenstellung hatte einen plausiblen Grund: Das ausgeprägte Zitronenaroma sollte den häufig unangenehm-tranigen Geschmack der wilden Enten überdecken.

Für 4 Personen:

2 Wildenten (à 800 g)

3 unbehandelte Zitronen

Salz, frisch gemahlener Pfeffer

2 Salbeizweige

2 Thymianzweige

2 Rosmarinzweige

2 Lorbeerblätter

80 g kalte Butter

1 EL geschmacksneutrales Öl

1 Möhre

1 Petersilienwurzel

1 kleines Stück Knollensellerie

1/2 Bund glatte Petersilie, grobgehackt

1/4 l Geflügelbrühe

1. Die Wildenten waschen und trockentupfen. Innen und außen mit dem Saft von 1/2 Zitrone sowie Salz und Pfeffer einreiben. Die andere Zitronenhälfte in dünne Scheiben schneiden. Zusammen mit den Kräuterzweigen und Lorbeerblättern in die Enten füllen. Die Bauchöffnung mit Holzspießchen zustecken. Den Backofen auf 160° C vorheizen.

2. 30 g Butter und das Öl in einem großen Bräter erhitzen und die Enten darin rundherum anbraten. Das Gemüse waschen, schälen, kleinschneiden und mit der Petersilie in den Bräter geben. Kurz mit anbraten, mit der Geflügelbrühe aufgießen und einmal aufkochen lassen. Den Bräter zudecken und die Enten in 20 bis 25 Minuten im Backofen garen.

3. Die Enten herausnehmen und auf eine feuerfeste Platte legen. Den Backofen auf 220° C schalten und die Enten darin etwa 10 Minuten bräunen lassen. Den Bratenfond und das Gemüse mit einem Pürierstab oder im Mixer fein pürieren und durch ein Sieb streichen. Kurz durchkochen lassen und den frisch gepreßten Saft von einer Zitrone hinzufügen. Zum Schluß die restliche Butter in kleinen Flocken unter die Sauce schlagen und noch einmal würzig abschmecken.

4. Die dritte Zitrone in Spalten schneiden. Die Ente tranchieren, mit der Zitrone garnieren und die Sauce getrennt dazu reichen. In Mecklenburg ißt man natürlich Kartoffeln dazu!

A.S.

*» Frische Wildenten gibt es von September bis Januar,
sie sind dann etwa 800 bis 900 Gramm schwer.
Für zwei Personen rechnet man eine Ente. «*

134

Fasan auf Spitzkohl mit Maronenmus

SAARLAND ─────────────────

Für 4 Personen:

8 Fasanenbrustfilets

Salz, frisch gemahlener Pfeffer

1 EL geschmacksneutrales Öl

1 TL Zucker

10 geschälte Maronen

4 EL Sahne

200 g weiße Muskattrauben

50 g Butter

1 kleiner Spitzkohl

100 ml Gewürztraminer

1/8 l Geflügelfond

1. Fasanenbrustfilets waschen, trockentupfen und mit Salz und Pfeffer einreiben. Den Backofen auf 160° C vorheizen.

2. Das Öl erhitzen und den Zucker darin leicht karamelisieren lassen. Die Maronen dazugeben, kurz durchschwenken und mit Sahne und etwas Wasser ablöschen. Bei schwacher Hitze gar dünsten, dann im Mixer fein pürieren und durch ein Sieb streichen.

3. Die Trauben schälen, halbieren und entkernen. 10 g Butter zerlassen und die Trauben darin kurz schwenken. Den Spitzkohl halbieren, den Strunk entfernen und die Hälfen in feine Streifen schneiden. In kochendem Salzwasser blanchieren, dann gut abtropfen lassen. 20 g Butter zerlassen und den Kohl darin kurz andünsten, mit Salz und Pfeffer würzen.

4. Die Filets in der restlichen Butter bei mittlerer Hitze anbraten, ohne Farbe nehmen zu lassen. Herausnehmen, auf ein Gitter legen und dieses über einem tiefen Backblech in den Backofen schieben. In 15 Minuten fertiggaren. Den aufgefangenen Bratenfond mit Gewürztraminer und Geflügelfond aufgießen und ein wenig einkochen lassen.

5. Die Fasanenbrustfilets in Scheiben schneiden. Den Spitzkohl auf vier Teller verteilen, mit den Filetscheiben belegen und mit den Trauben und dem Maronenpüree anrichten.

Rebhuhn im Weinblatt

PFALZ ─────────────────

Für 4 Personen:

4 junge Rebhühner

Salz, frisch gemahlener Pfeffer

8 sehr dünne Scheiben Räucherspeck

8 frische, gleich große Weinblätter

2 EL geschmacksneutrales Öl

600 g kernlose Weintrauben

1/8 l Geflügelbrühe

1/8 l Gewürztraminer

2 zerstoßene Wacholderbeeren

2 cl Tresterbranntwein

50 g kalte Butter

1. Die Rebhühner waschen, trockentupfen und mit Salz und Pfeffer einreiben. Jedes Rebhuhn mit je 2 Speckscheiben und Weinblättern umwickeln und mit Küchengarn festbinden. Den Backofen auf 180° C vorheizen.

2. Das Öl in einem Schmortopf erhitzen und die Rebhühner rundherum anbraten. Für 20 Minuten in den Backofen stellen und dabei immer wieder mit Bratensaft begießen.

3. Die Weintrauben waschen und nach Ende der Garzeit zu den Rebhühnern geben, mit dem Bratensaft vermischen und noch 8 Minuten mitschmoren lassen.

4. Rebhühner und Trauben herausnehmen und warm stellen. Den Bratenfond mit Geflügelbrühe und Gewürztraminer aufgießen. Die Wacholderbeeren dazugeben und etwa 5 Minuten köcheln lassen. Dann durch ein Sieb gießen, den Trester dazugeben und die Butter in Flocken unterschlagen.

5. Die Rebhühner mit den Trauben umlegen und mit der Sauce servieren.

Hasenterrine

Eine Spezialität aus Schwaben ist die Hasenterrine, landläufig auch als »Hasenkuchen« bezeichnet. Die Terrine wird mit dem ausgelösten Hasenfleisch zubereitet.

Für 4 bis 6 Personen:

500 g Hasenfleisch aus der Keule,

ohne Knochen

350 g grüner Speck, in dünne

Scheiben geschnitten

2 Eier

Salz, frisch gemahlener Pfeffer

1 TL Pastetengewürz

8 cl Weinbrand

2 cl roter Portwein

¼ l Sahne, gut gekühlt

50 g Pistazien, feingehackt

100 g getrocknete Pflaumen

400 g Hasenrückenfilet

20 g Butter

1. Das Hasenfleisch und 150 g Speck durch die feinste Scheibe des Fleischwolfs drehen. Die Eier hinzufügen, kräftig verrühren und mit Salz, Pfeffer, Pastetengewürz, 2 cl Weinbrand und dem Portwein abschmecken. Zum Schluß die Sahne und die Pistazien unter die Farce mischen.

2. Die Pflaumen im restlichen Weinbrand einlegen. Das Hasenrückenfilet der Länge nach aufschneiden, aber nicht durchschneiden. Flach klopfen, mit Salz und Pfeffer würzen und mit den abgetropften Pflaumen belegen. Von der Längsseite her aufrollen und die Enden mit Holzspießchen zustecken. Die Butter zerlassen und die Filetrolle darin rundherum scharf anbraten. Herausnehmen, etwas abkühlen lassen, dann die Holzspießchen entfernen. Den Backofen auf 70° C vorheizen.

3. Eine Terrinenform so mit den restlichen Speckscheiben auslegen, daß die Enden über die Form hängen. Die Hälfte der Farce in die Form einfüllen, die Filetrolle einlegen und mit der restlichen Farce bedecken. Die Oberfläche glattstreichen und mit den überstehenden Speckscheiben bedecken.

4. Wasser in ein tiefes Blech geben und die Terrine hineinstellen. Im Backofen etwa 70 Minuten pochieren.

5. Gut auskühlen lassen, am besten über Nacht im Kühlschrank. Vor dem Servieren in Scheiben schneiden und zum Beispiel mit eingelegten Kirschen (Rezept Seite 253) und Weißbrot servieren.

A.S.

»Die Terrine wird manchmal auch heiß auf den Tisch gebracht. Abkühlt und gut durchgezogen hat man jedoch mehr vom feinen Wildaroma. Im Kühlschrank hält sich die Terrine mehrere Tage. «

Kaninchen in Weißweinmarinade

Stallhasen werden im Ruhrgebiet gerne wie Sauerbraten eingelegt. Die Zubereitung hat zwei Vorteile: Etwas betagte Kaninchen werden dadurch mürbe, und das ein wenig fade schmeckende Fleisch erhält ein feines Aroma.

Für 4 Personen:

1 Kaninchen (etwa 2 kg)

1 Bund Suppengrün

2 Bohnenkrautzweige

4 bis 5 Pfefferkörner, 1/2 l Weißwein

Salz, frisch gemahlener Pfeffer

2 EL geschmacksneutrales Öl

30 g Butter

1/8 l Sahne, 1 TL scharfer Senf

1/2 TL abgezupfte Bohnenkrautblätter

1 EL gehackte Petersilie

1. Das Kaninchen waschen, trockentupfen und zerlegen: die Keulen auslösen und halbieren, den Rücken in drei Teile hacken. Das Suppengrün waschen und kleinschneiden und mit den Kaninchenstücken, Bohnenkrautzweigen und Pfefferkörnern in eine Schüssel geben. Mit Wein begießen und zugedeckt an einem kühlen Ort 1 bis 2 Tage marinieren.

2. Das Fleisch aus der Marinade nehmen, trockentupfen und mit Salz und Pfeffer würzen. Backofen auf 160° C vorheizen.

3. Öl und Butter in einem Schmortopf erhitzen und das Kaninchen darin portionsweise anbraten. Die Marinade durch ein Sieb gießen und das Suppengrün und die Gewürze zum angebratenen Kaninchen geben. Mit anschmoren, dann mit der Marinade aufgießen und zugedeckt im Backofen etwa 1 Stunde schmoren.

4. Das Fleisch herausnehmen und warm stellen. Den Bratenfond durch ein Sieb in eine Sauteuse gießen und ein wenig einkochen lassen. Sahne, Senf und Bohnenkraut verquirlen und unter den Bratenfond mischen. Sämig einkochen lassen und die Sauce über das Fleisch gießen. Mit Petersilie bestreut servieren.

Rehrücken in Rotweinsauce

»Rehrücken Baden-Baden« steht zwar auf vielen deutschen Speisekarten, ist aber nie ein traditionelles badisches Gericht gewesen. Irgendein findiger Koch hat den gebratenen Rehrücken mit den Preiselbeergefüllten Birnen belegt und ihm diesen klingenden Namen gegeben.

Für 4 Personen:

1 Rehrücken (etwa 1 kg), gehäutet

Salz, frisch gemahlener Pfeffer

2 EL geschmacksneutrales Öl

1 Bund Suppengrün

2 EL Tomatenmark, 1 Lorbeerblatt

5 zerstoßene Wacholderbeeren

5 weiße Pfefferkörner, 1 Thymianzweig

1/4 l kräftiger Rotwein

100 ml roter Portwein

1/8 l saure Sahne

1. Einen Metallspieß durch das Rückgrat schieben, damit sich der Rücken während des Garens nicht krümmt. Den Rücken mit Salz und Pfeffer einreiben. Den Backofen auf 180° C vorheizen.

2. Das Öl in einem Bräter erhitzen und den Rehrücken darin rundherum anbraten. Das Suppengrün waschen, kleinschneiden und mit dem Tomatenmark und den Gewürzen dazugeben und mit anbraten. Mit Rotwein aufgießen. Zugedeckt im Backofen etwa 20 bis 30 Minuten schmoren, dabei gelegentlich mit dem Bratenfond begießen.

3. Den Portwein in einer Sauteuse so lange bei starker Hitze einkochen lassen, bis 2 bis 3 Eßlöffel übrig bleiben.

4. Rehrücken herausnehmen und mit Alufolie umhüllt ruhen lassen. Bratenfond durch ein Sieb streichen, die saure Sahne unterrühren und kurz durchkochen lassen. Zum Schluß den Portwein dazugeben und die Sauce noch einmal abschmecken. Das Fleisch auslösen, in Scheiben schneiden und mit der Sauce servieren. Dazu passen gekochte Kartoffelklöße, Rotkohl und Preiselbeeren.

Frischlingskeule in der Salzkruste

Für 4 bis 6 Personen:

2 Zwiebeln

1 Möhre

1 Frischlingskeule (etwa 1,2 kg);

am besten gleich beim Händler

entbeinen und enthäuten lassen,

die kleingehackten Knochen und

die Abschnitte mitnehmen

Salz, frisch gemahlener Pfeffer

3 bis 4 große dünne Scheiben

grüner Speck

3 zerstoßene Wacholderbeeren

2 EL geschmacksneutrales Öl

1 EL Tomatenmark

1/2 l Wildfond (aus dem Glas)

5 Pfefferkörner

1 Nelke

1 Lorbeerblatt

1 Thymianzweig

7 Eiweiß

60 g Mehl

80 g Stärke

1 1/2 kg grobes Salz

1 EL eingemachte Preiselbeeren

200 g Crème fraîche

1. Die Zwiebeln und die Möhre schälen und in Würfel schneiden. Das Fleisch mit Salz und Pfeffer einreiben. Die Speckscheiben zu einem Rechteck nebeneinanderlegen und die Wacholderbeeren darauf verteilen. Das Fleisch darauflegen und mit den Speckscheiben umwickeln. Zwei Stunden kalt stellen.

2. Das Öl in einem großen Topf erhitzen und die Frischlingsknochen sowie die Abschnitte scharf anbraten. Zwiebeln, Möhre und das Tomatenmark dazugeben und mit anbraten. Mit Wildfond ablöschen und im offenen Topf bei schwacher Hitze 2 Stunden kochen lassen. Nach 1 1/2 Stunden die Pfefferkörner, Nelke, Lorbeerblatt und Thymianzweig dazugeben.

3. Den Backofen auf 160° C vorheizen. Für die Salzkruste die Eiweiß halbsteif schlagen. Mehl, Stärke und Salz untermischen. In einem der Größe der Frischlingskeule entsprechenden Topf aus der Salzmischung ein Bett machen. Das Fleisch darauflegen und mit der restlichen Salzmischung sorgfältig bedecken.

4. Die Frischlingskeule 1 Stunde im Backofen backen, dann im abgeschalteten Backofen noch etwa 10 Minuten ruhen lassen.

5. Für die Sauce den Fond durch ein Sieb streichen. Die Preiselbeeren und die Crème fraîche einrühren und einige Minuten sämig einkochen lassen. Mit Salz und Pfeffer würzig abschmecken.

6. Die Salzkruste mit einem Messer aufbrechen, die Frischlingskeule aus dem Topf heben, den Speck abnehmen und das Fleisch in Scheiben schneiden. Mit der Sauce servieren.

A.S.

» Geschützt durch den Salzmantel, bleibt das feine Wildaroma optimal erhalten. Zudem ist das Aufbrechen der Salzkruste bei Tisch sehr effektvoll! «

Rehschäufel mit Johannisbeeren

FRANKEN ─────────

Als »Schäufel« bezeichnen die Franken die Schulter der Rehe. Es ist ein besonders preiswertes Teilstück, das aber keineswegs weniger gut schmeckt. Viele Genießer ziehen ein Schäufel sogar der kostspieligeren Keule vor.

Für 4 bis 6 Personen:

2 Rehschultern von jungen Rehen

Salz, frisch gemahlener Pfeffer

6 feinzerstoßenen Wacholderbeeren

2 cl Wacholderschnaps

4 EL geschmacksneutrales Öl

20 g Butter, 2 Zwiebeln

1/4 l Wildfond (aus dem Glas)

1/8 l Weißwein

100 g Johannisbeeren, 1/8 l Sahne

1 EL Johannisbeergelee

1. Die Rehschäufel waschen, trockentupfen und mit Salz und Pfeffer einreiben. Die Wacholderbeeren mit Wacholderschnaps und 2 Eßlöffel Öl vermischen und die Schäufel damit einreiben. In eine große Plastiktüte legen, verschließen und im Kühlschrank 1 bis 2 Tage marinieren.

2. Den Backofen auf 160° C vorheizen. Das restliche Öl mit der Butter in einem großen Bräter erhitzen und die Schäufel darin rundherum scharf anbraten. Die Zwiebeln schälen, in Würfel schneiden, dazugeben und mit anbraten. Mit Wildfond und Weißwein aufgießen und kurz aufkochen lassen. Im Backofen etwa 1 1/2 bis 2 Stunden zugedeckt schmoren lassen, dabei immer wieder mit Bratenfond begießen.

3. Das Fleisch herausnehmen und mit Alufolie umhüllt warm stellen. Die Johannisbeeren in den Bratenfond geben und auf der Kochplatte einige Minuten kochen lassen. Dann mit einem Pürierstab oder im Mixer kurz pürieren und die Sauce durch ein Sieb streichen. Die Sahne dazugießen, das Johannisbeergelee unterrühren und einige Minuten sämig einkochen lassen.

Wildpfeffer

RHEINLAND ─────────

Für 4 Personen:

600 g Hirschschulter

1 mittelgroße Lauchstange

3 mittelgroße Möhren

4 kleine Zwiebeln

2 bis 3 EL geschmacksneutrales Öl

3/8 l trockener Rotwein

1/4 l Wildfond (aus dem Glas)

1 Lorbeerblatt

2 Wacholderbeeren

1 Rosmarinzweig

1 Thymianzweig

Salz, frisch gemahlener Pfeffer

1. Das Hirschfleisch in Würfel von etwa 2 cm Länge schneiden.

2. Vom Lauch die Wurzeln und das grüne Ende entfernen. Die Stange der Länge nach halbieren, gründlich waschen und in feine Streifen schneiden. Die Möhren schälen und in dickere Scheiben schneiden. Die Zwiebeln schälen und achteln.

3. Das Öl in einem breiten Topf erhitzen und das Fleisch darin portionsweise scharf anbraten. Lauch, Möhren und die Zwiebeln dazugeben und 5 Minuten kräftig mit anbraten.

4. Mit Rotwein und Wildfond aufgießen. Gewürze und Kräuter dazugeben, mit Salz und Pfeffer würzen und zugedeckt bei schwacher Hitze 45 bis 50 Minuten schmoren.

5. Das Fleisch mit einem Schaumlöffel herausnehmen. Lorbeerblatt, Rosmarin- und Thymianzweig sowie die Wacholderbeeren entfernen. Das Gemüse mit der Schmorflüssigkeit im Mixer pürieren, dann durch ein Sieb streichen und sämig einkochen lassen.

6. Das Fleisch zurück in die Sauce geben und je nach Geschmack Semmelknödel, Spätzle, Nudeln oder auch Kartoffeln dazu reichen.

6. KAPITEL

Fleisch

Der typische deutsche Metzger zerlegt ein Rind innerhalb von sechs Stunden in 25 Fleischteile. Sein französischer Kollege arbeitet viel penibler und braucht dafür etwa 15 Stunden. Er schneidet das Fleisch an manchen Körperteilen auch anders und sortiert 30 Stücke. Die Franzosen lassen alles vom Rind zwei bis drei Wochen abhängen, die Deutschen allenfalls die besten Stücke. Meine Ochsenhälften hängen vier bis sechs Wochen im Kühlhaus, wodurch sie wunderbar zart werden. Glänzend rot soll das mit Fettäderchen »marmorierte« Fleisch aussehen, weiß bis hellgelb das umgebende Fett, es soll mild riechen sowie eine feste, etwas elastische Konsistenz haben: Dann bietet der Metzger für rheinischen Sauerbraten, bayerisches Böfflamott oder westfälischen Pfefferpotthast ein Rind von bester Qualität. Es hat ein festeres Gewebe als alle anderen Fleischarten und ist deshalb nahrhafter als Schwein, Lamm oder Geflügel. Dafür erfreut sich das (übrigens in jeder Religion wohlgelittene) Lamm von allem, was wir heute gern essen, der längsten kulinarischen Tradition. Das älteste Haustier wird heute auf vielfältige Weise zubereitet. Für die modernen Versionen von friesischem Lamm-Gemüse-Eintopf oder Brandenburger Bollenfleisch nehme ich am liebsten Salzwiesen-Lämmer, die an der deutschen Nordseeküste auf Wiesen grasen, die öfters überflutet sind, oder Tiere, die auf Bergweiden viele Kräuter fanden.

Als Kalb gilt das Kind der Kuh im klassischen gastronomischen Sinn von seiner Geburt bis zum Ende des Stillens. Das beste Fleisch bieten zwei bis drei Monate alte Kälber, die nur mit Milch, Mehl und ein paar Eiern groß geworden sind. Das Fett ist dann noch weiß, seidig und duftet nach Milch; das Fleisch ist ebenfalls weiß oder hat einen rosa Schimmer. Je rötlicher die Farbe und je weicher die Konsistenz des Fleischs, desto mehr Kraft- und Silofutter oder Gras hat das Kalb gefressen.

Unter dem Stichwort »Schwein« finden sich im Duden von Schweinebauch bis Schweinsstelze 35 Eintragungen. Noch häufiger ist das Schwein im Laufe seiner Geschichte zur Sau gemacht worden – bis hinauf zu immer neuen Weltrekorden bei der Kotelettzahl oder bis hinunter zu den Bonsai-Schweinen. Mit zeitgemäßer Zubereitung der traditionsreichen Schmankerl wie bayerische Schweinshaxe oder Pfälzer Saumagen möchte ich Sie überzeugen, daß das kulinarisch arme Schwein durchaus in die feine Küche paßt.

Kalbsvögerl mit Gemüsefüllung

Für 4 Personen:

2 Bund Suppengrün

1 Knoblauchzehe, 2 Schalotten

30 g Butter

Salz, frisch gemahlener Pfeffer

1 Prise Zucker

1/2 TL frische Thymianblätter

3 bis 4 EL Sahne

50 g gewässertes ausgelöstes Kalbsmark

1 TL gehackte Petersilie

4 große Kalbsschnitzel (à 140 g)

2 EL geschmacksneutrales Öl

1 TL Tomatenmark

1/4 l Kalbsfond

1. Suppengrün waschen und in kleine Würfel schneiden. Knoblauchzehe und Schalotten schälen, in kleine Würfel schneiden und in der zerlassenen Butter glasig dünsten. Das Suppengrün dazugeben und mit Salz, Pfeffer, Zucker und Thymian herzhaft abschmecken. Mit Sahne ablöschen und so lange kochen lassen, bis die Flüssigkeit fast verdampft ist.

2. Das Kalbsmark in Würfel schneiden und in einer Pfanne auslassen. Dann unter das Gemüse mischen und die Petersilie dazugeben. Abkühlen lassen.

3. Die Schnitzel flachklopfen, mit Salz und Pfeffer würzen und die Gemüsefüllung darauf verteilen. Die Schnitzel von der Schmalseite her aufrollen und mit Holzspießchen feststecken, damit die Kalbsvögerl beim Garen nicht aufgehen.

4. Das Öl in einer Pfanne erhitzen und die Kalbsvögerl darin bei mittlerer Hitze rundherum anbraten, dann wieder herausnehmen und warm stellen.

5. Das Tomatenmark unter den Bratenfond rühren, mit Kalbsfond ablöschen und um die Hälfte einkochen lassen. Die Kalbsvögerl in die Sauce geben und bei schwacher Hitze zugedeckt in 15 Minuten fertig schmoren. Vor dem Servieren die Holzspießchen entfernen, das Fleisch in Scheiben schneiden und mit der Sauce servieren.

Kalbshaxe

—————————

Wenn's um Haxen geht, sind die Bayern Spezialisten. Aber auch die sächsischen Nachbarn verstehen es, aus dem etwas sehnenreicheren Fleisch durch langes und schonendes Schmoren einen saftigen Sonntagsbraten zuzubereiten.

Für 4 Personen:

1 Kalbshaxe (etwa 1,2 kg)

Salz, frisch gemahlener Pfeffer

4 Möhren

150 g Knollensellerie

3 Petersilienwurzeln

2 Zwiebeln

2 EL geschmacksneutrales Öl

30 g Butter

250 g kleingehackte Kalbsknochen

1 Rosmarinzweig

1/2 l Brühe

1/8 l Weißwein

abgeriebene Schale von

1/2 unbehandelten Zitrone

2 EL gehackte Petersilie

1. Die Kalbshaxe waschen, trockentupfen und mit Salz und Pfeffer einreiben. Möhren, Sellerie und Petersilienwurzeln waschen, schälen und in kleine Würfel schneiden. Die Zwiebeln schälen und achteln. Backofen auf 160° C vorheizen.

2. In einem großen Schmortopf Öl und Butter erhitzen und die Kalbshaxe darin rundherum goldbraun anbraten. Herausnehmen und die Knochen, den Rosmarinzweig sowie eine Handvoll des vorbereiteten Gemüses im verbliebenen Bratfett anrösten. Mit Brühe und Wein aufgießen, die Haxe zurück in den Topf geben und zugedeckt im Backofen in 2 Stunden 45 Minuten gar schmoren, dabei die Haxe gelegentlich wenden und mit Bratenfond begießen.

3. Die Kalbshaxe herausnehmen und das Fleisch von den Knochen lösen. Den Bratenfond durch ein Sieb streichen und zurück in den Topf geben. Das restliche Gemüse, das abgelöste Fleisch und die Zitronenschale dazugeben und zugedeckt auf dem Herd weitere 30 Minuten bei schwacher Hitze schmoren, bis das Gemüse gar ist. Falls nötig, mit Salz und Pfeffer nachwürzen. Vor dem Servieren die Petersilie untermischen.

A.S.

» Man kann die Haxe auch mit dem Knochen servieren. Für viele Genießer ist nämlich das Abnagen und das Herauslösen des Marks der allerhöchste Genuß. In Bayern ist es üblich, die Haxe bei sanfter Temperatur gar zu kochen und dann das Fleisch abzulösen. Das leicht abgekühlte Fleisch wird in Scheiben geschnitten, in Mehl gewendet und in zerlassener Butter gebraten. «

Kalbsbrust mit Brezenfüllung

In allen südlichen Bundesländern ist die gefüllte Kalbsbrust, meist mit Weißbrotfüllung, ein beliebter Sonntagsschmaus. In Bayern nimmt man statt des Weißbrotes auch gerne mal Brezen.

Für 4 Personen:

200 g Brezenstangen ohne Salz

2 Schalotten

1 Bund Petersilie

1/2 Bund Schnittlauch

30 g Butter

etwa 100 ml Milch

2 Eier

Salz, frisch gemahlener Pfeffer

1 Zwiebel

1 Knoblauchzehe

1 Möhre

1 1/2 kg Kalbsbrust (bereits vom Metzger eine Tasche einschneiden lassen)

2 EL geschmacksneutrales Öl

20 g Butter

300 g kleingehackte Kalbsknochen

etwa 1/4 l Wasser

1. Für die Füllung die Brezenstangen in dünne Scheiben schneiden. Die Schalotten schälen und in Würfel schneiden. Die Petersilie waschen, trockenschleudern, die Blätter abzupfen und fein hacken. Den Schnittlauch waschen und in feine Röllchen schneiden. Den Backofen auf 180° C vorheizen.

2. Die Butter zerlassen und die Schalotten darin glasig dünsten. Milch erhitzen, über die Brotscheiben gießen und 10 Minuten ziehen lassen. Die Schalottenwürfel, die Kräuter und die Eier hinzufügen und mit Salz und Pfeffer würzen. Alles mit der Gabel locker durchmischen und die Füllung 20 Minuten quellen lassen.

3. Inzwischen Zwiebel, Knoblauch und Möhre schälen und kleinschneiden. Die Kalbsbrust waschen, trockentupfen und innen und außen mit Salz und Pfeffer einreiben. Die Tasche mit der Brezenmischung füllen und die Öffnung mit Küchengarn zunähen oder mit Rouladenspießen zustecken.

4. Öl und Butter in einem Bräter erhitzen und die Kalbsbrust darin rundherum anbraten. Herausnehmen und die gewaschenen Knochen sowie das vorbereitete Gemüse darin anbraten. Mit dem Wasser ablöschen, das Fleisch wieder dazugeben und im heißen Backofen etwa 2 Stunden garen. Dabei den Braten immer wieder mit Bratensaft begießen.

5. Das Fleisch herausnehmen. Den Bratenfond durch ein Sieb streichen, noch einmal kurz durchkochen lassen und abschmecken. Das Fleisch mit einem Elektromesser in Scheiben schneiden und mit dem Bratenfond anrichten.

A.S.

» Die Füllmasse ist zwar sehr weich, die enthaltenen Eier sorgen beim Garen jedoch für die nötige Bindung. Bleibt etwas von der Brezenmasse übrig, formen Sie die Masse zu einer Rolle, umwickeln diese mit gefetteter Alufolie und garen sie in Salzwasser. Die herzhafte Brezenfüllung paßt auch sehr gut in eine Schweinebrust und, noch besser, in eine Spanferkelbrust! «

Kalbsfrikassee

MARK
BRANDENBURG

Dieses kosten- und zeitaufwendige Mahl gab es früher verständlicherweise nur in großbürgerlichen Familien, die über ausreichend Küchenpersonal verfügten. Das Ergebnis rechtfertigt jedoch auch heute noch die Mühe.

Für 4 Personen:

1 Kalbszunge (etwa 300 g), eventuell

gepökelt

1 Zwiebel, 1 Lorbeerblatt, 2 Nelken

1 Thymianzweig

250 g Kalbsbries

300 g Kalbsfilet

je 250 g weißer und grüner Spargel

Salz, 1 Prise Zucker

60 g Butter

5 große Champignons

frisch gemahlener Pfeffer

2 EL Schmand, 1/8 l Sahne

1 Stückchen unbehandelte

Zitronenschale

2 EL geschlagene Sahne

1. Die Kalbszunge waschen und in einen Topf geben. Mit kaltem Wasser bedecken, aufkochen lassen und den Schaum abschöpfen. Zwiebel schälen, mit Lorbeerblatt und Nelken spicken und mit dem Thymianzweig zur Zunge geben. Bei schwacher Hitze 1 Stunde garen.

2. In der Zwischenzeit das Kalbsbries säubern und in lauwarmes Wasser legen, dabei das Wasser öfter erneuern. Nach Ende der Garzeit das Bries zur Zunge geben und zusammen weitere 20 Minuten ziehen lassen.

3. Das Kalbsfilet waschen, trockentupfen und in Würfel schneiden. Die Zunge und das Kalbsbries aus dem Sud nehmen. Die Zunge häuten, vom Bries Häute und Sehnen entfernen. Den Sud durch ein Tuch gießen und beiseite stellen.

4. Den weißen Spargel ganz, den grünen nur am unteren Ende schälen. Wenig Salzwasser mit Zucker und 20 g Butter zum Kochen bringen. Den Spargel darin 5 bis 10 Minuten garen. Herausnehmen, leicht abkühlen lassen und in gleich große Stücke schneiden.

5. Die Champignons putzen, falls nötig kurz waschen, und vierteln. 20 g Butter in einer Pfanne zerlassen und die Pilze darin kurz andünsten. Mit Salz und Pfeffer würzen.

6. 1/2 Liter Sud zum Kochen bringen und etwas einkochen lassen. Schmand, Sahne, restliche Butter und die Zitronenschale dazugeben und mit Salz und Pfeffer würzen. Zunge, Bries, Spargel und Champignons in die Sauce geben.

7. Den restlichen Sud zum Kochen bringen und das Kalbsfilet darin 4 Minuten pochieren. Herausnehmen, abtropfen lassen und unter das Frikassee mischen. Einige Minuten bei schwacher Hitze ziehen lassen. Die Zitronenschale entfernen und die Sahne unterziehen. Das Frikassee abschmecken und im Topf servieren.

A.S.

» *Für alle Feinschmecker südlich der Mainlinie:
Schmand ist etwas fetterer, dicklicher Sauerrahm.* «

Königsberger Klopse

Erst seit etwa dem 18. Jahrhundert kennt man dieses Hackfleischgericht. Das Wort Klops leitet sich von kloppen/klopfen ab: Das Fleisch wurde »kleingekloppt«, bevor es zu Bällchen geformt wurde. Königsberger Klopse sind auch als »Saure Klopse« bekannt.

Für 4 Personen:

Für die Klopse:

300 g gehacktes Kalbfleisch

200 g gehacktes Rindfleisch

60 g Weißbrot

etwa 100 ml heiße Milch

4 Sardellenfilets, gewässert

1 Zwiebel

1 EL feingehackte Petersilie

Salz, frisch gemahlener Pfeffer

3/4 l Fleischbrühe

1 Lorbeerblatt

2 Pfefferkörner

Für die Sauce:

40 g Butter

1 EL Mehl

6 EL Sahne

1 bis 2 EL Zitronensaft

Salz, frisch gemahlener Pfeffer

2 bis 3 EL Kapern

1. Die beiden Fleischsorten in einer Schüssel vermischen. Das Weißbrot in der heißen Milch einweichen. Die Sardellenfilets hacken, die Zwiebel schälen und in kleine Würfel schneiden. Das Weißbrot ausdrücken und mit Sardellen, Zwiebel und der Petersilie zum Hackfleisch geben. Alles zu einem homogenen Fleischteig verkneten. Mit Salz und Pfeffer würzen und 16 gleich große Bällchen daraus formen.

2. Die Fleischbrühe mit Lorbeerblatt und Pfefferkörnern zum Kochen bringen, die Klopse einlegen und etwa 10 Minuten bei schwacher Hitze langsam gar ziehen lassen. Mit einem Schaumlöffel herausnehmen, in eine Schüssel geben und warm stellen. Die Kochbrühe durch ein Sieb gießen.

3. In einem zweiten Topf die Butter zerlassen und das Mehl darin anschwitzen. Mit der Kochbrühe ablösen und mit einem Schneebesen kräftig durchschlagen. Einige Minuten kochen lassen. Dann die Sahne unterrühren und mit Zitronensaft, Salz und Pfeffer herzhaft abschmecken.

4. Klopse und Kapern in die Sauce geben und einige Minuten durchziehen lassen. Mit körnig gekochtem Reis oder Salzkartoffeln servieren.

A.S.

» Wie von allen Rezeptklassikern gibt es auch von den Königsberger Klopsen viele Abwandlungen: Mal werden sie nur aus Kalbfleisch zubereitet, mal wird etwas Schweinemett beigefügt. Zwei Zutaten dürfen jedoch nie fehlen: die feingehackten Sardellen im Fleischteig und die Kapern in der hellen Sauce. «

Schnitzel Holstein

BERLIN ————————

Es hat nichts mit Schleswig-Holstein zu tun. Friedrich von Holstein, Geheimrat im Auswärtigen Amt während der Bismarckzeit und auch »Graue Eminenz« genannt, bestellte sich in seinem Stammlokal, den Weinstuben F. W. Borchardt in Berlin, gern die Vorspeise gleich mit dem Schnitzel, um nicht weiter gestört zu werden. Der pfiffige Koch kreierte das Schnitzel à la Holstein!

Für 4 Personen:

4 Sardellenfilets, 2 Ölsardinen

50 g in Scheiben geschnittener

Räucherlachs

1 kleine gekochte rote Bete

1 Gewürzgurke

Salz, frisch gemahlener Pfeffer

4 Scheiben Weißbrot

4 Kalbsschnitzel (à 160 g)

80 g Butter

4 Eier

2 EL Kapern

4 Stengel krause Petersilie

1. Sardellenfilets, Sardinen, Räucherlachs, rote Bete und die Gurke in sehr kleine Würfel schneiden. Alles mischen und vorsichtig mit Salz und Pfeffer würzen.

2. Die Weißbrotscheiben toasten und mit dieser Mischung bestreichen.

3. Die Schnitzel flachklopfen und mit Salz und Pfeffer würzen. 50 g Butter in einer Pfanne zerlassen und die Schnitzel darin von beiden Seiten jeweils 2 bis 3 Minuten braten.

4. Inzwischen in einer zweiten Pfanne die restliche Butter zerlassen und vier Spiegeleier darin braten. Auf die Schnitzel legen, mit Kapern und Petersilie garnieren und mit den belegten Broten anrichten.

Geschmorte Kalbsnuß

SAARLAND ————————

Für 4 Personen:

1 kg Kalbsnuß

Salz, frisch gemahlener Pfeffer

2 EL geschmacksneutrales Öl

20 g Butter

1 Rosmarinzweig

1 Bohnenkrautzweig

1 Thymianzweig

1/2 l Fleischbrühe

1/4 l trockener Weißwein

150 g Schalotten

2 Möhren

2 Selleriestangen

1 Stückchen unbehandelte

Orangenschale

1. Den Backofen auf 120° C vorheizen. Das Fleisch waschen, trockentupfen und mit Salz und Pfeffer einreiben. Öl und Butter in einem Bräter erhitzen und das Fleisch darin rundherum anbraten. Die Kräuter dazugeben und mit Fleischbrühe und Weißwein aufgießen. Zugedeckt im Backofen 2 Stunden schmoren, dabei das Fleisch gelegentlich mit dem Bratensaft begießen.

2. Schalotten und Möhren schälen. Die Selleriestangen waschen. Die Schalotten halbieren, Möhren und Selleriestangen in gleich große Stücke schneiden.

3. Das Fleisch herausnehmen und mit Alufolie umwickelt ruhen lassen. Den Bratenfond durch ein Sieb zurück in den Bräter gießen. Gemüse und die Orangenschale in den Fond geben und auf dem Herd offen so lange köcheln lassen, bis das Gemüse gar und die Sauce sämig eingekocht ist.

4. Das Fleisch auswickeln, den ausgetretenen Fleischsaft in die Sauce gießen. Die Kalbsnuß in Scheiben schneiden, mit dem Gemüse anrichten und mit der Sauce begießen.

Schwärtelbraten

Nach dem Originalrezept nimmt man für diesen Braten eigentlich eine Schweinekeule. Hier eine Variante mit Schweineschulter, die saftiger ist und sich für dieses Rezept noch besser eignet.

Für 4 Personen:

1 Schweineschulter (etwa 1 ¹/₂ kg)

Salz, frisch gemahlener Pfeffer

2 Zwiebeln, 1 Möhre

2 EL geschmacksneutrales Öl

200 g kleingehackte Schweineknochen

1 großes Bund glatte Petersilie

1 Knoblauchzehe, 1 Handvoll Kerbel

1 Schalotte, 30 g Butter

200 ml Fleischbrühe, 5 EL Sahne

1. Die Schweineschulter waschen, trockentupfen, mit Salz und Pfeffer einreiben. Die Zwiebeln und die Möhre schälen und grob in Stücke schneiden. Den Backofen auf 180° C vorheizen.

2. Das Öl in einer Reine erhitzen und die Schweineschulter darin rundherum anbraten. Herausnehmen und Knochen und Gemüse darin anbraten. Das Fleisch dazugeben und im Backofen etwa 2 Stunden braten. Dabei gelegentlich mit dem Bratensaft und etwas Wasser begießen.

3. Petersilie waschen und trockenschleudern. Knoblauch schälen und mit der Hälfte der Petersilie fein hacken. Nach Ende der Garzeit unter den Bratenfond mischen und weitere 30 Minuten braten.

4. Bei der restlichen Petersilie und dem Kerbel die Blättchen von den Stielen zupfen. Die Schalotte schälen und in Würfel schneiden, in der zerlassenen Butter glasig dünsten. Die Kräuter dazugeben, kurz mit andünsten und mit Brühe aufgießen. Aufkochen lassen, pürieren und durch ein Sieb streichen. Sahne dazugießen, salzen und pfeffern und mit dem Pürierstab aufschäumen.

5. Das Fleisch in Scheiben schneiden, mit dem Bratensaft begießen und mit der Kräutersauce servieren.

Gebratene Schweinshaxe

Ein original bayerisches Schmankerl, das am besten mit einer frisch gezapften Maß Bier schmeckt.

Für 4 Personen:

2 hintere Schweinshaxen (à 800 g)

Salz, frisch gemahlener Pfeffer

2 Zwiebeln

1 Knoblauchzehe

1 EL Kümmel

¹/₄ l dunkles Bier

1. Die Haut der Schweinshaxen am besten gleich vom Metzger rautenförmig einschneiden lassen. Die Haxen waschen, trockentupfen und mit Salz und Pfeffer einreiben. Backofen auf 160° C vorheizen.

2. Die Zwiebeln und Knoblauch schälen, kleinschneiden, mit dem Kümmel vermischen und in eine Reine geben. Haxen dazugeben und etwas Wasser angießen. Im Backofen zugedeckt 1 ¹/₂ Stunden garen, dabei gelegentlich mit dem Bratensaft begießen.

3. Den Deckel abnehmen, den Backofen auf 200° C schalten und die Haxen in weiteren 30 Minuten braun und knusprig braten. Dabei immer wieder mit dem Bier begießen. Die Haxen herausnehmen und kurz ruhen lassen. Den Bratenfond mit einem Pürierstab kurz pürieren, durch ein Sieb streichen und kurz durchkochen lassen. Falls nötig, noch ein wenig Bier dazugießen.

4. Das Fleisch vom Knochen lösen, auf vier Tellern anrichten und mit der Bratensauce servieren.

A.S.

» Im Winter gibt es dazu Semmelknödel und Blaukraut, im Sommer Kartoffel-Gurken-Salat oder frischen jungen Krautsalat. «

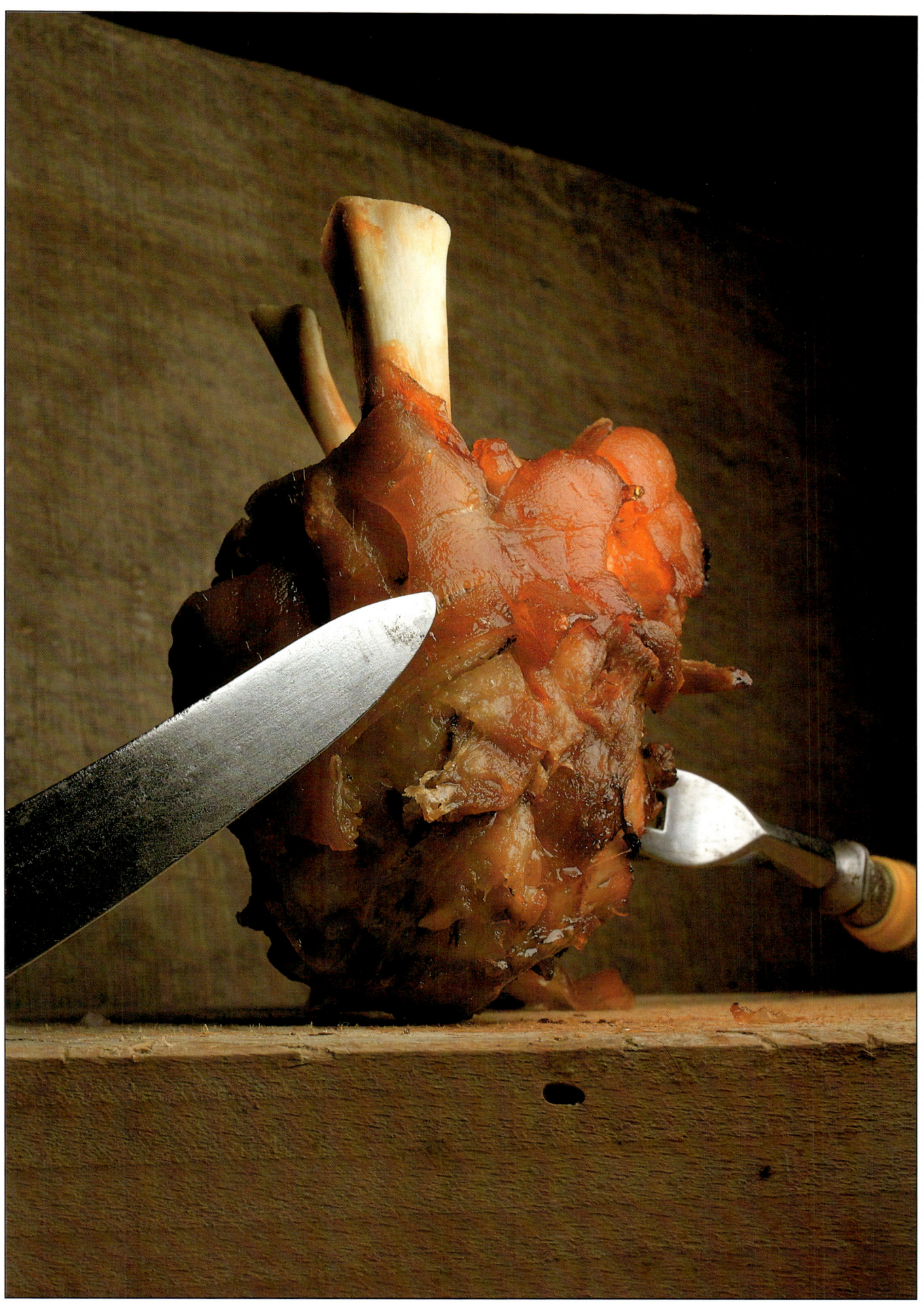

151

Gefüllte Schweinebrust

ALTBAYERN

»Beamtengans« wurde dieses Gericht früher oft genannt, da es dieser Berufssparte damals finanziell nicht gerade rosig ging und eine Gans viel zu teuer gewesen wäre.

Für 4 bis 6 Personen:

1 ½ kg Schweinebrust (bereits vom Metzger eine Tasche einschneiden lassen)

Salz, frisch gemahlener Pfeffer

2 Schalotten

1 Knoblauchzehe

3 EL geschmacksneutrales Öl

½ TL gerebelter Majoran

250 g junge Spinatblätter

80 g durchwachsener Räucherspeck

400 g gehacktes Schweinefleisch

1 EL mittelscharfer Senf

etwa ¼ l Wasser

1. Die Schweinebrust waschen, trockentupfen und innen und außen mit Salz und Pfeffer einreiben. Den Backofen auf 160° C vorheizen.

2. Die Schalotten und den Knoblauch schälen, in kleine Würfel schneiden und in 1 Eßlöffel Öl glasig dünsten. Majoran dazugeben und mit Salz und Pfeffer herzhaft würzen.

3. Die Spinatblätter verlesen, waschen und tropfnaß in einem Topf bei mittlerer Hitze zusammenfallen lassen. Auf einem Sieb abtropfen lassen, kleinhacken und mit den Schalotten und dem Knoblauch vermischen. Den Räucherspeck in kleine Würfel schneiden und mit dem Spinat zum Hackfleisch geben. Gut miteinander vermischen und mit Salz, Pfeffer und Senf herzhaft abschmecken.

4. Die Schweinebrust mit der Spinat-Hackfleisch-Masse füllen, die Öffnung entweder mit Küchengarn zunähen oder mit Holzspießchen zustecken.

5. Das restliche Öl in einem Schmortopf erhitzen, die Schweinebrust von beiden Seiten anbraten, etwas Wasser angießen und zugedeckt für etwa 1 ½ Stunden im Backofen garen. Gelegentlich mit Bratensaft und, falls nötig, mit Wasser begießen. Den Deckel abnehmen und 30 Minuten bei 200° C weiterbraten, damit der Braten eine schöne Farbe bekommt.

6. Den Schweinebraten herausnehmen und kurz ruhen lassen, dann mit einem Elektromesser aufschneiden und mit dem Bratensaft begießen.

A.S.

» *Gut schmecken zu diesem Gericht rohe Kartoffelklöße oder -knödel und ein grüner Salat.* «

Saumagen

Eine Pfälzer Spezialität, die früher, vornehmlich im Spätherbst, bei den häuslichen Schlachtfesten zubereitet wurde. Dazu trank und trinkt man heute noch Pfälzer Wein, z. B. einen Kallstadter Saumagen oder besser noch einen »Bitzler«, einen noch gärenden Jungwein. Durch Bundeskanzler Kohls Menüs für Staatsgäste ist der Saumagen weltweit berühmt geworden. Bei folgendem Rezept sei für alle Pfälzer angemerkt: Dies ist eine noble Version des Originalrezepts!

Für 4 bis 6 Personen:

500 g Schweinemett

250 g gekochte dicke Bohnen

50 g eingelegte schwarze Trüffel

1 mittelgroße vorwiegend festkochende Kartoffel, am Vortag gekocht

Salz, frisch gemahlener Pfeffer

250 g Schweinefilet

3 EL geschmacksneutrales Öl

200 g Schweinenetz

300 ml Kalbsfond

1. Das Schweinemett mit den Bohnen vermischen. Die Trüffel in winzige und die Kartoffel in 1 cm große Würfel schneiden. Beides unter das Schweinemett mischen und mit Salz und Pfeffer herzhaft abschmecken.

2. Das Schweinefilet mit Salz und Pfeffer einreiben und in 1 Eßlöffel Öl rasch rundherum anbraten. Herausnehmen und auskühlen lassen. Backofen auf 160° C vorheizen.

3. Das Schweinenetz gut wässern, abtropfen lassen, doppelt übereinanderlegen und auf einem großen Küchentuch zu einem Rechteck ausbreiten. Die Füllmasse etwa 2 cm dick aufstreichen. In die Mitte das Schweinefilet legen und alles mit dem Schweinenetz umwickeln. Das Ganze mit Hilfe des Küchentuchs in Form drücken.

4. Das restliche Öl in einer Bratreine erhitzen und die Fleischrolle darin rundherum kurz anbraten. Im Backofen etwa 1 Stunde garen, dabei gelegentlich mit dem Bratenfett übergießen. Das Fett des Schweinenetzes sollte vollkommen ausgelassen sein.

5. Den Kalbsfond um die Hälfte einkochen lassen. Das Fleisch herausnehmen und das Fett abschöpfen. Den Bratensaft mit dem Kalbsfond ablöschen, kurz durchkochen lassen und nochmals abschmecken. Den Saumagen in Scheiben schneiden und mit der Sauce begießen.

A.S.

» Zum Verfeinern von Saucen oder wie hier zum Glasieren empfiehlt sich Kalbsjus – das ist leicht geleeartiger Bratensaft. Er verleiht so manchem Gericht das gewisse Etwas. Man kann dafür aber auch reduzierten Kalbsfond nehmen. «

Filettopf mit Paprika

S C H W A B E N

Für 4 Personen:

2 gelbe Paprikaschoten

2 rote Paprikaschoten

200 g Perlzwiebeln

2 Zucchini

4 EL geschmacksneutrales Öl

Salz, frisch gemahlener Pfeffer

5 Oreganozweige

1/4 l Fleischbrühe

800 g Schweinefilet

1/2 Bund Petersilie, feingehackt

1. Die Paprikaschoten waschen, halbieren und Stengelansätze und Kerne entfernen. Die Hälften in große Würfel schneiden. Die Perlzwiebeln schälen, die Zucchini waschen und in dickere Scheiben schneiden.

2. 2 Eßlöffel Öl in einem Schmortopf erhitzen und die Perlzwiebeln darin andünsten. Die Paprikawürfel dazugeben und kurz mit andünsten. Mit Salz und Pfeffer würzen. Die Oreganoblätter von den Zweigen zupfen, dazugeben und mit der Hälfte der Brühe aufgießen. Zudeckt bei mittlerer Hitze etwa 20 Minuten schmoren lassen.

3. Inzwischen das Schweinefilet in 2 bis 3 cm große Würfel schneiden und mit Salz und Pfeffer würzen. Das restliche Öl in einer Pfanne erhitzen und die Fleischwürfel darin kurz anbraten. Herausnehmen und die Zucchini im Bratfett ebenfalls kurz anbraten.

4. Das Fleisch und die Zucchini mit dem Bratensaft zu den Paprikaschoten geben, gut vermischen und zugedeckt weitere 15 Minuten schmoren lassen.

5. Dann das Gemüse und das Fleisch mit einem Schaumlöffel herausnehmen und in eine Schüssel geben. Die Schmorflüssigkeit bei starker Hitze ein wenig einkochen lassen und über dem Filettopf verteilen. Mit Petersilie bestreuen.

Spanferkelrücken mit dicken Bohnen

W E S T F A L E N

Für 4 Personen:

1 Knoblauchzehe

1,2 kg Spanferkelrücken mit Knochen

Salz, frisch gemahlener Pfeffer

1 Msp gemahlener Kümmel

4 EL geschmacksneutrales Öl

1/2 l Brühe

2 Zwiebeln

250 g mehligkochende Kartoffeln

300 g dicke Bohnen

4 Bohnenkrautzweige

1/2 Bund Petersilie, feingehackt

1. Den Knoblauch schälen und durch die Presse drücken. Den Spanferkelrücken mit Salz, Pfeffer, Knoblauch und Kümmel einreiben. Den Backofen auf 160° C vorheizen.

2. 2 Eßlöffel Öl in einer Bratreine erhitzen und den Spanferkelrücken darin rundherum anbraten. Mit der Hälfte der Brühe aufgießen und im Backofen 25 bis 30 Minuten braten, dabei gelegentlich mit dem Bratensaft begießen.

3. Zwiebeln und Kartoffeln schälen und in gleich große Würfel schneiden. In einem Schmortopf das restliche Öl erhitzen und die Zwiebeln darin andünsten. Kartoffeln und Bohnen dazugeben, mit Salz und Pfeffer herzhaft würzen und mit der restlichen Brühe aufgießen. Bei schwacher Hitze 20 bis 25 Minuten garen.

4. Das Bohnenkraut fein hacken und unter das Gemüse mischen. Den Spanferkelrücken aus der Reine nehmen und in Koteletts schneiden. Mit dem Bohnengemüse auf Tellern anrichten und mit der Petersilie bestreuen.

Schlachtplatte

A LLE
R EGIONEN

Beim Anblick einer heißdampfenden Schlachtplatte, die man fast überall in Deutschland bekommt, läuft jedem das Wasser im Munde zusammen und schwindet jeglicher Gedanke an Kalorien. Pralle Leber- und Blutwürste, Kesselfleisch, gekochter Schweinebauch oder -kopf, Leberknödel und frische Bratwürste – alles aufgetürmt auf Sauerkraut. Dazu je nach Region Röstkartoffeln, Kartoffelpüree oder Erbspüree...

Ein Genuß, für den man kein Rezept, sondern in erster Linie einen guten Metzger benötigt. Eingedenk unseres heutigen Gesundheitsbewußtseins hier ein zeitgemäßer Beitrag zum Thema Schlachtplatte: eine raffinierte Abwandlung aus Leberwurst und Sauerkraut.

Gefüllte Leberwurstrolle

Für 4 Personen:

250 g Schweineleber

1 Zwiebel

80 g Butter

1/2 Bund Petersilie, feingehackt

1 TL gerebelter Majoran

Salz, frisch gemahlener Pfeffer

etwa 100 g Paniermehl

150 g gegartes Sauerkraut, ohne

Flüssigkeit

1. Die Leber im Mixer pürieren. Die Zwiebel schälen und in kleine Würfel schneiden.

2. 30 g Butter in einer Pfanne zerlassen und die Zwiebelwürfel darin glasig dünsten. Petersilie und Majoran dazugeben und kurz mit andünsten. Vom Herd nehmen und abkühlen lassen.

3. Die Leber mit der Zwiebel vermischen, mit Salz und Pfeffer würzen und so viel Paniermehl dazugeben, bis eine geschmeidige Masse entstanden ist.

4. Ein Stück Alufolie mit etwas Butter bestreichen und die Lebermasse in Form eines Rechtecks daraufstreichen. Das Sauerkraut gut ausdrücken, wurstähnlich in die Mitte legen und mit der Lebermasse bedecken. Mit Alufolie fest umwickeln und die beiden Enden gut zudrehen.

5. In einem länglichen Kochtopf reichlich Wasser zum Kochen bringen und die Leberwurstrolle im siedenden Wasser 20 bis 25 Minuten pochieren. Herausnehmen, kalt abschrecken und abkühlen lassen.

6. Die Folie ablösen und die Leberwurstrolle in Scheiben schneiden. Die restliche Butter in einer Pfanne zerlassen und die Leberwurstscheiben von beiden Seiten kurz braten. Heiß auf Sauerkraut und mit Röstkartoffeln servieren.

Eisbeinsülze

Gepökelte, gekochte Schweinehaxen kennt man auch in anderen Regionen. Mit Erbsbrei ist sie original berlinerisch. Die Zubereitung ist denkbar einfach, und jeder Berliner lernt es bei Muttern. Deshalb hier eine Sülze aus Eisbein mit gelben Erbsen als Einlage.

Für 6 bis 8 Personen:

2 gepökelte Eisbeine

1 kleingehackter Kalbsfuß

1 große Zwiebel

1 Bund Suppengrün

2 Möhren

1 Lorbeerblatt

5 bis 6 weiße Pfefferkörner

80 g geschälte gelbe Erbsen, über Nacht eingeweicht

8 Blatt weiße Gelatine

2 bis 3 EL Weißweinessig

Salz

2 Essiggurken

2 EL Rotweinessig

1 EL Kräuteressig

1 EL Olivenöl

1 EL Kürbiskernöl

1 EL geschmacksneutrales Öl

2 EL feingehackter Kerbel

2 EL feingeschnittener Schnittlauch

2 bis 3 El Weißwein

1. Die Eisbeine mit den Kalbsfüßen in einen großen Topf geben und mit kaltem Wasser begießen. Die Zwiebel schälen und wie das Suppengrün kleinschneiden. Die Möhren schälen. Zwiebel und Suppengrün mit Lorbeerblatt und Pfefferkörnern zu den Eisbeinen geben und alles zum Kochen bringen. Bei schwacher Hitze 2 $\frac{1}{2}$ Stunden köcheln lassen. Dann die Möhren im Ganzen dazugeben und weitere 20 Minuten garen.

2. Die Erbsen in dem Einweichwasser zum Kochen bringen und in etwa 1 Stunde gar kochen. Auf einem Sieb abtropfen lassen.

3. Die Möhren herausnehmen und in kaltem Wasser abschrecken. Das Eisbein enthäuten, das Fleisch vom Knochen lösen und dabei das Fett entfernen. Das Fleisch in Würfel schneiden. Den Eisbeinfond durch ein Sieb gießen, sorgfältig entfetten und 1 Liter abmessen. Die Gelatine in kaltem Wasser einweichen, gut ausdrücken und in dem heißen Fond auflösen. Mit Weißweinessig und Salz herzhaft abschmecken.

4. Möhren und Essiggurken in Würfel schneiden und mit den Erbsen und den Fleischwürfeln vermischen. In eine Terrinenform füllen und mit dem Fond begießen, so daß alle Zutaten gut bedeckt sind. Im Kühlschrank mindestens 5 bis 6 Stunden erstarren lassen.

5. Rotwein- und Kräuteressig mit Salz verrühren, bis sich das Salz gelöst hat. Dann die Öle mit einem kleinen Schneebesen unterschlagen. Kurz vor dem Anrichten die Kräuter und den Weißwein untermischen.

6. Die Sülze stürzen und mit einem Elektromesser in dünne Scheiben schneiden. Auf Tellern anrichten und mit der Marinade begießen. Mit kroß gebratenen Röstkartoffeln servieren.

Fleischpflanzerl / Frikadellen / Buletten

ALTBAYERN/
BERLIN/HAMBURG

Die in der Pfanne gebratenen goldbraunen Fleischküchlein sind im ganzen Land beliebt, wenn auch unter verschiedenen Namen. Große Unterschiede gibt es nicht, aber kleine regionale Feinheiten. Grundsätzlich gilt: Der Brotanteil soll ein Drittel nicht überschreiten.

Für 4 Personen:

2 altbackene Brötchen

1/8 l heiße Milch

1 Zwiebel

1 Knoblauchzehe

1/2 Bund glatte Petersilie

3 Majoranzweige

20 g Butter

300 g gehacktes Schweinefleisch

300 g gehacktes Kalbfleisch

2 Eier

1 EL scharfer Senf

Salz, frisch gemahlener Pfeffer

3 bis 4 EL geschmacksneutrales Öl

1. Die Brötchen in der Milch einweichen. Zwiebel und Knoblauch schälen und in kleine Würfel schneiden. Petersilie und Majoran waschen, trockenschleudern, die Blätter abzupfen und fein hacken.

2. Die Butter in einer Pfanne zerlassen und Zwiebel und Knoblauch darin glasig dünsten. Die Kräuter dazugeben und kurz mit andünsten.

3. Die Brötchen gut ausdrücken. Das Schweine- und Kalbfleisch in eine Schüssel geben, die Brötchen, die abgekühlte Zwiebel-Kräuter-Mischung und die Eier dazugeben und alles zu einem glatten Fleischteig verkneten. Mit Senf, Salz und Pfeffer würzig abschmecken und acht gleich große, nicht zu dicke Fleischküchlein daraus formen.

4. Öl in einer großen Pfanne erhitzen und die Fleischküchlein darin bei mittlerer Hitze auf jeder Seite etwa 5 Minuten braten. Falls die Fleischküchlein noch nicht durchgebraten sind, muß die Garzeit etwas verlängert werden.

A.S.

» Ein bayerisches Fleischpflanzerl muß unbedingt Petersilie und Majoran enthalten und der Fleischteig etwas eireicher und somit weicher sein. Buletten und Frikadellen dürfen dagegen bis zu einem Drittel eingeweichte Semmeln enthalten. Die Semmeln machen die Fleischkücherl erst richtig locker, das unterscheidet sie auch vom echten Hamburger. Dieser enthält ausschließlich feinstes Rindfleisch und ein wenig zerstoßenes Eis. «

Ochsenschwanz-ragout

HESSEN ──────────

Für 4 Personen:

1 große Zwiebel, 2 Knoblauchzehen

1 große Möhre, 100 g Knollensellerie

1 kleine Lauchstange

4 EL geschmacksneutrales Öl

1,2 kg Ochsenschwanz, in Stücke

gehackt

Salz, frisch gemahlener Pfeffer

2 EL Tomatenmark

1/4 l Rotwein, 1/2 l Fleischbrühe

2 Lorbeerblätter, 3 Gewürznelken

1. Zwiebel, Knoblauch, Möhre und Selle-rie schälen. Vom Lauch die Wurzeln und das grüne Ende entfernen. Die Stange der Länge nach halbieren und gut waschen. Alles in gleich große Stücke schneiden. Den Backofen auf 150° C vorheizen.

2. Das Öl in einem Bräter erhitzen. Die Ochsenschwanzstücke mit Salz und Pfef-fer würzen und im Öl rundherum scharf anbraten. Das Gemüse dazugeben, kurz mit anbraten und das Tomatenmark un-terrühren.

3. Mit Rotwein ablöschen und mit der Fleischbrühe aufgießen. Lorbeerblätter und Nelken dazugeben, salzen und pfef-fern. Zugedeckt auf der mittleren Schiene des Backofens etwa 2 1/2 Stunden schmo-ren lassen. Das Fleisch muß sich leicht vom Knochen lösen.

4. Die Ochsenschwanzstücke aus der Sauce nehmen, das Fleisch von den Kno-chen lösen und warm stellen. Die Sauce durch ein feines Sieb streichen und im offenen Topf sämig einkochen. Mit Salz und Pfeffer abschmecken und das Fleisch wieder in die Sauce legen.

A.S.

» Nur wenn das Ragout langsam bei niedriger Temperatur schmort, bleibt das Fleisch saftig und die Aromastoffe können sich voll entfalten. «

Pfefferpotthast

WESTFALEN ──────────

Das kräftig gewürzte Rindfleischragout ist in ganz Westfalen heißgeliebt. Die Urheber-schaft nehmen jedoch die Dortmunder für sich in Anspruch: Bereits 1378 fand der Pfefferpotthast urkundliche Erwähnung in der damaligen Freien Reichsstadt.

Für 4 bis 6 Personen:

800 g durchwachsenes Rindfleisch

(Rinderwade, Ochsenbein)

2 EL geschmacksneutrales Öl

400 g Zwiebeln

3/4 l Fleischbrühe

2 Lorbeerblätter

etwa 1 EL grob geschroteter

schwarzer Pfeffer, Salz

1 bis 2 EL Paniermehl

1 Prise Piment (Nelkenpfeffer)

2 EL Zitronensaft

1. Das Fleisch waschen, trockentupfen und in 3 cm große Würfel schneiden. Das Öl in einem Schmortopf erhitzen und das Fleisch portionsweise scharf anbraten.

2. Zwiebeln schälen, in Würfel schneiden und zum Fleisch geben. 1/2 Liter Brühe, die Lorbeerblätter und den Pfeffer hinzu-fügen und mit Salz würzen. Zugedeckt bei milder Hitze etwa 2 Stunden schmo-ren lassen. Sobald die Flüssigkeit ver-dampft ist, etwas Brühe nachgießen.

3. Das Paniermehl zur Bindung in die Sauce rühren. Mit Piment, Zitronensaft und Salz nachwürzen und 10 Minuten ziehen lassen. Auf vorgewärmten Tellern mit Salzkartoffeln, Schmorgurken und eingelegten roten Beten anrichten.

A.S.

» Pfefferpotthast macht ordentlich Durst – den man am besten mit einem kühlen Dortmunder Bier löscht! «

Böfflamott

Dieses Gericht ist die kulinarische Folge einer der zahlreichen, glücklich verlaufenen französischen Besetzungen Bayerns. Das »Bœuf à la mode« der Franzosen schmeckte den Bayern so gut, daß sie es, »übersetzt« als Böfflamott, in ihr Rezeptrepertoire aufnahmen.

Für 4 bis 6 Personen:

1 Möhre

2 Zwiebeln

1 l Rotwein

1 l Fleischbrühe

1 Lorbeerblatt

1 Thymianzweig

1 kleiner Rosmarinzweig

4 bis 5 schwarze Pfefferkörner

2 Pimentkörner

2 Scheiben grüner Speck, etwa

1/2 cm dick

Salz, frisch gemahlener Pfeffer

2 cl Weinbrand

1 1/2 kg Ochsenfleisch (Oberschale)

50 g Butterschmalz

1/2 kleingehackter Kälberfuß

1 bis 2 EL Rotweinessig

1. Die Möhre und die Zwiebeln schälen und kleinschneiden. Mit Rotwein, Brühe, Lorbeerblatt, Thymian, Rosmarin, Pfeffer- und Pimentkörnern einmal aufkochen, dann abkühlen lassen.

2. Den Speck der Länge nach in Streifen schneiden, mit Salz und Pfeffer würzen und in dem Weinbrand kurze Zeit durchziehen lassen.

3. Das Fleisch mit den Speckstreifen spicken und mit der abgekühlten Brühe übergießen. Zugedeckt 2 bis 3 Tage kalt stellen und durchziehen lassen.

4. Das Fleisch herausnehmen, die Marinade durch ein Sieb gießen und auffangen. Das Fleisch trockentupfen und in Butterschmalz rundherum anbraten. Die Kalbsknochen, das abgetropfte Gemüse, die Kräuter und Gewürze dazugeben und mit anbraten. Mit der Marinade aufgießen und alles zum Kochen bringen. Bei schwacher Hitze etwa 2 Stunden garen.

5. Das Fleisch herausnehmen und mit Alufolie umhüllt ruhen lassen. Die Kalbsknochen herausnehmen und den Bratenfond durch ein Sieb streichen. Mit Salz, Pfeffer und Essig würzig abschmecken.

6. Das Fleisch in Scheiben schneiden und mit der Sauce übergießen. Dazu am besten Kartoffelknödel aus gekochten Kartoffeln oder Semmelknödel servieren.

A.S.

» *Nach dem Originalrezept wird die Sauce mit einer dunklen Einbrenne zubereitet. Ich koche lieber Kälberknochen mit und binde die würzige Sauce zum Schluß mit Gemüsepüree.* «

Rheinischer Sauerbraten

RHEINLAND

Für 4 bis 6 Personen:

1 Bund Suppengrün

3 Zwiebeln

1 l Wasser

1 Lorbeerblatt

2 Nelken

4 zerstoßene Wacholderbeeren

¹/₄ l Rotweinessig

¹/₄ l Rotwein

1 ¹/₂ kg Rinderschulter

Salz, frisch gemahlener Pfeffer

2 EL geschmacksneutrales Öl

¹/₂ kleingehackter Kälberfuß

1 bis 2 Aachener Printen

4 EL Rosinen

1. Für die Marinade das Suppengrün waschen, putzen und kleinschneiden. Die Zwiebeln schälen und in Ringe schneiden. Das Wasser mit dem Gemüse, den Gewürzen, Essig und Rotwein aufkochen und etwas abkühlen lassen.

2. Das Fleisch mit der lauwarmen Marinade begießen und 3 bis 4 Tage zugedeckt kalt stellen. Je länger das Fleisch in der Marinade liegt, desto mürber wird es.

3. Den Backofen auf 160° C vorheizen. Das Fleisch aus der Marinade nehmen, trockentupfen, salzen und pfeffern. Das Öl erhitzen und das Fleisch rundherum scharf anbraten. Kälberfuß, Gemüse, Gewürze und die zerbröckelten Printen dazugeben und mit einem Drittel der Marinade aufgießen.

4. Zugedeckt im Backofen etwa 3 Stunden schmoren lassen. Dabei gelegentlich ein wenig Marinade nachgießen.

5. Das Fleisch herausnehmen und etwa 15 Minuten mit Alufolie umhüllt ruhen lassen. Den Schmorsud mit dem Gemüse durch ein Sieb streichen und sämig einkochen lassen. Die Rosinen untermischen und noch einmal herzhaft abschmecken.

Rinderroulade

Rouladen zählen seit langem zu den absoluten Lieblingsgerichten der Deutschen – vielleicht auch auf Grund der schier unzähligen Möglichkeiten, sie zu füllen. Die klassische Füllung besteht aus Speck, Zwiebeln und Essiggurken. Hier einmal eine Version mit Bratwurstfülle.

Für 4 Personen:

4 Rinderrouladen, aus der

Oberschale geschnitten

Salz, frisch gemahlener Pfeffer

2 EL scharfer Senf

2 Zwiebeln

2 Knoblauchzehen

20 g Butter

1/2 TL gerebelter Majoran

2 EL gehackte Petersilie

200 g Bratwurstbrät

1 Bund Suppengrün

2 EL geschmacksneutrales Öl

1 TL Tomatenmark

400 ml Fleischbrühe

1. Die Rinderrouladen leicht flachklopfen und mit Salz und Pfeffer würzen. Jeweils eine Seite mit Senf bestreichen.

2. Die Zwiebeln und den Knoblauch schälen, in kleine Würfel schneiden und die Hälfte davon in der zerlassenen Butter glasig dünsten. Majoran und Petersilie dazugeben, kurz mit andünsten, etwas abkühlen lassen und unter das Bratwurstbrät mischen. Alles gut miteinander vermengen, falls nötig mit Salz und Pfeffer nachwürzen.

3. Die Bratwurstmasse auf den Rouladen verteilen, die Längsseiten etwas einschlagen und von den Schmalseiten her aufrollen. Die Enden mit Rouladennadeln oder Holzspießchen feststecken.

4. Das Suppengrün waschen und kleinschneiden. Öl in einem Schmortopf erhitzen und die Rouladen bei starker Hitze rundherum scharf anbraten. Das Suppengrün, restliche Zwiebeln und Knoblauch sowie das Tomatenmark dazugeben und kurz mit anbraten. Mit Brühe ablöschen und zugedeckt bei schwacher Hitze 1 Stunde schmoren lassen. Bei Bedarf noch etwas Flüssigkeit nachgießen.

5. Den Deckel abnehmen und die Rouladen unter gelegentlichem Wenden bei schwacher Hitze in weiterer 30 Minuten fertiggaren.

6. Die Rouladen herausnehmen und warm stellen. Die Sauce durch ein Sieb streichen, abschmecken und über die Rouladen gießen.

A.S.

» *Neben dieser herzhaften Füllung gibt es noch viele weitere Möglichkeiten, die deutsche Leibspeise zu füllen. Sehr gut schmeckt mir auch eine Füllung aus kleingehackten, mit Speckwürfeln gebratenen Pilzen und gedünsteten Gemüsewürfeln oder auch eine Füllung aus Ziegenkäse mit Nüssen.* «

Schwäbischer Rostbraten

SCHWABEN

Im Ländle werden traditionellerweise Spätzle und Sauerkraut als Beilagen zum Rostbraten gereicht – für Nichtschwaben eine eher ungewöhnliche Kombination!

Für 4 Personen:

4 dicke Scheiben Roastbeef (à 200 g)

frisch gemahlener Pfeffer

4 große Zwiebeln

8 Scheiben durchwachsener Räucherspeck

50 g Butterschmalz

Salz

1/8 l Fleischbrühe

1. Das Fleisch waschen, trockentupfen und mit Pfeffer würzen. Den Fettrand etwas einschneiden, damit sich das Fleisch beim Braten nicht zusammenzieht.

2. Die Zwiebeln schälen und am besten mit einem Gurkenhobel in dünne Scheiben schneiden.

3. In einer großen gußeisernen Pfanne die Speckscheiben bei mittlerer Hitze glasig braten. Herausnehmen und beiseite stellen. 30 g Butterschmalz im ausgelassenen Speckfett erhitzen und die Zwiebelringe darin unter Wenden bei mittlerer Hitze goldbraun und knusprig braten. Herausnehmen und auf Küchenpapier abtropfen lassen.

4. Das restliche Butterschmalz in das Bratfett geben und die Roastbeefscheiben auf jeder Seite 3 bis 4 Minuten braten. Herausnehmen, mit Salz würzen und warm stellen. Nacheinander noch einmal die Speckscheiben und die Zwiebeln kurz in der Pfanne schwenken und warm stellen.

5. Den Bratenfond mit der Fleischbrühe ablöschen und einige Minuten bei starker Hitze durchkochen lassen. Die Roastbeefscheiben damit beträufeln und mit Zwiebeln und Speck belegt servieren.

A.S.

*» Mir schmecken dazu am besten knusprig gebratene
Röstkartoffeln und Salat.
Wer eine sämige Sauce möchte, röstet in dem Bratenfond
1 Teelöffel Mehl an, bevor mit Fleischbrühe aufgegossen wird.
Anschließend gut durchkochen lassen. «*

Gekochte Rinderbrust mit Grüner Sauce

Gekochtes Rindfleisch wird im ganzen Land gern gegessen, mit »Grie Sooß« jedoch ausschließlich in Hessen. Ein einzig und alleingültiges Rezept gibt es für die volkstümliche Grüne Sauce nicht: Jede Familie hat ihr Geheimrezept.

Für 4 bis 6 Personen:

2 Zwiebeln

2 Selleriestangen

1 ¹/₂ kg Rinderbrust

2 Lorbeerblätter

1 EL Pfefferkörner

1 TL Pimentkörner

1 TL Wacholderbeeren

1 TL Senfkörner

Salz

600 g junge Möhren

30 g Butter

Für die Grüne Sauce:

je 1 kleines Bund Petersilie, Schnittlauch, Kerbel und Kresse

je einige Zweige Borretsch, Pimpinelle, Dill, Sauerampfer, Liebstöckel

¹/₄ l saure Sahne

1 EL Joghurt

3 EL Sahne

Salz, frisch gemahlener Pfeffer

1 TL mittelscharfer Senf

1 EL Zitronensaft

1 kleine Zwiebel

2 hartgekochte Eier

1. Die Zwiebeln schälen und vierteln, die Selleriestangen waschen und kleinschneiden. Mit dem Fleisch und den Gewürzen in einen Topf geben. Knapp mit Wasser bedecken und ohne Deckel langsam zum Kochen bringen. Salzen, den Deckel locker auflegen und das Fleisch bei schwacher Hitze in 3 bis 4 Stunden gar ziehen lassen. Das Wasser darf nicht kochen, nur sieden!

2. Inzwischen die Möhren waschen, schälen und der Länge nach halbieren, dickere Möhren vierteln.

3. Die Möhren in einen flachen Topf geben, salzen und die Butter in Flöckchen darüber verteilen. Im geschlossenen Topf 4 bis 5 Minuten dünsten. Eine Tasse Brühe von der Rinderbrust dazugeben und in wenigen Minuten fertig garen.

4. Für die Sauce die Kräuter waschen, trockenschleudern und die Blätter von den Stielen zupfen. Mit einem großen Messer oder einem Wiegemesser fein hacken.

5. Saure Sahne, Joghurt und Sahne in den Mixer geben, zwei Drittel der Kräuter hinzufügen und kurz pürieren. Durch ein Sieb streichen und mit Salz, Pfeffer, Senf und Zitronensaft würzig abschmecken. Die Zwiebel und die Eier schälen und beides in kleine Würfel schneiden. Zusammen mit den restlichen Kräutern unter die Sauce mischen.

6. Das Fleisch aus der Brühe nehmen, kurz ruhen lassen, dann quer zur Faser in dünne Scheiben schneiden. Auf einer vorgewärmten Platte mit den Möhren anrichten. Die Grüne Sauce dazu reichen.

A.S.

» *Sie können natürlich auch Kräuter auswählen, die Ihnen besonders gut schmecken und die es vor allem zu der jeweiligen Jahreszeit frisch gibt.* «

Pfaffenschnitzel

ALTBAYERN ────────────

Mit dieser kräuterduftenden Ochsen-
fleischkreation stärkte eine Pfarrersköchin
im bayerischen Pfaffenwinkel einmal den
Dorfpfarrer. Der war von diesem Gericht
so begeistert, daß jedesmal, wenn nun das
Pfaffenschnitzel auf den Tisch kam, die
Sonntagspredigt besonders kurz ausfiel.

Für 4 bis 6 Personen:

1 kg Ochsenfleisch (Roastbeef)

Salz, frisch gemahlener Pfeffer

1 EL gehacktes Basilikum

1 EL gehackte Petersilie

1 EL gehackter Estragon

5 feingehackte Sardellen

2 EL scharfer Senf

2 bis 3 EL doppelgriffiges Mehl

3 EL geschmacksneutrales Öl

1/8 l Rotwein, 1/8 l Rinderbrühe

30 g kalte Butter

1. Das Fleisch waschen, trockentupfen
und in sechs gleich dicke Scheiben
schneiden. Auf jeder Seite mit Salz und
Pfeffer würzen.

2. Die Kräuter und die Sardellen mit Senf
vermischen. Die Fleischscheiben auf beiden Seiten damit bestreichen, übereinanderlegen und 10 Minuten durchziehen
lassen.

3. Die Fleischscheiben in Mehl wenden.
Das Öl in einer großen Pfanne erhitzen
und die Fleischscheiben darin auf beiden
Seiten jeweils 2 Minuten goldgelb braten.
Herausnehmen und warm stellen.

4. Bratenfond mit Rotwein und Brühe ablöschen und etwa um die Hälfte einkochen lassen. Die kalte Butter mit einem
Schneebesen unter die Sauce schlagen,
abschmecken und zum Fleisch reichen.

Gepökelte Rinderzunge

FRANKEN ────────────

Für 4 Personen:

1 gepökelte Rinderzunge (etwa 1,2 kg)

1 Zwiebel

1 Lorbeerblatt

2 Nelken

einige Pfefferkörner

Für die Kruste:

125 g Butter

2 EL frisch geriebener Meerrettich

1 TL gehackter Thymian

1 EL gehackte Petersilie

60 g Paniermehl

1 mittelgroßer Apfel

1. Die Rinderzunge in einen großen
Kochtopf geben und mit Wasser bedecken. Die Zwiebel schälen, mit Lorbeerblatt und Nelken spicken und zusammen mit den Pfefferkörnern in den
Topf geben. Zum Kochen bringen, dann
bei schwacher Hitze 2 bis 2 1/2 Stunden
gar kochen.

2. Die Zunge herausnehmen, kurz in kaltes Wasser legen, dann die Haut abziehen. Den Grill vorheizen.

3. Für die Kruste die Butter cremig
rühren und Meerrettich, Kräuter und Paniermehl dazugeben. Den Apfel schälen,
vierteln und entkernen. Die Viertel in
winzige Würfel schneiden oder grob
raspeln. Unter die Kräutermasse mischen.

4. Die Zunge in 1 1/2 cm dicke Scheiben
schneiden, mit der Kräutermasse bestreichen und unter dem Grill in wenigen
Minuten goldbraun überbacken.

Rindfleisch mit Pflaumen

Ein Klassiker der Mecklenburger Küche ist das von Fritz Reuter besungene Gericht »Rindfleisch un Plummen«. Ein Essen ganz nach dem Geschmack dieser Region – ein ordentlich großes Stück Fleisch, dazu Backpflaumen und reichlich Salzkartoffeln.

Für 4 bis 6 Personen:

300 g Backpflaumen

400 g kleingehackte Rinderknochen

1 kg Rinderbrust

Salz

1 Zwiebel

1 Bund Suppengrün

5 Knoblauchzehen

1 Liebstöckelzweig

1 Rosmarinzweig

1/2 Bund Petersilie

10 weiße Pfefferkörner

5 Pimentkörner

1 Lorbeerblatt

2 Gewürznelken

50 g kalte Butter

1. Die Backpflaumen in kaltem Wasser einweichen.

2. Die Rinderknochen mit kochendheißem Wasser übergießen, abtropfen lassen und in einen großen Kochtopf geben. Mit Wasser bedecken und zum Kochen bringen. Das Fleisch dazugeben, salzen und 1 1/2 Stunden bei schwacher Hitze köcheln lassen.

3. In der Zwischenzeit die Zwiebel halbieren und mit den Schnittseiten auf der Kochplatte anrösten. Das Suppengrün waschen und kleinschneiden, die Knoblauchzehen schälen und alles mit den Kräutern und den Gewürzen zum Fleisch geben. Weitere 30 Minuten bei schwacher Hitze ziehen lassen.

4. Das Fleisch herausnehmen und kurz ruhen lassen. Die Brühe durch ein Sieb gießen. Die Backpflaumen aus dem Einweichwasser nehmen und in etwa 1/4 Liter Fleischbrühe gar kochen. 1/4 Liter Brühe in einen kleinen Topf gießen. Die Butter in Flöckchen unter die Fleischbrühe schlagen.

5. Das Fleisch in Scheiben schneiden, mit der leicht gebundenen Buttersauce begießen und mit den Backpflaumen und Salzkartoffeln servieren.

A.S.

» Häufig wird das Fleisch noch mit goldgelb gebratenen Zwiebelwürfeln bestreut.
Die Fleischbrühe darf während der ganzen Garzeit nicht sprudelnd kochen, sonst wird das Fleisch zäh. «

Lammkoteletts
mit Zwiebelsauce

PFALZ ————————————

Für 4 Personen:

8 EL Olivenöl, Saft von 1 Zitrone

1 TL Oregano

frisch gemahlener Pfeffer

1 Knoblauchzehe

8 Lammkoteletts oder

4 doppelte Lammkoteletts

Für die Sauce:

500 g Gemüsezwiebeln

40 g Butter, 2 EL Speckwürfel

1/2 l Gemüsebrühe

1 Thymianzweig

Salz, frisch gemahlener Pfeffer

1 Bund Frühlingszwiebeln

1 EL geschmacksneutrales Öl

1. 5 Eßlöffel Olivenöl mit Zitronensaft, Oregano und Pfeffer verrühren. Den Knoblauch schälen, durch die Presse drücken und dazugeben.

2. Die Lammkoteletts mit der Marinade bestreichen, übereinanderlegen und mit Folie bedeckt im Kühlschrank über Nacht durchziehen lassen.

3. Für die Sauce die Zwiebeln schälen, halbieren und in feine Streifen schneiden. Die Butter in einem Topf zerlassen und die Speckwürfel darin glasig braten. Die Zwiebeln dazugeben und einige Minuten andünsten. Mit Brühe ablöschen, Thymian dazugeben, salzen und pfeffern. Bei schwacher Hitze 20 Minuten köcheln lassen.

4. Die Sauce mit einem Pürierstab oder im Mixer fein pürieren und durch ein Sieb streichen. Die Frühlingszwiebeln putzen, waschen, in Ringe schneiden und im Öl kurz andünsten. Mit der Zwiebelsauce aufgießen, salzen und pfeffern und einige Minuten kochen lassen.

5. Die Lammkoteletts auf dem Elektro- oder dem Holzkohlengrill auf jeder Seite 3 Minuten grillen. Mit Salz und Pfeffer würzen und mit der Zwiebelsauce servieren. Dazu paßt Bauernbrot und gemischter Blattsalat.

Lammhaxen auf
Bohnenpüree

NIEDERSACHSEN ————————————

Für 4 Personen:

300 g weiße Bohnen

1 Zwiebel

1 Möhre

100 g Knollensellerie

2 Knoblauchzehen

1 dünne Lauchstange

4 gepökelte Lammhaxen

je 1 Rosmarin- und Thymianzweig

1 TL Pfefferkörner

1 Bund Suppengrün

Salz, frisch gemahlener weißer Pfeffer

Cayennepfeffer

etwa 1 EL Zitronensaft

200 ml Sahne

1 Bund glatte Petersilie, feingehackt

1. Die Bohnen über Nacht in kaltem Wasser einweichen.

2. Zwiebel, Möhre und Sellerie schälen und in kleine Würfel schneiden. Die Knoblauchzehen schälen. Vom Lauch die Wurzeln und das grüne Ende entfernen. Die Stange der Länge nach halbieren, gründlich waschen und in dickere Streifen schneiden.

3. Die Lammhaxen in einen Topf geben. Das Gemüse mit Rosmarin, Thymian, Knoblauch und den Pfefferkörnern dazugeben. Mit so viel Wasser aufgießen, daß alles knapp bedeckt ist. Zum Kochen bringen und bei schwacher Hitze 2 Stunden gar ziehen lassen.

4. Inzwischen das Suppengrün waschen, putzen, grob zerkleinern und mit den Bohnen in dem Einweichwasser in etwa 1 Stunde gar kochen. Dann im Mixer pürieren und durch ein Sieb streichen. Mit Salz, Pfeffer, Cayennepfeffer und Zitronensaft kräftig abschmecken. Die Sahne steif schlagen und mit der Petersilie unter das Bohnenpüree heben.

5. Die Lammhaxen aus dem Sud nehmen, das Fleisch vom Knochen lösen und auf dem Bohnenpüree anrichten.

Lammragout mit Rotwein

MARK BRANDENBURG

Für 4 Personen:

800 g Lammschlegel (ohne Knochen)

2 weiße Zwiebeln

30 g Butterschmalz

1 EL Paprikapulver, edelsüß

1 EL Tomatenmark

400 ml Fleischbrühe

1 Knoblauchzehe

1 Rosmarinzweig

12 kleine Möhren mit Grün

12 kleine weiße Rüben

2 Selleriestangen

1 kleine mehligkochende Kartoffel, am Vortag gekocht

1 Stückchen unbehandelte Zitronenschale

1. Das Fleisch waschen, trockentupfen und in etwa 4 cm große Würfel schneiden. Die Zwiebeln schälen, halbieren und in feine Streifen schneiden.

2. Das Schmalz in einem Schmortopf erhitzen und das Fleisch portionsweise darin anbraten. Es soll dabei kein Wasser ziehen. Dann die Zwiebeln dazugeben und mit anbraten. Mit Paprika bestäuben, das Tomatenmark unterrühren und kurz anbraten. Mit Brühe aufgießen und zum Kochen bringen. Die Knoblauchzehe schälen, mit dem Rosmarin dazugeben und bei schwacher Hitze 25 bis 30 Minuten köcheln lassen.

3. Möhren und Rüben putzen, die kleinen Blätter nicht entfernen. Den Sellerie in Stücke schneiden. Das Gemüse in kochendem Salzwasser bißfest garen, dann auf einem Sieb abtropfen lassen.

4. Die Kartoffel schälen, fein reiben und mit der Zitronenschale unter das Lammragout mischen. Mit Salz und Pfeffer würzen und kurz durchkochen lassen.

5. Die Zitronenschale und die Kräuter entfernen und das Gemüse unter das Ragout mischen.

Gebratene Zickleinkeule

ALTBAYERN

»Eisenbahnerkuh« nannte man früher die Ziegen, weil sich die genügsamen Tiere auch mit dem Gras entlang des Bahndamms zufriedengaben. Heute genießt man ihr zartes Fleisch vor allem an Ostern.

Für 4 Personen:

1 Zickleinkeule (etwa 1,2 kg)

Salz, frisch gemahlener Pfeffer

200 g kleingehackte Zickleinknochen und Abschnitte, 3 EL Olivenöl

1/4 l Lammfond, 6 EL Weißwein

1 Bund Fühlingszwiebeln

2 Zwiebeln, 6 kleine Petersilienwurzeln

12 kleine, neue festkochende Kartoffeln

50 g Butter, 1 Knoblauchzehe

1 Bund Basilikum, feingehackt

1. Den Backofen auf 150° C vorheizen. Die Keule waschen, trockentupfen und mit Salz und Pfeffer einreiben. Die Knochen und Abschnitte waschen, trockentupfen und in einem großen Bräter im Öl anbraten. Mit Lammfond und Wein aufgießen, die Keule dazugeben und 1 Stunde im Backofen garen. Dabei gelegentlich mit Bratensaft begießen.

2. Die Frühlingszwiebeln putzen, Zwiebeln, Petersilienwurzeln und Kartoffeln schälen. Die Zwiebeln vierteln, die Kartoffeln in Salzwasser gar kochen. Die Keule herausnehmen und warm stellen. Den Backofen auf 180° C schalten. Den Bratenfond durch ein Sieb abgießen.

3. Die Butter im Bräter zerlassen und Zwiebeln, Petersilienwurzeln und Frühlingszwiebeln darin bißfest dünsten. Salzen und pfeffern. Mit dem Bratenfond aufgießen und die Keule dazugeben. Die Knoblauchzehe schälen und mit dem Basilikum unter das Gemüse mischen. In 15 Minuten im Backofen fertiggaren.

4. Die Keule herausnehmen und kurz ruhen lassen. Dann mit einem scharfen Messer das Fleisch in dünnen Scheiben vom Knochen schneiden und auf dem Gemüse anrichten.

Geschmorte Heidelammkeule

Eine ganz besondere Schafrasse bevölkert die Lüneburger Heide: die Heidschnucken. Das Fleisch der als besonders genügsam geltenden Tiere besitzt ein unverwechselbares wildähnliches Aroma und ist bei Feinschmeckern besonders begehrt.

Für 6 Personen:

1 Heidschnuckenkeule (etwa 1 ¹/₂ kg)

Salz

grobgemahlener schwarzer Pfeffer

4 EL Olivenöl

3 Knoblauchzehen

1 Rosmarinzweig

¹/₄ l Lammfond oder Fleischbrühe

¹/₄ l Rotwein

250 g Schalotten

1 kg kleine vorwiegend festkochende Kartoffeln

400 g Zucchini

2 rote Paprikaschoten

50 g kalte Butter

1. Die Keule waschen, trockentupfen und mit Salz und Pfeffer einreiben. Das Olivenöl in einem Bräter erhitzen und die Keule darin rundherum kräftig anbraten. Herausnehmen, das Bratfett abgießen und aufbewahren. Den Backofen auf 80° C vorheizen.

2. Die Knoblauchzehen schälen und mit dem Rosmarin im Bräter anbraten. Mit Lammfond und Rotwein ablöschen. Die Keule wieder dazugeben und zugedeckt im Backofen 40 Minuten schmoren.

3. Die Schalotten und die Kartoffeln schälen und in einer Pfanne in dem aufbewahrten Fett rundherum anbraten. Mit Salz und Pfeffer würzen und um die Lammkeule verteilen. Im offenen Bräter bei 160° C eine weitere Stunde garen.

4. Die Zucchini und die Paprikaschoten waschen. Die Paprikaschoten halbieren, Sielansätze und Kerne entfernen. Zucchini in 1 cm dicke Scheiben, Paprikaschoten in 3 cm lange Streifen schneiden. 30 Minuten vor Ende der Garzeit zur Keule geben und nochmals würzen.

5. Die Keule herausnehmen und kurz ruhen lassen. Dann das Fleisch quer zur Faser in Scheiben schneiden. Mit dem Gemüse und den Kartoffeln auf einer Platte anrichten und warm stellen. Die Sauce durch ein Sieb streichen und etwas einkochen lassen. Die Butter in Flöckchen mit einem Schneebesen unterschlagen, abschmecken und die Sauce zum Braten reichen.

A.S.

» Wer nicht gerade in Niedersachsen lebt, wird Schwierigkeiten haben, Heidschnuckenfleisch zu bekommen. Ersatzweise kann man für dieses Gericht aber auch eine Lammkeule verwenden. «

Saure Kutteln

ALTBAYERN/
BADEN/SCHWABEN

Mit gekochten Rinder- oder Kälbermägen füttert man im Norden vielleicht den Hund. Aber selber essen? Nein danke! Je weiter man in den Süden kommt, um so mehr liebt man das einfache, aber schmackhafte Gericht. In Baden, Schwaben und in Bayern sind »Saure Kutteln« mit einer Semmel ein typisches und beliebtes Voressen.

Für 4 Personen:

1 Zwiebel

500 g vorgekochte Kutteln (Pansen)

30 g Butter

5 EL trockener Weißwein

200 ml Fleischbrühe

5 EL Sahne

Salz, frisch gemahlener Pfeffer

1 bis 2 EL Rotweinessig

1 Petersilienwurzel (50 bis 80 g)

1 kleines Bund Petersilie

geschmacksneutrales Öl zum

Ausbacken

40 g kalte Butter

1. Die Zwiebel schälen und in kleine Würfel, die Kutteln in feine Streifen schneiden.

2. Die Butter in einem Topf zerlassen und die Zwiebelwürfel darin andünsten. Die Kutteln dazugeben, kurz mit andünsten und mit Weißwein, Brühe und Sahne ablöschen. Zum Kochen bringen und mit Salz, Pfeffer und Essig herzhaft würzen. Bei schwacher Hitze etwa 5 Minuten ziehen lassen.

3. Petersilienwurzel waschen, schälen und in sehr feine Streifen schneiden. Die Petersilie waschen, trockenschleudern und die Blättchen von den Stielen zupfen. Reichlich Öl in einer Friteuse auf 180° C erhitzen. Petersilienstiele und Petersilienwurzelstreifen nacheinander getrennt ausbacken. Herausnehmen und auf Küchenpapier abtropfen lassen. Anschließend die Petersilienblätter ebenfalls kurz ausbacken, abtropfen lassen und alles leicht salzen.

4. Die Kutteln kurz auf einem Sieb abtropfen lassen, die Schmorflüssigkeit in einem kleinen Topf auffangen. Die kalte Butter in Flöckchen unter die Schmorflüssigkeit schlagen.

5. Die Kutteln in vier tiefen Suppentellern anrichten, die Sauce darüber verteilen und mit der Petersilie und den Petersilienwurzelstreifen bestreuen.

A.S.

» In den südlichen Regionen gibt es Kutteln küchenfertig vorbereitet bei fast jedem Metzger zu kaufen. Das Selberkochen des Pansens ist zwar nicht schwierig, aber langwierig! Bis zu 10 Stunden brauchen Rinderkutteln, ehe sie richtig weich sind, 4 bis 5 Stunden dauert es bei Kalbskutteln. «

Gemischte Leber- und Nierenpfanne

ALTBAYERN

Für 4 Personen:

700 g Kalbsleber

1 Kalbsniere

2 Schalotten

200 g Champignons

500 g festkochende Kartoffeln

Salz

frisch gemahlener Pfeffer

4 EL geschmacksneutrales Öl

1/8 l Kalbsfond (aus dem Glas)

30 g Butter

Petersilienzweige zum Garnieren

1. Kalbsleber und Kalbsniere waschen, trockentupfen und in dünne Scheiben schneiden.

2. Die Schalotten schälen und in kleine Würfel schneiden. Die Champignons putzen, falls nötig waschen und in feine Scheiben schneiden.

3. Die Kartoffeln waschen, schälen und erst in dünne Scheiben, dann in schmale Streifen schneiden. Mit Salz und Pfeffer würzen. Backofen auf 80° C vorheizen.

4. 2 Eßlöffel Öl in einer Pfanne erhitzen, die Kartoffelstreifen hineingeben und auf der einen Seite bei mittlerer Hitze in 3 bis 4 Minuten goldbraun anbraten. Dann mit Hilfe einer Palette vorsichtig wenden und auf der zweiten Seite ebenfalls goldbraun braten. Den Kartoffelfladen auf ein Gitter legen, damit das Fett abtropfen kann, dann im Backofen warm stellen.

5. Das restliche Öl in einer Pfanne erhitzen und die Kalbsniere und -leber rasch rundherum anbraten. Herausnehmen und ebenfalls im Backofen warm halten. Den Kalbsfond auf 4 Eßlöffel Flüssigkeit einkochen lassen.

6. Die Butter in das Bratfett geben und die Schalotten und Champignons darin andünsten. Mit dem Kalbsfond ablöschen und mit Salz und Pfeffer abschmecken.

7. Den Kartoffelfladen auf eine vorgewärmte Platte legen, mit Kalbsleber und Kalbsnieren belegen. Schalotten und Champignons darüber verteilen und mit Petersilie garniert sofort servieren.

A.S.

» Innereien spielen in der bayerischen Küche eine große Rolle. Leider sind sie wegen der Rückstände an Schwermetallen etwas in Verruf geraten. Dennoch – ab und zu kann man sich den Genuß schon gönnen. Allerdings sollten Sie Innereien von jungen Schlachttieren bevorzugen. «

Kalbsleber Berliner Art

Gebratene Leber, belegt mit goldbraun gebratenen Apfelscheiben und Zwiebelringen – das ist eines der berühmtesten Gerichte aus der Hauptstadt.

Für 4 Personen:

4 Scheiben Kalbsleber (à 180 g)

Mehl zum Wenden

3 aromatische Äpfel (z. B. Boskop)

4 mittelgroße Zwiebeln

Salz, frisch gemahlener Pfeffer

3 EL geschmacksneutrales Öl

50 g Butter

1/8 l Kalbsfond (aus dem Glas)

einige Petersilienzweige, feingehackt

1. Die Kalbslebern waschen, trockentupfen und in Mehl wenden. Überschüssiges Mehl abklopfen.

2. Äpfel und Zwiebeln schälen. Die Äpfel vierteln und entkernen. Die Zwiebeln in Ringe, die Äpfel in feine Streifen schneiden. Zwiebelringe und Apfelstreifen in einer Schüssel mit etwas Mehl bestäuben, leicht mit Salz und Pfeffer würzen.

3. In einer beschichteten Pfanne 1 Eßlöffel Öl und 30 g Butter erhitzen und Vier kleine Häufchen von der Apfel-Zwiebel-Mischung hineingeben. Flachdrücken und eine Seite bei mittlerer Hitze goldbraun braten, dann vorsichtig wenden und auch die zweite Seite bräunen und gar werden lassen. Den Kalbsfond auf 4 Eßlöffel einkochen lassen.

4. Restliches Öl und restliche Butter in einer zweiten Pfanne erhitzen und die Lebern darin auf jeder Seite 2 bis 3 Minuten braten, sie sollen innen noch rosa, aber nicht blutig sein. Salzen und pfeffern.

5. Die Apfel-Zwiebel-Plätzchen auf vier Tellern anrichten, die Kalbslebern daraufgeben, mit dem Kalbsfond beträufeln und mit Petersilie bestreuen.

Apfel-Blutwurst-Küchlein

Wenn ein Kölner von Kaviar spricht, muß das nicht unbedingt etwas mit den delikaten Störeiern zu tun haben. Als Kaviar bezeichnet er auch Blutwurst mit Zwiebelwürfeln. Und am liebsten genießt er diese gebraten mit Äpfeln und Kartoffeln.

Für 4 Personen:

4 große Äpfel

500 g Blutwurst (etwa 5 cm Durchmesser)

3 große festkochende Kartoffeln

1 Eiweiß

4 EL geschmacksneutrales Öl

1. Die Äpfel schälen, das Kerngehäuse mit einem Apfelausstecher ausstechen und die Äpfel in etwa 1/2 cm dicke Scheiben schneiden. Die Blutwurst häuten und in 1 cm dicke Scheiben schneiden.

2. Jeweils auf eine Apfelscheibe eine Scheibe Blutwurst geben und mit einer Apfelscheibe bedecken. Den Backofen auf 180° C vorheizen.

3. Die Kartoffeln schälen und am besten mit einem Gurkenhobel in hauchdünne Scheiben schneiden. Die Kartoffelscheiben auf keinen Fall in Wasser legen, da sonst die benötigte bindende Stärke ausgeschwemmt wird!

4. Die Apfelscheiben oben und unten mit Eiweiß bestreichen. Dicht mit den Kartoffelscheiben belegen, gut andrücken und auf ein Tuch legen.

5. In einer beschichteten Pfanne das Öl erhitzen und die Küchlein darin von beiden Seiten goldbraun braten. Anschließend auf ein Gitter mit darunterliegendem tiefen Blech legen und etwa in 5 Minuten im Backofen fertiggaren. Am besten schmeckt Sauerkraut dazu.

Saures Lüngerl

Lüngerl ist seit Generationen ein urbayerisches Gericht. Man löffelt es – übrigens immer mit Knödel – gegen 11 Uhr vormittags zum Frühschoppen. Auf dem Lande gibt es noch heute bei Beerdigungen traditionsgemäß Lüngerl für die mitgegangenen Vereinskameraden, für die Ministranten und die Helfer.

Für 4 Personen:

800 g küchenfertige Kalbslunge

1 Zwiebel

1 Möhre

1 dünne Lauchstange

Salz

1/2 TL Zucker

4 Pfefferkörner

2 Gewürznelken

2 Wacholderbeeren

2 Lorbeerblätter

150 ml Rotweinessig

20 g Schweineschmalz

20 g Butter

1 TL Tomatenmark

1/4 l Kalbsfond

1/8 l Riesling

6 EL Sahne

Für die Gemüseeinlage:

1 Petersilienwurzel

2 Möhren

1 Lauchstange

2 EL feingehackte Petersilie

1. Die Lunge in reichlich kaltem Wasser etwa 1 Stunde wässern. Abgießen, mit kaltem Wasser bedecken und aufkochen lassen.

2. Die Zwiebel schälen und in grobe Stücke schneiden. Die Möhre schälen, vom Lauch die Wurzeln und das grüne Ende entfernen. Die Stange der Länge nach halbieren und gründlich waschen. Das Gemüse mit Salz, Zucker, Pfefferkörnern, Nelken, Wacholderbeeren, Lorbeerblättern und Essig zu der Lunge geben. Etwa 1 1/2 Stunden bei schwacher Hitze köcheln lassen. Die Lunge im Sud 1 bis 2 Tage zugedeckt in den Kühlschrank stellen und marinieren lassen.

3. Die Lunge herausnehmen und in sehr feine Streifen schneiden, harte Knorpelstücke entfernen.

4. Schmalz und Butter in einem Schmortopf erhitzen, Lunge und Tomatenmark hinzufügen und andünsten. Mit Kalbsfond ablöschen und mit Riesling und Sahne aufgießen. Etwa 10 Minuten bei schwacher Hitze köcheln lassen.

5. Für die Einlage die Petersilienwurzel und die Möhren waschen und schälen, vom Lauch die Wurzeln und das grüne Ende entfernen. Die Stange der Länge nach halbieren und gründlich waschen. Das Gemüse in gleich große Stücke schneiden und in leicht gesalzenem Wasser bißfest garen. Auf einem Sieb abtropfen lassen und unter das Lüngerl mischen. Einige Minuten sanft köcheln lassen. Mit Petersilie bestreuen und mit Semmelknödeln servieren.

Kalbsnieren

Nieren waren früher ein beliebtes und preiswertes Essen. Im Rheinland kamen sie meist geschnetzelt mit Senfsauce auf den Tisch. Heute sollte man nur noch die Nieren von jungen Tieren verwenden, denn je jünger die Tiere sind, um so weniger schadstoffbelastet sind ihre Innereien.

Für 4 Personen:

4 kleine Kalbsnieren

3 Zwiebeln

1 Lorbeerblatt

1 Gewürznelke

1 Möhre

1 Lauchstange

2 EL geschmacksneutrales Öl

Salz, frisch gemahlener Pfeffer

1 TL Senf

100 g Knollensellerie

30 g Butter

4 EL Sahne

200 ml Rotwein

3 mehligkochende Kartoffeln

frisch geriebene Muskatnuß

200 ml Kalbsfond

1 bis 2 EL gehackte Petersilie

1. Die Kalbsnieren vom Metzger auslösen und jeweils eine Tasche einschneiden lassen.

2. Eine Zwiebel schälen und mit Lorbeerblatt und Nelke spicken. Die Nieren mit der gespickten Zwiebel 6 bis 8 Minuten in kochendem Salzwasser pochieren, dann kurz abschrecken, auf einem Gitter abtropfen und abkühlen lassen.

3. Die restlichen Zwiebeln und die Möhre schälen und in kleine Würfel schneiden. Vom Lauch die Wurzeln und das grüne Ende entfernen. Die Stange der Länge nach halbieren, gründlich waschen und in kleine Würfel schneiden.

4. Die Zwiebeln in 1 Eßlöffel Öl glasig dünsten, mit Salz und Pfeffer würzen. Lauch und Möhre in kochendem Salzwasser garen, abtropfen lassen und mit Zwiebeln und etwas Senf vermischen. Die Nieren mit der Zwiebel-Gemüse-Masse füllen.

5. Den Sellerie schälen, in kleine Würfel schneiden und in der Butter andünsten. Die Sahne dazugeben und den Sellerie gar dünsten. Mit einem Pürierstab fein pürieren.

6. Den Rotwein auf 3 Eßlöffel einkochen lassen. Backofen auf 180° C vorheizen.

7. Die Kartoffeln schälen und in Salzwasser oder über Dampf garen. Abdampfen lassen, dann durch die Kartoffelpresse drücken und unter das Selleriepüree mischen. Mit Salz, Pfeffer und Muskat herzhaft abschmecken.

8. Die Nieren in einer Pfanne im restlichen Öl scharf anbraten und in 10 bis 12 Minuten im Backofen fertiggaren. Die Nieren herausnehmen und warm stellen. Den Bratenfond mit dem Rotwein und dem Kalbsfond ablöschen, auf ein Drittel einkochen lassen und herzhaft abschmecken. Die Nieren auf vier Tellern anrichten, mit der Sauce beträufeln und mit Petersilie bestreuen. Das Kartoffel-Sellerie-Püree dazu reichen.

7. KAPITEL

Mehlspeisen

Vor drei Jahrhunderten kamen die Teigwaren aus Italien zunächst in die französische Küche und rund 50 Jahre später auch in unsere. Als Faden- und Figurennudeln, Hörnchen-, Band- und Rohrnudeln machte die Pasta gesamtdeutsche Karriere, als Spätzle und Maultaschen wurde sie Lieblingsgericht der Schwaben. Nicht minder stolz als die Italiener füllen manche Schwaben ihre lückenhafte kulinarische Geschichte mit Indizien dafür auf, daß alles schon viel früher im eigenen Lande erfunden wurde. So sei der im bedeutendsten deutschen Rechtsbuch des Mittelalters, dem »Sachsenspiegel« (verfaßt 1220 bis 1235), en miniature abgebildete Schwabenherzog mit einem Spätzlesbrettle dargestellt... Geschenkt, geschenkt. Was daraus wurde, beschrieb der Schriftsteller Thaddäus Troll, einer der witzigsten Schwaben, ganz ohne Nationalstolz: »In einem unliebenswürdigen Gewand verbirgt sich ein delikater Kern, die reiche Fülle aus Bratwurstbrät, Schinken, Speck, Spinat, Zwiebeln, Eiern, Petersilie, Muskat und Majoran. Die Maultaschen schwimmen wie Wasserleichen in Fleischbrühe. Oder sie werden mit Eiern überzogen, im Ofen gebacken. Oder mit braunen Zwiebeln überschmälzt als blasse Wesen einem fahlen Kartoffelsalat beigelegt, der Zunge weit willkommener als dem Auge. Oder in Streifen geschnitten und in der Pfanne aufgebacken zu grünem Salat serviert. Oder sie dienen gar als augengräusliche Beilage zu Sauerkraut.« In ihrem speziellen Faible für die Teigwaren verkürzten die Schwaben die vom Brett ins heiße Wasser geschabten Spätzle mancherorts zu Knöpfle und verflachten die Eier- oder Pfannkuchen zu dünnen Flädle.

Gleichermaßen originelle Namen haben auch die süßen Mehlspeisen, die in Deutschland auf den Tisch kommen: Altdresdner Dampfnudeln, Hohenloher Eierblotz oder Zwieseler Zwetschgenpavesen zum Beispiel. Gugelhupf, Schmarrn und Strudel gehören längst nicht mehr nur im Süddeutschen zum süßen Leben, das sich jung und alt, Gourmet und Gourmand trotz allen Kalorienbewußtseins nicht vermiesen lassen. Auch nicht von dem Philosophen Friedrich Nietzsche, der Ende des 19. Jahrhunderts in seinem unvollendeten Werk »Der Wille zur Macht« auf die Frage, was schlecht sei, etwas merkwürdig antwortete: »Erstens alles, was aus Schwäche stammt, und zweitens die Mehlspeisen.« Da halte ich's mit dem Lyriker und Humanisten Petrarca: »Ein ganz klein wenig Süßes kann viel Bitteres vergessen machen.«

Kartoffelstrudel

FRANKEN

Für 6 Personen:

250 g Mehl, 1 Prise Salz

etwa ⅛ l lauwarmes Wasser

3 EL geschmacksneutrales Öl

Für die Füllung:

500 g mehligkochende Kartoffeln

⅛ l heiße Milch

50 g durchwachsener Räucherspeck

1 Zwiebel, 1 TL gehackte Petersilie

60 g Butter

3 Eigelb

Salz, frisch gemahlener Pfeffer

je 1 Prise Majoran, Muskat, Kümmel

1. Mehl und Salz vermischen, mit Wasser und 2 Eßlöffel Öl zu einem glatten Teig verkneten. Zu einer Kugel formen, mit dem restlichen Öl bestreichen und unter einer angewärmten Metallschüssel 30 Minuten ruhen lassen.

2. Die Kartoffeln 20 Minuten kochen, schälen und eine große Kartoffel beiseite legen. Die restlichen Kartoffeln durch die Presse drücken und mit der Milch zu einer glatten Masse verrühren. Den Speck in Würfel schneiden und in einer Pfanne glasig braten. Die Zwiebel schälen, in kleine Würfel schneiden und mit den Speckwürfel andünsten. Mit der Petersilie unter das Kartoffelpüree mischen. Den Backofen auf 180° C vorheizen.

3. Die zurückbehaltene Kartoffel in Würfel schneiden und in 30 g Butter goldbraun braten. Mit 2 Eigelb unter das Püree mischen und mit Salz, Pfeffer, Majoran, Muskat und Kümmel herzhaft abschmecken.

4. Den Teig auf einem bemehlten Tuch rechteckig ausrollen und so dünn wie möglich ausziehen. Restliche Butter zerlassen, den Teig damit bestreichen und die Füllung darauf verteilen. Den Strudel mit Hilfe des Tuchs aufrollen und in eine gebutterte Form legen. Das restliche Eigelb mit wenig Wasser verquirlen und den Strudel damit bestreichen. Im Backofen in 25 bis 30 Minuten goldbraun backen.

Zwiebelstrudel

HESSEN

Für 4 bis 6 Personen:

Für den Teig:

350 g Mehl, 1 Prise Salz

1 EL geschmacksneutrales Öl

knapp 1/8 l lauwarmes Wasser

1 EL flüssige Butter

Für die Füllung:

1 1/2 kg Zwiebeln

2 EL geschmacksneutrales Öl

1/2 TL Zucker

1 Prise gemahlener Kümmel

1 Lorbeerblatt

1/2 TL gerebelter Majoran

Salz, frisch gemahlener Pfeffer

3 Eigelb, 6 EL Paniermehl

1/8 l Sahne

1. Mehl, Salz, Öl und Wasser zu einem glatten, elastischen Strudelteig verkneten. Den Teig zu einer Kugel formen, mit der Butter bestreichen und unter einer angewärmten Metallschüssel mindestens 30 Minuten ruhen lassen.

2. Die Zwiebeln schälen, halbieren und in dünne Scheiben schneiden.

3. Das Öl in einem Topf erhitzen, Zucker dazugeben und leicht karamelisieren lassen. Die Zwiebeln hinzufügen und glasig dünsten. Mit den Gewürzen abschmecken. So lange dünsten, bis die Flüssigkeit verdampft ist, dann abkühlen lassen. Das Lorbeerblatt entfernen. Den Backofen auf 180° C vorheizen.

4. Den Strudelteig auf einem bemehlten Küchentuch rechteckig ausrollen, dann möglichst dünn ausziehen. 2 Eigelb, das Paniermehl und die Sahne unter die Zwiebelmasse rühren, dann die Füllung gleichmäßig auf der Teigplatte verteilen. Die Längsseiten ein wenig einschlagen und von der Schmalseite her mit Hilfe des Tuches aufrollen.

5. Den Strudel auf ein gefettetes Blech gleiten lassen. Restliches Eigelb mit etwas Wasser verquirlen, den Strudel damit bestreichen und im Backofen 30 bis 40 Minuten backen.

Bubespitzle

SCHWABEN

Das Grundrezept ist fast immer dasselbe und dennoch trägt diese Kartoffelbeilage fast in jeder Region einen anderen Namen. »Bauchstecherla« sagen die Franken, »Schupfnudeln« die Badener, in Württemberg hört man gelegentlich auch »Ranzenstecher«, die Hessen nennen sie »Buwespitz«, und in Bayern sind es die »Fingernudeln«.

Für 4 Personen:

600 g mehligkochende Kartoffeln

2 Eigelb

50 g Speisestärke

1 TL gehackter Kerbel

1 TL gehackte Petersilie

1 TL feingeschnittener Schnittlauch

Salz, frisch gemahlener Pfeffer

frisch geriebene Muskatnuß

etwa 50 g Butterschmalz

1. Die Kartoffeln in der Schale gar kochen. Abdampfen lassen, die Kartoffeln schälen, sofort durch eine Kartoffelpresse drücken und auskühlen lassen.

2. Eigelb, Speisestärke und die Kräuter hinzufügen, mit Salz, Pfeffer und Muskat würzen und rasch mit den Händen zu einem glatten Teig verkneten. Mit bemehlten Händen 4 bis 5 cm lange, fingerdicke Rollen formen, die an beiden Enden spitz zulaufen.

3. In manchen Regionen werden die Kartoffelnudeln kurz in kochendem Salzwasser vorgegart und anschließend gut abgetropft in Butterschmalz gebraten. Man kann sie jedoch auch sofort im heißen Fett rundherum goldbraun braten.

A.S.

» Bubespitzle gelingen nur mit mehligkochenden Kartoffeln, am besten mit den stärkereichen späten Sorten. Frühkartoffeln sind völlig ungeeignet. «

Quarknudeln

THÜRINGEN ————————

Für 4 Personen:

1 mittelgroße Zwiebel

30 g Butter

500 g Magerquark

250 g Sahnequark

4 Eigelb

150 bis 200 g Hartweizengrieß

4 Eiweiß

Salz, frisch gemahlener weißer Pfeffer

frisch geriebene Muskatnuß

Butterschmalz zum Ausbacken

100 g durchwachsener Räucherspeck

1 EL geschmacksneutrales Öl

3 EL Rotweinessig

1 Kopfsalat

1 Bund Schnittlauch, feingeschnitten

1. Die Zwiebel schälen, in kleine Würfel schneiden und in der zerlassenen Butter glasig dünsten. Vom Herd nehmen und abkühlen lassen.

2. Mager- und Sahnequark in einem Sieb abtropfen lassen und in eine Schüssel geben. Die Eigelb und die Zwiebel unter den Quark mischen. Dann so viel Grieß hinzufügen, bis eine formbare Masse entstanden ist.

3. Die Eiweiß zu steifem Schnee schlagen und gleichmäßig unter die Grießmasse ziehen. Mit Salz, Pfeffer und Muskat kräftig würzen.

4. Mit einem Eßlöffel etwas vom Teig abstechen und mit bemehlten Händen Nudeln von etwa 2 cm Durchmesser und 8 cm Länge formen. Das Butterschmalz in einer großen Pfanne erhitzen und die Nudeln darin bei mittlerer Hitze rundherum goldgelb ausbacken.

5. Inzwischen den Speck in kleine Würfel schneiden und im Öl bei schwacher Hitze langsam ausbraten. Mit Rotweinessig ablöschen, salzen und pfeffern und etwas abkühlen lassen.

6. Den Kopfsalat putzen, waschen und trockenschleudern. Kurz vor dem Servieren mit der warmen Specksauce übergießen und mit Schnittlauch bestreuen. Zu den Quarknudeln servieren.

A.S.

» *Nehmen Sie für diese herzhaften Nudeln*
unbedingt den kleberreichen Hartweizengrieß.
Nur so bekommt der Teig die richtige Konsistenz. «

Kartoffelklöße

Wie echte Thüringer Klöße zubereitet werden, darüber gibt es viele unterschiedliche Meinungen. Manche Hausfrau schwört darauf, statt der gekochten Kartoffeln eine Art Grießbrei unterzumischen. Nach anderen Rezepten darf kein Ei an den Kartoffelteig, höchstens ein wenig Quark zur Lockerung. Wie auch immer: Hier ein altbewährtes Rezept, das sicher gelingt.

Für 4 Personen:

40 g durchwachsener Räucherspeck

1 Brötchen

20 g Butter

400 g mehligkochende Pellkartoffeln,

am Vortag gekocht

1,2 kg mehligkochende Kartoffeln

100 ml heiße Milch

2 Eigelb

80 g Mehl

Salz, frisch gemahlener Pfeffer

frisch geriebene Muskatnuß

1. Den Speck und das Brötchen in kleine Würfel schneiden. Den Speck in einer Pfanne glasig braten. Das Brötchen und die Butter dazugeben und die Brotwürfel goldbraun braten. Beiseite stellen.

2. Die Pellkartoffeln schälen und fein reiben. Die rohen Kartoffeln schälen und in eine mit kaltem Wasser gefüllte Schüssel reiben. Die Kartoffelraspeln mit einem Schaumlöffel herausheben und auf ein Mulltuch geben. Mit Hilfe des Tuchs die Kartoffelraspeln kräftig ausdrücken. Die abtropfende Flüssigkeit in einer Schüssel auffangen.

3. Die trockenen Kartoffelraspeln in eine Schüssel geben und mit der Milch übergießen. Die Pellkartoffeln, die Eigelb und das Mehl dazugeben und alles mit den Händen zu einem glatten Teig verkneten. Das Abtropfwasser vorsichtig abgießen und die Kartoffelstärke, die sich am Schüsselboden abgesetzt hat, unter den Kartoffelteig mischen. Mit Salz, Pfeffer und Muskat herzhaft würzen.

4. In einem großen Kochtopf reichlich Salzwasser zum Kochen bringen. Von dem Kartoffelteig Stücke von 7 bis 8 cm Durchmesser abstechen und auf der Handfläche auseinanderdrücken. Mit der Brot-Speck-Mischung füllen, den Teig darüber zusammendrücken und zu glatten runden Klößen formen.

5. Im leicht siedenden Salzwasser in etwa 20 Minuten gar ziehen lassen.

A.S.

» *Bleiben Klöße übrig? Kein Problem.*
Abgeröstet in heißem Schmalz schmecken sie auch
am nächsten Tag noch phantastisch.
Manche bereiten nur aus diesem Grund immer gleich
die doppelte Menge Klöße zu. «

Spätzle

Für Schwaben sind Spätzle *die* Beilage schlechthin. Sie passen zum Braten gleichermaßen wie zu Linsen, zu Sauerkraut und als Suppeneinlage. Und sie lassen sich auch gut kombinieren, zum Beispiel mit Käse oder Pilzen.

Was den Schwaben die Spätzle, sind den Badenern die Knöpfli. Sie unterscheiden sich lediglich darin, daß der Teig nicht mit der Hand geschabt, sondern durch ein entsprechendes Lochsieb gepreßt wird, wodurch die Knöpfli etwas kürzer und dicker sind.

Für 4 Personen:
400 g Mehl
1 TL Salz
8 Eier
1 EL geschmacksneutrales Öl
50 g Butter
frisch geriebene Muskatnuß
frisch gemahlener Pfeffer

1. Das Mehl mit 3 Eßlöffel Wasser, Salz, Eiern und Öl mit dem Knethaken des Handrührgerätes so lange durcharbeiten, bis der Teig Blasen wirft. Falls nötig, noch etwas Wasser hinzufügen.

2. Etwa 2 bis 3 Liter Salzwasser in einem großen breiten Topf zum Kochen bringen. Nacheinander jeweils 2 bis 3 Eßlöffel Teig auf ein angefeuchtetes Holzbrett mit Griff geben. Mit einer Palette oder einem Messer feine schmale Streifen (Spätzle) abschaben und gleich vom Brett ins siedende Wasser gleiten lassen. Wenn die Spätzle an der Oberfläche schwimmen, sofort mit einem Schaumlöffel herausheben. Mit kaltem Wasser abschrecken und abtropfen lassen.

3. Die Butter in einer Pfanne zerlassen. Die Spätzle darin unter Schwenken der Pfanne erwärmen und mit Muskat und Pfeffer würzen.

Vorschläge zum Variieren:

Spinatspätzle

Nimmt man 1 Ei weniger und fügt statt dessen 3 Eßlöffel pürierten Spinat hinzu, erhält man grasgrüne Spinatspätzle.

Käsespätzle

Frisch gekochte Spätzle abwechselnd mit geriebenem Schweizer Käse in eine Form schichten. Dann alles gut vermischen, damit auch wirklich jedes Spätzle mit Käse überzogen ist. Mit goldbraun gebratenen Zwiebelringen bestreuen und dampfend-heiß genießen.

Steinpilzspätzle

Dafür ersetzt man 30 g Mehl durch 30 g getrocknete feingehackte Steinpilze. Ganz besonders köstlich schmecken die Pilzspätzle, wenn man frische Steinpilze in der Pfanne röstet und unter die frisch gekochten Pilzspätzle mischt.

A.S.

» *Allen Nichtschwaben kann ich nur empfehlen, sich einen Spätzlehobel zu kaufen. Das erleichtert die Zubereitung dieser herrlichen Beilage ungemein!* «

Gefüllte Eierpfannkuchen

WESTFALEN ——————————

Für 4 Personen:

Für den Pfannkuchenteig:

400 ml Milch

80 g flüssige Butter

6 Eier

160 g Mehl

Salz

frisch gemahlener Koriander

1 EL gehackter Kerbel

6 EL geschmacksneutrales Öl zum

Ausbacken

Für die Füllung:

400 g Geflügellebern

200 g Champignons

200 g Schalotten

3 EL geschmacksneutrales Öl

Salz, frisch gemahlener Pfeffer

20 g Butter

1/2 Bund Kerbel, feingehackt

gemahlener Koriander

1. Im Mixer oder mit dem Pürierstab Milch, Butter, Eier und Mehl zu einem glatten Pfannkuchenteig verrühren. Den Teig durch ein Sieb streichen. Mit Salz, Koriander und Kerbel würzen. Den Teig mindestens 20 Minuten quellen lassen.

2. In einer Pfanne wenig Öl erhitzen. Etwas Teig in die Mitte gießen und durch Schwenken der Pfanne gleichmäßig am Pfannenboden verteilen. Eine Seite goldbraun braten, dann wenden und auch die zweite Seite bräunen lassen. So fortfahren, bis der Teig aufgebraucht ist. Den Backofen auf 180° C vorheizen.

3. Von den Geflügellebern Fett und Haut entfernen, dann die Lebern in kleine Würfel schneiden. Champignons putzen, falls nötig waschen, und in feine Scheiben schneiden. Die Schalotten schälen und in kleine Würfel schneiden.

4. 2 Eßlöffel Öl in einer Pfanne erhitzen und die Schalotten darin glasig dünsten. Die Geflügellebern dazugeben, kurz mit anbraten und herzhaft mit Salz und Pfeffer abschmecken.

5. Die Champignons im restlichen Öl kurz andünsten, mit Salz und Pfeffer gut abschmecken und mit der restlichen Butter verfeinern. Mit den Geflügellebern vermischen.

6. Die Pfannkuchen mit der Füllung belegen, aufrollen und nebeneinander in eine feuerfeste Form schichten. Im Backofen nochmals kurz erhitzen. Vor dem Servieren mit Kerbel und etwas Koriander bestreuen.

A.S.

» Die Pfannkuchen sind auch mit frischen gedünsteten Spinatblättern und etwas Käse gefüllt ein Genuß. «

Kratzete

Für 4 Personen:

400 g Mehl

1/2 l Milch

6 Eigelb

110 g flüssige Butter

Salz

frisch geriebene Muskatnuß

6 Eiweiß

2 EL geschmacksneutrales Öl

1. Mehl, Milch und Eigelb in einem Mixer oder mit einem Pürierstab zu einem glatten Pfannkuchenteig verrühren. 80 g Butter untermischen und mit Salz und Muskat würzen. Den Teig etwa 20 Minuten quellen lassen.

2. Die Eiweiß zu steifem Schnee schlagen und gleichmäßig unter den Pfannkuchenteig ziehen. Den Backofen auf 180° C vorheizen.

3. Das Öl in einer Eisenpfanne erhitzen und den Teig 1 bis 2 cm dick hineingeben. Gleichmäßig verteilen und die erste Seite bei mittlerer Hitze goldgelb backen. Dann am besten mit Hilfe eines Deckels oder eines großen Tellers wenden und die Pfanne in den Backofen stellen. In etwa 5 Minuten fertig backen. Dann zurück auf die Herdplatte stellen und den Pfannkuchen mit einer Bratschaufel in kleine Stücke zerteilen. Restliche Butter dazugeben und noch einmal kurz durchschwenken.

A.S.

» Kratzete sind in Baden die traditionelle Beilage zu Spargel und Schinken. Man kann sie aber auch mit Zucker und Zimt bestreuen und als süße Mehlspeise genießen. «

Buchweizen-schmarrn

Für 4 Personen:

20 g Hefe

1/4 l lauwarme Milch

150 g Buchweizenmehl

50 g Weizenmehl

1 Prise Salz

2 Eigelb

80 g flüssige Butter

2 Eiweiß

1 EL geschmacksneutrales Öl

1 EL gehackter Dill

50 g Lachskaviar

1/8 l saure Sahne

1. Die Hefe in die Milch bröckeln und kurz gehen lassen. Buchweizenmehl, Weizenmehl und Salz in einer Schüssel vermischen. Die Eigelb, Hefe und die Milch hinzufügen und alles zu einem glatten Teig verrühren. 60 g Butter unterrühren und zugedeckt etwa 30 Minuten gehen lassen.

2. Die Eiweiß zu steifem Schnee schlagen und gleichmäßig unter den Teig ziehen. Den Backofen auf 180° C vorheizen.

3. Das Öl in einer Eisenpfanne erhitzen und den Teig 1 bis 2 cm hoch hineingeben. Eine Seite goldbraun backen, dann mit Hilfe eines Deckels oder eines Tellers wenden und die Pfanne in den Backofen stellen. In etwa 5 Minuten fertig backen, dann zurück auf die Herdplatte stellen. Mit einer Backschaufel in Stücke teilen, die restliche Butter dazugeben und kurz durchschwenken.

4. Den Schmarrn mit dem Dill bestreuen und mit Lachskaviar und saurer Sahne servieren.

192

Kürbis-Maultaschen

S C H W A B E N ————————————

Der dünn ausgerollte Nudelteig läßt sich mit allem füllen, was der Markt hergibt. Ebenso vielfältig sind auch die Möglichkeiten, die Maultaschen zu servieren: geschmälzt mit Zwiebelwürfeln und Kartoffelsalat, mit Schnittlauch bestreut in einer kräftigen Fleischbrühe, in Streifen geschnitten und geröstet.

Für 4 bis 6 Personen:

Für den Teig:

400 g Mehl

3 Eier

3 Eigelb

1 Prise Salz

1 EL geschmacksneutrales Öl

Für die Füllung:

100 g Magerquark

100 g Kürbispüree

Salz, frisch gemahlener Pfeffer

1 Prise Zucker

1 TL Essig

etwas frisch geriebener Ingwer

etwa 50 g Paniermehl

1 kleines Ei

Außerdem:

Salz

50 g Kürbisfruchtfleisch

frisch gemahlener Pfeffer

3 EL Butter

1 TL gehackte Petersilie

1. Das Mehl, Eier und Eigelb sowie Salz und Öl zu einem glatten Nudelteig verkneten und zugedeckt etwa 1 Stunde ruhen lassen.

2. Den Quark auf einem Sieb gut abtropfen lassen, er soll möglichst trocken sein. Kürbispüree mit Salz, Pfeffer, Zucker, Essig und Ingwer herzhaft würzen und mit dem Quark und so viel Paniermehl vermischen, bis eine cremige Masse entstanden ist. Nochmals abschmecken und kalt stellen. Das Ei verquirlen.

3. Den Nudelteig etwa 2 mm dünn ausrollen und in zwei gleich große Platten teilen. Beide mit dem Ei bestreichen. Auf eine Teigplatte alle 4 cm einen Teelöffel von der Füllung geben. Mit der zweiten Teigplatte bedecken, die Zwischenräume gut festdrücken und das Ganze mit einem Kuchenrädchen in Rechtecke oder Rauten schneiden. Die Ränder ringsherum nochmals gut andrücken.

4. In einem großen breiten Topf reichlich Salzwasser zum Kochen bringen, die Maultaschen hineinlegen und in 2 bis 3 Minuten gar kochen. Mit einem Schaumlöffel herausheben und kurz mit kaltem Wasser abschrecken.

5. Das Kürbisfruchtfleisch in kleine Würfel schneiden und kurz in kochendem Salzwasser blanchieren. Mit Salz und Pfeffer würzen.

6. Die Butter in einer Pfanne zerlassen und die Maultaschen darin anbraten, bis sie leicht Farbe angenommen haben. Dann auf vorgewärmten Tellern anrichten, die Kürbiswürfel darübergeben und mit Petersilie bestreut servieren.

A.S.

» *Das Kürbispüree bereite ich aus selbsteingelegten, süßsauren und mit reichlich Ingwer gewürzten Kürbisstücken zu. Für die Füllung das Fruchtfleisch ohne Flüssigkeit im Mixer fein pürieren.* **«**

Gebratene Maultaschen

Für 4 bis 6 Personen:

Für den Teig:

400 g Mehl

3 Eier

1 Prise Salz

1 EL geschmacksneutrales Öl

Für die Füllung:

350 g gemischte Pilze

1 Zwiebel

1 Lauchstange

20 g Butter

Salz, frisch gemahlener Pfeffer

12 Scheiben durchwachsener

Räucherspeck

1 EL geschmacksneutrales Öl

1 Ei

Außerdem:

Salz

60 g Butter

2 EL Balsamessig

1 EL Rotweinessig

6 EL Kalbsjus

2 EL gehackter Kerbel

Salz, frisch gemahlener Pfeffer

1 EL Olivenöl

4 EL geschmacksneutrales Öl

1. Mehl, Eier, Salz und Öl zu einem glatten Nudelteig verkneten. Falls nötig, noch ein wenig Wasser hinzufügen. Zugedeckt etwa 30 Minuten ruhen lassen.

2. In der Zwischenzeit die Pilze putzen, nur falls nötig waschen. Die Zwiebel schälen und beides in kleine Würfel schneiden. Vom Lauch die Wurzeln und das grüne Ende entfernen. Die Stange der Länge nach halbieren, gut waschen und in feine Streifen schneiden.

3. Die Butter in einer Pfanne zerlassen und die Pilze, die Zwiebeln und den Lauch darin andünsten. Mit Salz und Pfeffer würzig abschmecken.

4. Die Speckscheiben in schmale Streifen schneiden und in dem Öl kroß braten. Auf ein Sieb geben und gut abtropfen lassen.

5. Den Nudelteig auf einer bemehlten Arbeitsfläche 2 mm dünn ausrollen. Mit Hilfe eines runden Ausstechers (etwa 10 cm Durchmesser) Plätzchen ausstechen. Das Ei verquirlen und die Plätzchen damit bestreichen. Mit der Pilzmasse und dem Speck füllen, dabei einen 1 cm breiten Rand lassen. Die Teigplätzchen zu einem Halbkreis übereinanderschlagen und die Ränder fest andrücken.

6. In einem großen breiten Topf reichlich Salzwasser zum Kochen bringen. Die Maultaschen einlegen und in 2 bis 3 Minuten gar ziehen lassen. Mit einem Schaumlöffel herausheben und gut abtropfen lassen. Die Butter in einer Pfanne zerlassen und die Maultaschen darin goldgelb anbraten.

7. Balsamessig, Rotweinessig, Kalbsjus, Kerbel, Salz und Pfeffer miteinander verrühren, eventuell etwas Wasser dazugießen und zum Schluß die Öle unterschlagen. Es soll eine cremige Sauce entstehen.

8. Die Maultaschen auf Tellern anrichten und mit der Marinade begießen.

A.S.

» *Wenn Sie keinen Kalbsjus im Hause haben:*
Lassen Sie etwa ¹/2 Liter Kalbsfond so lange einkochen,
bis 6 Eßlöffel davon übrigbleiben. «

Ausgebackene Brieswürfel

In der Küche des Saarlands war schon immer die Nähe zum französischen Nachbarn spürbar. Gerichte aus Innereien, wie Leber, Kutteln, Hirn oder Bries, auf die französische Köche seit jeher viel Phantasie verwendeten, sind auch im Saarland hochgeschätzt.

Für 4 Personen:

Für den Teig:

120 g Mehl

1 Eigelb

1/8 l helles Bier

1 Prise Zucker

1 Prise Salz

frisch geriebene Muskatnuß

1 EL flüssige Butter

1 Eiweiß

Außerdem:

200 g Kalbsbries

30 g Butter

Salz, frisch gemahlener Peffer

Fett zum Ausbacken

1. Für den Teig Mehl, Eigelb, Bier, Zucker, Salz und Muskat in einem Mixer oder mit einem Pürierstab zu einem glatten Teig verrühren. Die Butter unterziehen und den Teig etwa 30 Minuten ruhen lassen.

2. Dann das Eiweiß steif schlagen und gleichmäßig unter den Teig ziehen.

3. Das Kalbsbries gut wässern, dabei das Wasser immer wieder erneuern. Das Bries in etwa 2 cm große Stücke teilen und dabei Häutchen und Äderchen entfernen.

4. Die Butter in einer Pfanne zerlassen und das Bries darin bei mittlerer Hitze kurz anbraten. Mit Salz und Pfeffer würzen. Aus der Pfanne nehmen und auf Küchenpapier abtropfen lassen. Das Ausbackfett in einer Friteuse oder einem großen Topf auf 180° C erhitzen.

5. Die Kalbsbriesstücke mit einer Gabel aufspießen und in den Bierteig tauchen. Im heißen Fett goldgelb ausbacken, auf Küchenkrepp abtropfen lassen und auf Salat servieren.

A.S.

» *Wer keine elektrische Friteuse besitzt, bei der man die Temperatur gut regeln kann, prüft am besten mit einem Holzlöffelstiel, ob das Ausbackfett richtig heiß ist: Bilden sich um den Stiel kleine Bläschen, ist die Ausbacktemperatur optimal.* «

Apfelpfannkuchen

SCHLESWIG-
HOLSTEIN

Für 4 bis 6 Personen:

Für den Teig:

80 g Mehl, 2 Eier

20 g Zucker, 1 Prise Salz

100 ml Milch, 100 ml Sahne

20 g braune Butter

geschmacksneutrales Öl zum Braten

Für die Füllung:

3 aromatische Äpfel

2 Eier

20 g Zucker, 1 TL Puderzucker

30 g ungeschälte geriebene Mandeln

Für den Calvadosschaum:

4 Eigelb, 80 g Zucker

200 ml trockener Weißwein

4 cl Calvados

1. Mehl, Eier, Zucker und Salz mit Milch und Sahne im Mixer oder mit einem Pürierstab verrühren. Die Butter unterrühren und den Teig durch ein Sieb streichen. Etwa 30 Minuten quellen lassen.

2. Etwas Öl in einer beschichteten Pfanne mit 20 cm Durchmesser erhitzen und etwas vom Pfannkuchenteig in die Mitte geben. Durch Schwenken der Pfanne gleichmäßig auf dem Pfannenboden verteilen und eine Seite goldbraun braten. Wenden und auch die andere Seite bräunen lassen. So fortfahren, bis der Teig aufgebraucht ist.

3. Die Äpfel schälen und grob raspeln. Eier, Zucker, Puderzucker und Mandeln mit den Apfelraspeln vermischen. Die Pfannkuchen damit belegen, aufrollen und warm stellen.

4. Eigelb, Zucker, Weißwein und Calvados in einer Schlagschüssel aus Metall verrühren und über einem heißen Wasserbad mit einem Schneebesen dickschaumig aufschlagen.

5. Den warmen Calvadosschaum auf tiefen Tellern verteilen, die Pfannkuchen halbieren und darauf anrichten.

Topfenschmarrn

ALTBAYERN

Für 4 Personen:

4 Eigelb

100 g Mehl

1 Prise Salz

1/4 l Milch

4 Eiweiß

2 EL Zucker

4 EL Rosinen

2 EL gemahlene Haselnüsse

100 g Quark (20 % Fett i. Tr.)

100 g Butter

2 EL geschmacksneutrales Öl

Puderzucker zum Bestäuben

1. Eigelb, Mehl, Salz und Milch kräftig mit dem Schneebesen verrühren und 30 Minuten quellen lassen.

2. Das Eiweiß zu steifem Schnee schlagen, dabei den Zucker einrieseln lassen. Rosinen, Haselnüsse und den Quark löffelweise unter den Teig rühren. 50 g Butter zerlassen und dazugeben. Zuletzt den Eischnee gleichmäßig unterheben. Den Backofen auf 180° C vorheizen.

3. Das Öl in einer großen Pfanne erhitzen und den Teig hineingeben. Bei mittlerer Hitze eine Seite bräunen lassen. Dann mit Hilfe des Deckels oder eines Tellers wenden, 20 g Butter dazugeben und die andere Seite ebenfalls goldbraun braten.

4. Den Teig mit zwei Gabeln in kleine Stücke zerteilen, die restliche Butter in Flocken dazugeben und in 6 bis 8 Minuten im Backofen fertig garen. Mit Puderzucker bestäubt servieren.

Quarkkeulchen

Für 4 Personen:

750 g mehligkochende Kartoffeln,

am Vortag gekocht

140 g Mehl

1 Prise Salz

3 Eier

abgeriebene Schale von

1 unbehandelten Zitrone

500 g Quark (20 % Fett i. Tr.)

80 g Korinthen

50 g Butterschmalz

etwa 120 g Zucker

etwas gemahlener Zimt

1. Die Kartoffeln schälen und fein reiben. Mehl, Salz, Eier, Zitronenschale und Quark dazugeben und alles zu einem festen Teig verkneten. Falls der Teig zu weich und klebrig ist, noch etwas Mehl hinzufügen. Zum Schluß die Korinthen untermengen. Aus der Kartoffel-Quark-Masse fingerdicke Plätzchen von 4 bis 5 cm Durchmesser formen.

2. Das Schmalz in einer großen Pfanne erhitzen und die Quarkkeulchen darin auf beiden Seiten goldgelb braten.

3. Zucker und Zimt vermischen und die Keulchen darin wenden. Mit Kompott servieren.

Topfenklößchen

Für 4 Personen:

150 g Butter

5 Eier

Salz

Mark von 1 Vanilleschote

500 g Topfen oder Magerquark

250 bis 300 g Paniermehl

etwas gemahlener Zimt

3 bis 4 EL Zucker

1. 100 g Butter cremig rühren, dabei nach und nach die Eier, 1 Prise Salz und das Vanillemark hinzufügen. Löffelweise den gut abgetropften Topfen unterrühren und so viel Paniermehl dazugeben, bis eine weiche, formbare Masse entstanden ist. Etwa 15 Minuten quellen lassen.

2. Inzwischen reichlich Salzwasser in einem großen breiten Topf zum Kochen bringen. Aus dem Teig mit angefeuchteten Händen Klößchen von etwa 4 cm Durchmesser formen und in das leicht siedende Wasser legen. Bei schwacher Hitze etwa 10 Minuten gar ziehen lassen.

3. Die restliche Butter zerlassen. Die Topfenklößchen mit einem Schaumlöffel herausheben, gut abtropfen lassen und auf vier vorgewärmten Tellern anrichten. Mit zerlassener Butter beträufeln und mit Zimt und Zucker bestreuen. Mit Kompott servieren.

A.S.

» *Je trockener der Quark, um so besser gelingen die Quarkkeulchen und die Topfenklößchen. Am besten läßt man den Quark über Nacht auf einem Sieb abtropfen.* «

Kirschenmichel

————————

»Kerscheplotzer« heißt dieser saftige Auflauf in Schwaben und Baden. Auch in Hessen gehört diese Mehlspeise zu den beliebtesten Samstagsessen und wird traditionell nach einer herzhaften Suppe serviert wird. Falls etwas übrigbleiben sollte: Der Kirschenauflauf schmeckt auch kalt, eventuell mit Sahne, zum Kaffee.

Für 4 bis 6 Personen:

1 kg Kirschen

4 cl Kirschwasser

100 g weiche Butter

4 Eigelb

80 g Zucker

500 g Magerquark

150 g Hartweizengrieß

abgeriebene Schale von

1 unbehandelten Zitrone

1/2 TL Zimt

50 g gehackte Mandeln

4 Eiweiß

Fett und Paniermehl für die Form

Puderzucker zum Bestäuben

1. Die Kirschen waschen, entsteinen, mit dem Kirschwasser begießen und zugedeckt 30 Minuten marinieren lassen.

2. Den Backofen auf 180° C vorheizen. Die Butter cremig rühren und nach und nach die Eigelb und den Zucker hinzufügen. So lange rühren, bis eine schaumige Masse entstanden ist. Löffelweise Magerquark, Grieß, Zitronenschale, Zimt und die Mandeln untermischen.

3. Die Eiweiß zu sehr steifem Schnee schlagen und mit den Kirschen locker und gleichmäßig unter die Masse heben.

4. Eine Auflaufform ausfetten und mit Paniermehl ausstreuen. Den Teig einfüllen, die Oberfläche glattstreichen und den Auflauf im Backofen auf der mittleren Schiene etwa 70 Minuten backen. Vor dem Servieren dick mit Puderzucker bestäuben.

A.S.

» *Üblicherweise wird diese Mehlspeise mit altbackenen, eingeweichten Brötchen zubereitet. Hier einmal eine neue Variante mit Grieß. Sehr fein schmeckt der Kirschenmichel aber auch, wenn man ihn mit frisch geriebenen Semmel- oder Biskuitbröseln zubereitet. Ersetzen Sie dafür einfach die angegebene Grießmenge durch 180 g Brösel.* «

Apfelreis

THÜRINGEN ————————

Für 6 Personen:

50 g Butter

50 g Zucker

4 aromatische Äpfel

1 EL Puderzucker

knapp ¹/₄ l Milch

2 EL Vanillezucker, 1 Prise Salz

45 g Milchreis, kurz blanchiert

3 Blatt weiße Gelatine

1 Eigelb, 2 cl Rum

¹/₈ l Sahne

1. Sechs Auflaufförmchen von ¹/₈ Liter Inhalt mit 20 g Butter ausfetten und mit etwas Zucker ausstreuen. Den Backofen auf 130° C vorheizen.

2. Die Äpfel schälen, vierteln, entkernen und in dünne Spalten schneiden. In einer Pfanne die restliche Butter und den Puderzucker schmelzen und die Apfelspalten darin goldgelb karamelisieren lassen.

3. Die Apfelspalten fächerförmig auf den Boden der Förmchen legen, übrigbleibende Äpfel in den Kühlschrank stellen.

4. Milch, Vanillezucker und Salz aufkochen, den Milchreis einrühren und zugedeckt im Backofen mindestens 1 Stunde ausquellen lassen.

5. Die Gelatine in kaltem Wasser einweichen. Die übriggebliebenen Apfelspalten fein hacken und mit der gut ausgedrückten Gelatine unter die heiße Reismasse mischen. Abkühlen lassen.

6. Eigelb, restlicher Zucker und Rum schaumig schlagen und unter die Reismasse mischen, kalt werden lassen. Die Sahne steif schlagen und gleichmäßig unterheben.

7. Die Reismasse in die vorbereiteten Förmchen füllen und etwa 1 Stunde in den Kühlschrank stellen. Kurz vor dem Servieren die Förmchen in heißes Wasser tauchen und den Apfelreis auf sechs Teller stürzen. Eventuell mit Himbeersauce servieren.

Grießauflauf

SACHSEN- ————————
ANHALT

Für 4 Personen:

³/₄ l Milch

100 g Hartweizengrieß

1 Prise Salz

50 g Butter

abgeriebene Schale von

1 unbehandelten Zitrone

6 Eiweiß

50 g Zucker

6 Eigelb

Butter und Zucker für die Form

1. Die Milch zum Kochen bringen und den Grieß einlaufen lassen. Salz, Butter und Zitronenschale dazugeben und bei schwacher Hitze in etwa 15 Minuten ausquellen lassen. Den Brei kalt stellen.

2. Ein tiefes Backblech oder einen breiten großen Topf mit Wasser füllen und in den Backofen stellen. Den Backofen auf 250° C vorheizen.

3. Eiweiß zu steifem Schnee schlagen, dabei nach und nach den Zucker einrieseln lassen. Eigelb verrühren und unter die Grießmasse mischen. Den Eischnee locker und gleichmäßig unterziehen.

4. Vier Auflaufförmchen von 8 cm Durchmesser mit Butter ausfetten und mit Zucker ausstreuen. Die Masse einfüllen und die Oberflächen glattstreichen. Die Förmchen in das Wasserbad stellen und den Auflauf in etwa 20 Minuten fertiggaren. Den Auflauf mit Kompott der Saison servieren.

Dampfnudeln

Dampfnudeln kennt fast jeder in Deutschland – egal, ob er nun im Rheinland, in Westfalen, Hessen oder Bayern aufgewachsen ist, und natürlich hat jede Region ihr eigenes Rezept. Allen regionalen Unterschieden zum Trotz – hier ein überregionales Rezept: Schokoladendampfnudeln!

Für 4 Personen:

Für den Teig:

30 g Hefe

3 EL Zucker

¼ l lauwarme Milch

500 g Mehl

2 Eier

80 g flüssige Butter

1 Prise Salz

50 g Zartbitterschokolade

Außerdem:

¼ l Milch

80 geklärte Butter oder Butterschmalz

1 bis 2 EL Zucker

Puderzucker zum Bestäuben

1. Die Hefe mit 1 Eßlöffel Zucker und 4 Eßlöffeln Milch verrühren.

2. Das Mehl in eine Schüssel sieben, eine kleine Mulde in die Mitte drücken und die Hefemilch hineingießen. Mit etwas Mehl verrühren und etwa 20 Minuten an einem warmen Ort gehen lassen.

3. Dann die restliche Milch, die Eier, Butter, Salz und restlichen Zucker dazugeben und mit den Knethaken der Küchenmaschine oder des Handrührgerätes so lange durchkneten, bis der Teig glatt und glänzend ist und sich vom Schüsselboden löst.

4. Die Schokolade über einem heißen Wasserbad schmelzen. Ein Viertel des Dampfnudelteiges abnehmen und mit der Schokolade verkneten. Anschließend beide Teige mindestens 30 Minuten an einem warmen Ort gehen lassen, bis sich das Volumen verdoppelt hat.

5. Den hellen Teig auf einer bemehlten Arbeitsplatte durchkneten und 4 bis 5 cm dicke Rollen daraus formen. Gleichmäßige, etwa 3 cm lange Stücke davon abschneiden und jedes Stück flachdrücken. Den dunklen Teig ebenfalls zu Rollen formen, Stücke abschneiden und daraus kleine Kugeln formen. Die kleinen dunklen Teigkugeln mit dem hellen Teig umhüllen und zu Kugeln formen.

6. In einem großen flachen Schmortopf von mindestens 30 cm Durchmesser die Milch, die Butter und den Zucker erwärmen und die Teigkugeln nebeneinander hineinsetzen. Erneut 20 Minuten gehen lassen.

7. Die Dampfnudeln zugedeckt auf dem Herd bei mittlerer Hitze in 20 Minuten garen. Den Topf zwischendurch auf keinen Fall öffnen, sonst entweicht Dampf und die Dampfnudeln fallen zusammen und werden zäh.

8. Dampfnudeln aus dem Topf nehmen und mit Puderzucker bestreut servieren.

A.S.

» *Früher wurde bei uns in Bayern für die Zubereitung von Dampfnudeln immer der gleiche Topf verwendet. Darin durften niemals Fleisch oder würzige Speisen gegart werden. Heute bringt man Dampfnudeln nicht mehr jede Woche auf den Tisch, und so ist es auch nicht sinnvoll, dafür einen eigenen Topf zu reservieren. Wichtig für das gute Gelingen ist aber ein schwerer, gut schließender Schmortopf.* «

Hollerkücherl mit Schnapszwetschgen

Für 4 Personen:

10 entsteinte Kurpflaumen

10 geschälte Mandeln

8 cl Zwetschgenschnaps

10 Holunderblütendolden

150 g Mehl

¼ l Milch

1 Ei

1 Prise Salz

4 EL Zucker

frisch geriebene Muskatnuß

Butterschmalz oder geschmacks-

neutrales Öl zum Ausbacken

1 TL Zimt

1. Die Kurpflaumen mit je einer Mandel füllen, dann mit Zwetschgenschnaps begießen und etwa 1 Stunde unter gelegentlichem Wenden marinieren lassen.

2. Die Holunderblütendolden vorsichtig waschen und trockenschütteln. Nebeneinander auf ein Küchentuch legen und vollkommen trocknen lassen.

3. Mehl, Milch, Ei, Salz, 1 EL Zucker und Muskatnuß in einem Mixer oder mit dem Pürierstab zu einem glatten Teig verrühren. 30 Minuten quellen lassen.

4. Das Ausbackfett in einer Friteuse auf 180° C erhitzen und ein Gitter zum Abtropfen der Kücherl bereitstellen.

5. Die Zwetschgen abtropfen lassen, in die Mitte der Holunderblüte geben und damit umhüllen. Dann in den Teig tauchen und im heißen Fett goldgelb ausbacken. Auf dem Kuchengitter abtropfen lassen.

6. Restlichen Zucker und Zimt mischen und die Kücherl damit bestreuen.

Apfelkücherl

Vermutlich sind die Apfelkücherl ursprünglich eine österreichisch-ungarische Kreation – heute sind sie in ganz Süddeutschland heißgeliebt. Vor allem, wenn sie aus erntefrischen Äpfeln frisch ausgebacken sind.

Für 6 bis 8 Personen:

4 mittelgroße Äpfel

4 cl Kirschwasser

120 g Mehl

1 Prise Salz

1 Eigelb

⅛ l Weißwein

abgeriebene Schale von

½ unbehandelten Zitrone

2 EL flüssige Butter

Butterschmalz oder geschmacks-

neutrales Öl zum Ausbacken

2 Eiweiß

4 EL Zucker

etwas gemahlener Zimt

1. Die Äpfel schälen, mit einem Apfelausstecher die Kerngehäuse entfernen und die Äpfel in 1 cm dicke Scheiben schneiden. Mit Kirschwasser beträufeln und zugedeckt mindestens 15 Minuten durchziehen lassen.

2. Mehl, Salz, Eigelb und Wein gründlich verrühren. Die Zitronenschale und die Butter unterrühren und etwa 15 Minuten quellen lassen. Inzwischen das Ausbackfett auf 180° C erhitzen. Die Eiweiß zu steifem Schnee schlagen, dabei 2 Eßlöffel Zucker einrieseln lassen. Den Eischnee locker und gleichmäßig unter den Teig ziehen.

3. Die Apfelscheiben in den Teig tauchen und im heißen Fett langsam goldgelb ausbacken. Die Äpfel müssen richtig weich sein. Auf Küchenpapier abtropfen lassen. Den restlichen Zucker mit Zimt vermischen, die Apfelkücherl im Zimtzucker wenden und warm servieren.

Arme Ritter

MECKLENBURG-VORPOMMERN

Ob sie nun Arme Ritter oder Karthäuser Klöße genannt werden – die ausgebackenen Brotscheiben sind im ganzen Land bekannt. Die Rezepte entstanden, weil früher nichts weggeworfen wurde. Noch heute gibt es für Kinder keine wohlschmeckendere Resteverwertung für Brot.

Für 4 Personen:

4 altbackene Milchbrötchen

4 Eier

Mark von 1 Vanilleschote

abgeriebene Schale von

1/2 unbehandelten Zitrone

1/2 l Milch

50 bis 60 g Paniermehl

50 g Butterschmalz

2 bis 3 EL Zucker

etwas gemahlener Zimt

1. Die Kruste der Milchbrötchen ein wenig abreiben, dann die Brötchen jeweils in vier dicke Scheiben schneiden.

2. Eier, Vanillemark, Zitronenschale und Milch in einer Schüssel verrühren und die Brotscheiben darin einweichen.

3. Sobald die Brötchen richtig durchgeweicht sind, herausnehmen, etwas ausdrücken und im Paniermehl wenden.

4. Butterschmalz in einer Pfanne erhitzen und die Armen Ritter darin portionsweise bei mittlerer Hitze auf beiden Seiten goldbraun braten.

5. Den Zucker mit dem Zimt vermischen. Die übriggebliebene Eiermilch in einer Schlagschüssel über einem heißen Wasserbad aufschlagen, bis sie dickschaumig geworden ist. Die Sauce durch ein Sieb streichen und zu den mit Zimtzucker bestreuten Armen Rittern servieren.

Rohrnudeln

ALTBAYERN

Einmal pro Woche, meistens am Freitag, gab es früher Rohrnudeln. Im Frühsommer wurden sie manchmal mit Kirschen gefüllt, im Herbst mit Zwetschgen. Ab und zu wurden sie, wie in diesem Rezept, auch mit feingeriebenen Mandeln angereichert.

Für 4 bis 6 Personen:

30 g Hefe, 2 TL Zucker

1/4 l lauwarme Milch

500 g Mehl, 1 Ei

60 g flüssige Butter, 1 Prise Salz

60 g feingeriebene geschälte Mandeln

50 g Rosinen, 100 g Butter

1. Hefe mit Zucker und 4 Eßlöffeln Milch verrühren. Mehl in eine Schüssel sieben, eine kleine Mulde in die Mitte drücken und die Hefemilch hineingießen. Mit etwas Mehl verrühren und etwa 20 Minuten an einem warmen Ort gehen lassen.

2. Dann die restliche Milch, das Ei, Butter, Salz und die Mandeln dazugeben und mit den Knethaken der Küchenmaschine oder des Handrührgerätes so lange durchkneten, bis der Teig glatt und glänzend ist und sich vom Schüsselboden löst. Die Rosinen einarbeiten und den Teig an einem warmen Ort mindestens 30 Minuten gehen lassen, bis sich das Volumen verdoppelt hat.

3. Den Teig auf einer bemehlten Arbeitsfläche kurz durchkneten, mit einem Eßlöffel gleich große Teigstücke abstechen und zu Kugeln formen. Eine Bratreine mit der Hälfte der Butter ausfetten und die Kugeln nebeneinander hineinsetzen. Erneut etwa 20 Minuten gehen lassen. Den Backofen auf 180° C vorheizen.

4. Die restliche Butter zerlassen und die Nudeln damit bestreichen. Im Backofen in 30 bis 40 Minuten goldbraun und knusprig backen, dabei gelegentlich mit flüssiger Butter bestreichen. Auf ein Kuchengitter stürzen und leicht abgekühlt mit Puderzucker bestäuben.

Frankfurter Pudding

Der warme Brotpudding, bei dem niemals die Bischofssauce fehlen darf, ist ein Klassiker der Frankfurter Mehlspeisenküche.

Für den Pudding:

70 g weiche Butter

5 Eigelb

50 g feingemahlene Mandeln

70 g Biskuitbrösel

70 g Sultaninen

1 Msp Zimt

abgeriebene Schale von

$1/2$ unbehandelten Zitrone

1 Prise Salz

5 Eiweiß

100 g Zucker

1 EL Speisestärke

Butter und Zucker für die Form

Für die Bischofssauce:

$1/8$ l Rotwein

$1/8$ l Wasser

125 g Zucker

1 Stückchen unbehandelte

Zitronenschale

1 Gewürznelke

$1/2$ Zimtstange

1 TL Speisestärke

25 g Rosinen

20 g Mandelblättchen

1. Die Butter cremig rühren und nach und nach die Eigelb, Mandeln, Biskuitbrösel, Sultaninen, Zimt, Zitronenschale und Salz dazugeben. Den Backofen auf 150° C vorheizen. Einen Topf zur Hälfte mit Wasser füllen und hineinstellen.

2. Die Eiweiß zu steifem Schnee schlagen, dabei nach und nach den Zucker einrieseln lassen. So lange weiterschlagen, bis die Masse schnittfest und glänzend ist. Zum Schluß die Speisestärke unterrühren und den Eischnee gleichmäßig unter die Eigelbmasse heben.

3. Eine Kochpuddingform samt dem Deckel mit Butter ausfetten und mit Zucker ausstreuen. Die Masse einfüllen, die Form mit dem Deckel verschließen und im heißen Wasserbad 20 bis 25 Minuten garen.

4. In der Zwischenzeit für die Sauce Rotwein, Wasser, Zucker und die Gewürze in einem Topf aufkochen lassen. Die Speisestärke mit etwas kaltem Wasser anrühren und unter Rühren in die kochende Flüssigkeit einlaufen lassen. 3 bis 4 Minuten köcheln lassen, dann die Rosinen und die Mandelblättchen hinzufügen. Kalt stellen.

5. Den Pudding vorsichtig aus der Form lösen und auf einen Teller stürzen. Mit der Bischofssauce servieren.

A.S.

» *Wer keine Kochpuddingform besitzt, kann die Masse auch offen in einer Auflaufform backen, allerdings unbedingt im Wasserbad.* «

8. KAPITEL

Desserts

Unseren Hang zum süßen Leben, so glauben viele Psychologen, saugen wir schon mit der Muttermilch ein. Denn die hat einen hohen Milchzuckeranteil. Wer in unserer diätbewußten Zeit wegen seiner Vorliebe für Desserts ein schlechtes Gewissen hat, der mag sich mit der ernährungsphysiologischen Bedeutung des süßen Endes einer Mahlzeit trösten. Wohlüberlegte Desserts fördern die Verdauung und heben den Blutzuckerspiegel, wodurch der Körper mehr Insulin produziert. Und dieses Insulin hilft, Muskeln aufzubauen und Blutfettwerte zu senken.

Desserts sind im Zeitalter des Kalorienzählens um so verführerischer, je mehr wir Köche die traditionelle Überfülle an dickmachenden Zutaten durch Phantasie überflüssig machen. Rahm wird zum Teil durch Quark ersetzt, Zucker durch Früchte. Beerenterrinen werden durch Joghurt leichter, Sorbets aus purem Obst verdrängen Eiskrem. Eis wurde zur Zeit des Gartenarchitekten und Reise-Schriftstellers Hermann Fürst von Pückler-Muskau (1785-1871) das beliebteste deutsche Dessert, nachdem der Lausitzer Konditormeister Schulz dem adeligen Feinschmecker eine dreischichtige und dreifarbige Eisbombe mit Maraschino, Makronen und Schlagsahne gewidmet hatte.

Die Desserts standen nicht immer an letzter Stelle der Speisekarte, sondern in Frankreichs höfischer Küche bereits zu Beginn des Essens auf der Tafel – als bombastische architektonische Kunstwerke, denn der repräsentationsbewußte Geist der Renaissance konnte sich hier mit allem denkbaren Pomp entfalten. Die heutigen Patissiers in den feinen Restaurants verführen uns durch Form und Farbe, Duft und Struktur, Temperaturunterschiede und Sinn für die Kombination all dessen. Besonders erfolgreiche Formeln: flüssig plus halbfest plus fest auf einem Teller; zwei ähnliche Geschmacksnuancen plus ein kontrastierendes Aroma; gleichbleibender Geschmack in unterschiedlichen Konsistenzen (beispielsweise Variationen von der Birne). Gute Patissiers sind immer noch rar in der seit Anfang der siebziger Jahre so prächtig aufgeblühten deutschen Gastronomie. Den Grund dafür scheint mir der Chefkonditor der französischen Schokoladenfirma Valrhona, Frédéric Bau, gefunden zu haben: »Köche haben ein Gefühl für Salz, aber nur selten für Zucker. Würzen kann man über den Daumen, kleine Fehler sind leicht zu korrigieren. Der Patissier aber muß bei den Mengen so exakt arbeiten wie der Chemiker im Labor, sonst geht es schief.«

Rhabarber-Quarkspeise

NIEDERSACHSEN

Rhabarber ist ein typisch deutsches Gemüse, das fast ausschließlich süß, entweder als Kompott, Grütze, Auflauf oder, wie hier, in harmonischer Kombination mit Quark zubereitet wird.

Für 4 Personen:

500 g junger Rhabarber

120 g Zucker

1 Vanilleschote

abgeriebene Schale und Saft von

1/2 unbehandelten Zitrone

150 g Vollmilchjoghurt

250 g Sahnequark (40 % Fett i. Tr.)

1/8 l Sahne

4 Zitronenmelissezweige

1. Den Rhabarber waschen, schälen und in etwa 2 cm lange Stücke schneiden. In eine Schüssel geben, mit 80 g Zucker bestreuen und etwa 1 1/2 Stunden durchziehen lassen.

2. Die Vanilleschote aufschneiden, das Mark herausschaben und mit der Zitronenschale, dem -saft und dem restlichen Zucker unter den Joghurt rühren.

3. Den Rhabarber mitsamt Saft und der Vanilleschote erhitzen und einige Minuten köcheln lassen. Der Rhabarber soll weich sein, darf aber nicht zerfallen. Auf ein Sieb geben und den Saft auffangen, die Vanilleschote entfernen.

4. Den Quark in eine Schüssel geben und mit dem Joghurt und so viel Rhabarbersaft verrühren, bis eine weiche geschmeidige Creme entstanden ist. Die Sahne steif schlagen und unter die Quarkspeise ziehen.

5. Den Quark auf vier Schalen verteilen, mit den Rhabarberstückchen belegen und mit Zitronenmelisse garnieren.

Rieslinggelee

PFALZ

Es erinnert an den guten alten Wackelpudding, schmeckt aber viel feiner!

Für 4 Personen:

500 g helle Weintrauben

4 cl Tresterbranntwein

4 EL Puderzucker

6 Blatt weiße Gelatine

3/8 l Riesling

200 ml Sahne

1. Die Trauben waschen, von den Stielen zupfen, häuten, halbieren und entkernen. Mit Tresterbranntwein und Puderzucker vermischen und zugedeckt 30 Minuten marinieren lassen.

2. Die Gelatine in kaltem Wasser einweichen. Den Riesling erwärmen, die Gelatine gut ausdrücken und darin auflösen.

3. Trauben in eine Form geben, mit dem Wein auffüllen und mindestens 3 Stunden im Kühlschrank erstarren lassen.

4. Die Sahne halbsteif schlagen. Das Gelee mit einer Messerspitze vom Formrand lösen, die Form kurz in heißes Wasser tauchen und das Gelee stürzen. Die Sahne getrennt dazu reichen.

Errötende Jungfrau

SCHLESWIG-HOLSTEIN

Von dieser klassischen deutschen Süßspeise kennt fast jede Region ihre eigene Variante. Die Holsteiner lieben die Buttermilchspeise völlig ohne Sahne. Ein bißchen davon mildert jedoch die Säure und verfeinert das erfrischende Dessert.

Für 4 Personen:

1/4 l Buttermilch

1/2 l Sahne

120 g Zucker

2 EL Zitronensaft

2 EL Kirschwasser

5 Blatt weiße Gelatine

1 Blatt rote Gelatine

250 g Erdbeeren

250 g Himbeeren

1. Die Buttermilch mit der Hälfte der Sahne und 80 g Zucker schaumig schlagen. Zitronensaft und Kirschwasser unterrühren.

2. Die Gelatine in kaltem Wasser einweichen, tropfnaß in einem kleinen Topf bei milder Hitze auflösen und mit der Buttermilch verrühren. So lange in den Kühlschrank stellen, bis die Masse geliert und man mit einer Gabel Spuren ziehen kann.

3. Die Erdbeeren waschen, putzen und kleinschneiden. Die Himbeeren nur verlesen. Getrennt jeweils mit 20 g Zucker vermischen.

4. Die restliche Sahne steif schlagen und gleichmäßig unter die gelierende Creme heben. Schichtweise mit den Beeren in vier Dessertschalen oder eine große Glasschüssel füllen und zum völligen Gelieren wieder kalt stellen.

Rote Grütze

Der leckere Import aus Schweden und Dänemark ist längst nicht nur an der Küste das am meisten gelöffelte Sommerdessert. Nach dem Originalrezept wird der durchpassierte Fruchtsaft von roten Johannisbeeren und Himbeeren mit Stärke oder Sago gebunden und gut gekühlt mit kalter Milch oder flüssiger Sahne serviert. Nachfolgendes Rezept weicht zwar deutlich davon ab, ist aber an natürlicher Fruchtigkeit kaum zu überbieten.

Für 4 Personen:

Für die Beerenspeise:

250 g Erdbeeren, 250 g Himbeeren

200 g Heidelbeeren, 200 g Brombeeren

200 g Kirschen, Saft von 1 Zitrone

50 g Zucker

Für die Sauce:

300 ml Sahne

3 EL Zucker

1 Vanilleschote

1. Erdbeeren und Himbeeren waschen, putzen und im Mixer kurz pürieren. Das Fruchtpüree durch ein Sieb streichen.

2. Heidelbeeren und Brombeeren waschen und gut abtropfen lassen. In einer Schüssel vermischen. Die Kirschen waschen, entsteinen und zu den Beeren geben. Mit Zitronensaft beträufeln und mit Zucker bestreuen. Einige Minuten durchziehen lassen, dann das Fruchtpüree untermischen und zugedeckt kalt stellen.

3. Für die Sauce 200 ml Sahne mit dem Zucker und der aufgeschnittenen Vanilleschote zum Kochen bringen und 4 bis 5 Minuten köcheln lassen. Die Vanilleschote herausnehmen und das Mark mit einem spitzen Messer in die Sahne schaben. Unter Rühren erkalten lassen. Die restliche Sahne steif schlagen und gleichmäßig unterziehen.

4. Die Fruchtmischung auf vier Gläser verteilen und mit der Vanillesahne überziehen.

Stachelbeergrütze

Wenn möglich, sollten Sie die Grütze nur mit grünen Stachelbeeren zubereiten. Gelbe Stachelbeeren haben weniger Säure, die jedoch unerläßlich für das typische Aroma dieser Mecklenburger Spezialität ist.

Für 4 Personen:

500 g vollreife grüne Stachelbeeren

1 l Wasser

200 g Zucker

1 Stückchen unbehandelte

Zitronenschale

100 g Sago

200 ml Sahne

1 EL Vanillezucker

1. Von den Stachelbeeren die Stiele und die Blütenansätze entfernen und die Beeren waschen. Das Wasser mit Zucker und Zitronenschale zum Kochen bringen, die Beeren hineingeben und so lange kochen lassen, bis sie zerplatzen.

2. Die Früchte durch ein Sieb oder eine Flotte Lotte streichen. Das Püree mit dem Sago vermischen und erneut zum Kochen bringen. Unter ständigem Rühren kochen lassen, bis eine dicke Creme entstanden ist.

3. Die Fruchtcreme in vier kalt ausgespülte Förmchen füllen und für einige Stunden in den Kühlschrank stellen. Die Sahne mit dem Vanillezucker verrühren. Die Grütze auf Teller stürzen und mit der flüssigen Sahne umgießen.

A.S.

» *Wer nicht so gerne auf Sago beißt – das ist das getrocknete Mark der fernöstlichen Sagopflanze und heißt im Volksmund auch »Froscheier« – bindet die Grütze mit 60 g Speisestärke.* «

215

Bratapfel

THÜRINGEN

Der unvergleichliche Duft eines frisch gebrutzelten Bratapfels weckt vorweihnachtliche Kindheitserinnerungen. Mit dem Verschwinden der Kohleöfen ist leider auch das Bratapfelbacken ein wenig in Vergessenheit geraten. Bekannt blieb: Bratäpfel sind immer nur so gut wie die Apfelsorte, die man ins Rohr schiebt.

Für 4 Personen:

2 EL Rosinen

2 cl Orangenlikör

4 große aromatische Äpfel

30 g Marzipanrohmasse

1 EL Orangenmarmelade

30 g gehacktes Orangeat

50 g grobgehackte Haselnüsse

etwas frisch geriebene Ingwerwurzel

etwas gemahlener Zimt

1/8 l halbtrockener Weißwein

40 g Butter

1. Rosinen mit Orangenlikör begießen und mindestens 15 Minuten marinieren lassen. Die Äpfel waschen und das Kerngehäuse mit einem Apfelausstecher entfernen. Backofen auf 200° C vorheizen.

2. Das Marzipan mit Orangenmarmelade verrühren und Orangeat, Haselnüsse sowie die Rosinen mitsamt der Einweichflüssigkeit unterrühren. Mit Ingwer und Zimt würzen.

3. Die Äpfel nebeneinander in eine feuerfeste Auflaufform stellen, mit der Marzipanmasse füllen und mit dem Wein begießen. Die Butter in kleinen Flocken über den Äpfeln verteilen und im Backofen auf der mittleren Schiene in 30 bis 35 Minuten garen. Noch heiß entweder mit Vanillesauce oder -eis servieren.

Apfelkompott

ALLE REGIONEN

Für 4 Personen:

8 kleine Äpfel (z. B. Cox Orange)

Saft von 1 Zitrone

3 EL Zucker

2 Vanilleschoten

4 Äpfel (z. B. Boskop)

40 g Butter

3 EL Rosinen

4 EL Calvados

2 EL Apfelsaft

1 EL Apfelgelee

1. Die Cox-Orange-Äpfel waschen und jeweils einen Deckel mit Stiel abschneiden. Die unteren Apfelhälften schälen, vorsichtig aushöhlen und die Äpfel mit etwas Zitronensaft einreiben. Die Apfeldeckel einfrieren.

2. Das ausgelöste Fruchtfleisch mit 1 Eßlöffel Zucker und den aufgeschnittenen Vanilleschoten zu einem Mus verkochen. Anschließend durch ein Sieb streichen.

3. Die Boskop-Äpfel schälen, vierteln, entkernen und in gleich große Würfel schneiden.

4. In einer Pfanne 1 Eßlöffel Zucker karamelisieren lassen und die Apfelwürfel darin rundherum andünsten. Zum Schluß Butter, Rosinen und 2 Eßlöffel Calvados dazugeben. Das Apfelmus und die Apfelwürfel vermischen.

5. Den restlichen Zucker in einem kleinen Topf karamelisieren lassen und mit dem restlichen Calvados, dem Apfelsaft und dem Apfelgelee sowie dem restlichen Zitronensaft ablöschen. Die Cox-Orange-Äpfel außen damit einstreichen und die Äpfel etwa 1 Stunde einfrieren.

6. Die ausgehöhlten Äpfel auf vier Teller setzen. Apfelkompott leicht erwärmen, in die Äpfel füllen und restliches Kompott auf den Tellern verteilen. Die Äpfel mit dem Deckel bedecken und servieren. Eventuell Vanillesahne oder -eis dazu servieren.

Zwetschgensuppe

B A D E N

Rund um Bühl, einem kleinen Ort im Badischen, gedeihen nicht nur die meisten, sondern auch die besten Frühzwetschgen. Dort belegt man mit dem aromatischen Obst nicht nur Kuchen oder bereitet es zu Mus, sondern kocht auch gerne eine Suppe daraus, die man sowohl vorweg als Kaltschale als auch zum Nachtisch servieren kann.

Für 4 Personen:

500 g vollreife Zwetschgen

1/8 l Wasser

1/2 l Weißwein

100 g Zucker

1 Zimtstange

4 cl Zwetschgenwasser

1. Zwetschgen waschen und entsteinen. In einem Topf mit dem Wasser, Weißwein, Zucker und der Zimtstange sehr weich kochen.

2. Nach etwa 20 bis 30 Minuten die Zimtstange herausnehmen und die Zwetschgen im Mixer oder mit dem Pürierstab fein pürieren. Dann das Püree durch ein Sieb streichen.

3. Die Zwetschgensuppe mit Zwetschgenwasser abschmecken. Falls sie zu dick ist, mit etwas Wasser verlängern.

A.S.

» *Die Zwetschgensuppe serviert man im Winter warm, im Sommer ist sie gut gekühlt ein erfrischendes Dessert. Man kann die Speise auch mit Schneeklößchen oder kleinen Makronen belegen oder halbsteif geschlagene Sahne dazu reichen.* «

Fliederbeersuppe mit Schneeklößchen

H A M B U R G

Wie groß die kulinarischen Unterschiede sein können, sieht man am Beispiel der Fliederbeersuppe. Einen waschechten Bayern wie mich schüttelt es bei dem Gedanken, vorweg eine süße Suppe – und noch dazu heiß – zu löffeln, im Norden tut man es mit Begeisterung!

Für 4 Personen:

300 g Holunderbeeren

1 Birne

4 eingelegte Pflaumen

1 l Wasser

1 Prise Salz

60 bis 80 g Zucker

etwas abgeriebene Schale von

1 unbehandelten Zitrone

1/8 l Rotwein, 2 TL Speisestärke

Für die Schneeklößchen:

2 Eiweiß, 30 g Zucker

1. Die Holunderbeeren von den Stielen streifen, waschen und abtropfen lassen. Die Birne schälen, vierteln, entkernen und in kleine Stücke schneiden. Mit den Beeren und den Pflaumen in einen Topf geben, mit dem Wasser begießen und Salz, Zucker und Zitronenschale hinzufügen. Bei mittlerer Hitze gar kochen.

2. Das Kompott durch ein Sieb oder die Flotte Lotte streichen und erneut zum Kochen bringen. Rotwein und Speisestärke verrühren und unter Rühren in die Suppe einlaufen lassen. Kurz durchkochen lassen und noch einmal abschmecken.

3. Eiweiß zu steifem Schnee schlagen, dabei nach und nach den Zucker einrieseln lassen. So lange weiterschlagen, bis die Masse schnittfest und glänzend ist. Mit einem Teelöffel Nocken abstechen und in leicht siedendem Wasser etwa 5 Minuten pochieren. Mit einem Schaumlöffel herausheben und auf die heiße Suppe setzen. (Die Suppe kann auch gekühlt serviert werden – im Hochsommer ein besonders erfrischender Genuß!)

Gefüllte Zwetschgen im Teigmantel

Nicht nur im Badischen, auch in Niedersachsen werden Zwetschgen in Hülle und Fülle angebaut, um das übrige Deutschland im Herbst mit den köstlichen Früchten zu versorgen.

Für 6 Personen:

1 kg Zwetschgen

Für die Füllung:

100 g Marzipanrohmasse

20 g geriebene Mandeln

2 EL Zwetschgenwasser

1 TL gehackte Pinienkerne

1 TL gehackte Pistazien

Für die Sauce:

500 g vollreife Zwetschgen

100 g Zucker

2 EL Zwetschgenwasser

Für den Teig:

250 g Mehl

2 EL geschmacksneutrales Öl

etwa 100 ml lauwarmes Wasser

1 Prise Salz

1 Ei

Außerdem:

geschmacksneutrales Öl zum

Bestreichen und Ausbacken

etwas flüssige Butter zum Bestreichen

2 bis 3 EL Puderzucker

etwas gemahlener Zimt

1. Die Zwetschgen waschen, zur Hälfte aufschneiden und entsteinen.

2. Für die Füllung alle Zutaten gut miteinander vermischen. Die Zwetschgen damit füllen, leicht zusammendrücken und auf ein Tuch legen. Den Backofen auf 150° C vorheizen.

3. Für die Sauce die Zwetschgen waschen, entsteinen und mit dem Zucker in einem Schmortopf so lange im Backofen kochen lassen, bis ein dunkles Zwetschgenmus daraus entstanden ist. Durch ein Sieb streichen und mit Zwetschgenwasser abschmecken.

4. Für den Teig alle Zutaten zu einem glatten elastischen Teig verkneten, zu einer Kugel formen, mit etwas Öl bepinseln und unter einer angewärmten Metallschüssel 30 Minuten ruhen lassen.

5. Den Teig auf einem bemehlten Küchentuch zu einem Rechteck ausrollen und wie beim Strudel über den Handrücken möglichst dünn ausziehen. Den Teig mit Butter bestreichen, in Quadrate schneiden und die Zwetschgen einzeln damit umhüllen. Die Enden fest zusammendrücken.

6. Das Ausbackfett auf 180° C erhitzen und die Zwetschgen portionsweise darin goldbraun ausbacken. Auf Küchenkrepp gut abtropfen lassen. Puderzucker mit Zimt vermischen und die Zwetschgen damit bestäuben. Mit der Zwetschgensauce auf sechs Tellern anrichten.

A.S.

» *Für dieses Rezept sind die etwas festeren Spätzwetschgen ideal. Es lohnt sich, in der kurzen Zwetschgensaison gleich mehr von dieser verführerischen Köstlichkeit zu backen, da man sie sehr gut einfrieren kann. Für alle, denen die Zubereitung des Teiges zu schwierig erscheint: Mittlerweile gibt es Strudelteig auch fertig zu kaufen.* «

Bayerische Creme

Weltweit mindestens genauso berühmt wie Schweinsbraten und Kartoffelknödel oder das Münchner Oktoberfest ist die Crème Bavaroise. Zugeschrieben wird sie Prinzessin Isabeau, der Gemahlin von König Karl VI. von Frankreich. Die »Rahmsulz« ist in Bayern schon seit Generationen das klassische Dessert bei Hochzeiten, Firmungen, Primizen oder sonstigen hochfeierlichen Anläßen.

Für 4 Personen:

3 Blatt weiße Gelatine

3 Eigelb

70 g Zucker

Mark von 2 Vanilleschoten

3 EL Kirschwasser

1 EL Wasser

¼ l Sahne

250 g gemischte Beerenfrüchte

1 EL Vanillezucker

1. Die Gelatine in kaltem Wasser einweichen. Eigelb, Zucker und Vanillemark in eine Schüssel geben und mit den Schneebesen eines Handrührgerätes so lange schlagen, bis die Masse hell und dickschaumig ist.

2. Die Gelatine ausdrücken, mit 1 Eßlöffel Kirschwasser und dem Wasser in einem kleinen Topf bei schwacher Hitze auflösen.

3. Die Sahne steif schlagen. 1 bis 2 Eßlöffel davon unter die Gelatine rühren. Vorsichtig unter die Eiercreme rühren, dann die restliche Sahne locker und gleichmäßig unterziehen.

4. Die Creme in eine kuppelförmige Form füllen und in mindestens 2 Stunden im Kühlschrank fest werden lassen.

5. Die Beeren kurz waschen, putzen und mit Vanillezucker und restlichem Kirschwasser marinieren. Kalt stellen.

6. Die Form kurz in heißes Wasser tauchen und die Creme auf eine Platte stürzen. Mit den marinierten Beerenfrüchten umkränzen und servieren.

A.S.

» *Dies ist meine ganz persönliche Art, die Bayerische Creme zuzubereiten, und sicher wird diese Methode vielen Hausfrauen eher entsprechen als die etwas mühsamere Herstellung über dem Wasserbad.*
Je nach Jahreszeit und Angebot wandle ich diese zarte Creme ab: Zum Beispiel parfümiere ich sie im Frühsommer mit Aprikosengeist und reiche pürierte gedünstete Aprikosen dazu. Im Winter schmeckt das zarte Dessert auch mit Orangenlikör und marinierten Orangenfilets. «

Lübscher Plettenpudding

SCHLESWIG-
HOLSTEIN

Dieses saftige und üppige alte Lübecker Dessert ist dem englischen Trifle sehr ähnlich. Vielleicht hat einer der vielen Seeleuten der alten Hansestadt seiner Frau dieses köstliche Rezept einmal von einer Reise aus England mitgebracht...

Für 6 Personen:

1/2 l Milch

1 Vanilleschote

100 g Zucker

60 g Vanillepuddingpulver

3 Eigelb

250 g gemischte Waldbeeren

2 EL Himbeergeist

1/4 l Sahne

150 g Biskuitkuchen oder Löffelbiskuits

2 EL Himbeerkonfitüre

4 cl halbtrockener Sherry

8 kleine Makronen

1. Die Milch mit der aufgeschnittenen Vanilleschote erwärmen und etwa 15 Minuten bei schwacher Hitze ziehen lassen. Dann die Schote herausnehmen und das Mark mit einem spitzen Messer in die Milch schaben.

2. 80 g Zucker, Puddingpulver und die Eigelb in einer Schüssel verrühren. Unter ständigem Rühren mit einem Kochlöffel in die kochende Milch einlaufen und einige Male aufwallen lassen. Mit etwas Zucker bestreuen und kalt stellen.

3. Die Beeren waschen und putzen. Einige schöne Früchte zum Garnieren beiseite legen, die übrigen Beeren mit dem restlichen Zucker und dem Himbeergeist marinieren.

4. Die Sahne steif schlagen und zwei Drittel davon locker und gleichmäßig unter den abgekühlten Pudding ziehen.

5. Den Biskuitkuchen oder die Löffelbiskuits mit Himbeerkonfitüre bestreichen, dann in Würfel schneiden und mit der Hälfte davon den Boden einer Glasschüssel auslegen. Mit der Hälfte des Sherrys tränken, die Hälfte der marinierten Früchte darübergeben und mit der Hälfte der Creme bedecken. Den Vorgang noch einmal wiederholen. Kalt stellen.

6. Vor dem Servieren mit der restlichen Sahne verzieren und mit Makronen und den zurückbehaltenen Beeren garnieren.

A.S.

» *Gut gekühlt und richtig gut durchgezogen, schmeckt der Plettenpudding besonders gut – und das nicht nur als Dessert, sondern auch als saftiger Kuchen zum Sonntagskaffee. Essen Kinder mit, verzichten Sie auf Himbeergeist und Sherry. Die Himbeeren werden dann mit Himbeersaft mariniert und der Biskuit mit Orangen- oder Aprikosensaft getränkt.* «

Fürst-Pückler-Eis

Hermann Fürst von Pückler-Muskau (1785 bis 1871) war nicht nur ein berühmter Gartenbaukünstler, er verstand auch viel von guter Küche. Ein Konditormeister aus Lausitz kreierte für den Feinschmecker ein mehrfarbig geschichtetes Eisdessert, das weltweit als »Fürst-Pückler-Eis« berühmt wurde.

Für 6 bis 8 Personen:

1/2 l Sahne

120 g Puderzucker

Mark von 1 Vanilleschote

250 g Erdbeeren

100 g Zartbitterschokolade

1 EL Zucker

2 cl Orangenlikör

1. Die Sahne mit dem Puderzucker steif schlagen und zu gleichen Teilen in drei Schüsseln füllen. Eine Kastenform von 1 Liter Inhalt kalt ausspülen.

2. Das Vanillemark unter ein Drittel der Sahne mischen. Als erste Schicht in die Form füllen, glattstreichen und für 20 Minuten in das Gefriergerät stellen.

3. Inzwischen die Erdbeeren waschen, putzen und die Hälfte davon pürieren. Das Püree gleichmäßig unter die zweite Portion Sahne mischen. Diese Mischung auf die Vanilleschicht geben und glattstreichen. Die Form erneut für 30 Minuten in das Gefriergerät stellen.

4. Die Schokolade über einem heißen Wasserbad schmelzen und etwas abkühlen lassen. Dann unter die restliche Sahne ziehen und in die Form füllen. Das Fürst-Pückler-Eis 3 bis 4 Stunden tiefkühlen.

5. Die restlichen Erdbeeren halbieren oder vierteln, mit Zucker und Orangenlikör marinieren.

6. Die Form aus dem Gefriergerät nehmen, kurz in heißes Wasser tauchen, stürzen und das Eis in Scheiben schneiden. Mit den Erdbeeren anrichten.

A.S.

» Sicher können Sie Fürst-Pückler-Eis auch von jedem Eishersteller fertig kaufen, aber selbstgemacht ist der Genuß noch viel größer. «

Lebkucheneis

————————————

Nürnberg ist die Stadt, in der nicht nur die meisten, sondern auch die feinsten Lebkuchen der ganzen Welt gebacken werden. Natürlich bleiben immer mal Reste übrig und daraus können Sie ein überraschendes Eis bereiten.

Für 4 Personen:

1 Vanilleschote

300 ml Milch

700 ml Schlagsahne

1 Zimtstange

180 g Zucker

4 Eier

8 Eigelb

2 altbackene Lebkuchen, feingerieben

1 EL Lebkuchengewürz

2 bis 4 cl Zwetschgenwasser

8 bis 12 gehackte Dörrpflaumen

1. Die Vanilleschote der Länge nach aufschneiden, in die Milch geben und bei schwacher Hitze etwa 15 Minuten ziehen lassen.

2. Die Vanilleschote herausnehmen und das Mark mit einem spitzen Messer in die Milch schaben. Die Sahne, die Zimtstange und die Hälfte des Zuckers dazugeben. Alles aufkochen lassen, dann vom Herd nehmen.

3. Für das Wasserbad etwa eine Handbreit Wasser in einem weiten Topf erhitzen. Eine passende Schlagschüssel aus Metall so in den Topf hängen, daß der Boden die Wasseroberfläche nicht berührt. (Leichter geht es in einem speziellen Wasserbadtopf.)

4. Den restlichen Zucker, die Eier und die Eigelb in die Schüssel geben. Mit dem Schneebesen verrühren. Die Zimtstange aus der Vanillemilch nehmen und die heiße Milch dazugießen. Über dem leicht siedenden Wasserbad so lange mit einem Schneebesen schaumig aufschlagen, bis die Masse cremig ist. Dann die Lebkuchen und das Lebkuchengewürz unterrühren.

5. Die Creme unter gelegentlichem Rühren abkühlen lassen, dann das Zwetschgenwasser dazugeben. Die Creme zum Gefrieren in eine Eismaschine füllen.

6. Sobald die Masse fest zu werden beginnt, die Dörrpflaumen untermischen. Weitergefrieren, bis das Eis fest ist. Mit einem Eisportionierer Kugeln abstechen und eventuell mit Pflaumenkompott servieren.

A.S.

» *Wer keine Eismaschine hat, füllt die Masse in eine Metallform und gefriert sie unter gelegentlichem Durchrühren in einem Gefriergerät.* «

Götterspeise

WESTFALEN

Überall dort, wo man ein würziges dunkles Brot einer Breze oder Weißbrot vorzieht, gibt es auch dieses Dessert. In Schleswig-Holstein schichtet man Apfelmus dazwischen, wodurch aus der göttlichen Speise ein »Verschleiertes Bauernmädchen« wird.

Für 4 Personen:

400 g Preiselbeeren

80 g Zucker

4 EL Rotwein

1/2 Zimtstange

1 Stück unbehandelte Orangenschale

2 Tassen geriebener Pumpernickel

50 g geriebene Zartbitterschokolade

250 g Quark (20 % Fett i. Tr.)

4 bis 5 EL Milch

2 EL Vanillezucker

1/4 l Sahne

1. Die Preiselbeeren verlesen, waschen und gut abtropfen lassen. Mit Zucker, Rotwein, Zimtstange und Orangenschale in einem Topf zum Kochen bringen und bei schwacher Hitze gar kochen. Abkühlen lassen.

2. Den Pumpernickel mit der Schokolade vermischen.

3. Den Quark mit der Milch glattrühren und mit Vanillezucker süßen. Die Sahne steif schlagen und zwei Drittel davon locker und gleichmäßig unter den Quark ziehen.

4. In vier Glasschalen schichtweise die Brot-Schokoladen-Mischung, dann die Preiselbeeren und die Quarkcreme einfüllen, dabei mit der Brot-Schokoladen-Mischung abschließen. Gut gekühlt durchziehen lassen, dann mit der restlichen Sahne und eventuell einigen Preiselbeeren garniert servieren.

Quittenschnee

PFALZ

Für 4 Personen:

500 g Quitten

140 g Zucker

1/4 l Wasser

1/4 l Weißwein

1 Vanilleschote

Saft von 1 Zitrone

3 Blatt weiße Gelatine

1 Eiweiß

1/8 l Sahne

1. Die Quitten waschen und in Stücke schneiden. Mit 120 g Zucker, Wasser, Wein, der aufgeschnittenen Vanilleschote und dem Zitronensaft in einen Topf geben, aufkochen lassen und in etwa 20 bis 30 Minuten gar kochen.

2. Die Vanilleschote herausnehmen, die Quitten durch ein Sieb oder die Flotte Lotte streichen. Das Mark der Vanilleschote mit einem spitzen Messer in das Fruchtpüree schaben. Die Gelatine in kaltem Wasser einweichen. Dann gut ausdrücken und unter das heiße Fruchtmus mischen. Kalt stellen.

3. Das Eiweiß zu steifem Schnee schlagen, dabei den restlichen Zucker einrieseln lassen. Die Sahne ebenfalls steif schlagen.

4. Den Eischnee und die Sahne locker und gleichmäßig unter das abgekühlte, leicht gelierende Quittenmus mischen. In Förmchen füllen, erneut in den Kühlschrank stellen und erstarren lassen. Auf Teller stürzen und mit Quittenkompott oder Schokoladensauce servieren.

A.S.

» Es müssen nicht immer Exoten vom anderen Ende des Erdballs sein. Entdecken Sie doch wieder einmal das herrliche Aroma der fast in Vergessenheit geratenen einheimischen Quitten. Es gibt sie von Ende September bis Mitte November. «

9. KAPITEL
Backen

Wer erfand den Kuchen? Die alten Germanen, als sie zum Sonnenwendfest runde Fladen aus Mehl und Honig zubereiteten, oder die Araber, die Zuckerrohr hatten und damit beispielsweise die ersten Apfelstrudel süßten? Gewiß ist, daß die Honigfladen unserer Altvorderen später in den Küchen der Klöster und Schlösser verfeinert wurden. Bürger- und Bauersfrauen backten nur zu besonderen Feiertagen und süßten mit Honig oder Trockenobst, denn das bräunlichweiße Kristallpulver aus dem teuer importierten Rohrzucker konnten sich bis ins letzte Jahrhundert nur die Reichen leisten.

Das Zuckerschlecken für jedermann löste ein Mitglied der Königlich Preußischen Akademie der Wissenschaften in Berlin aus: Andreas Sigismund Markgraf. Der Chemiker entdeckte 1747 das süße Innenleben der Runkelrübe, deren Melasse bis zu 50 Prozent Zucker enthielt. Doch zunächst gelang es nicht, mehr als ein Zehntel zu gewinnen. Erst 1801 erlaubten neue Verfahrenstechniken die Gründung der ersten Rübenzuckerfabrik; sie entstand auf dem niederschlesischen Gutshof Kunern. Gut 20 Jahre später begann dann die großindustrielle Gewinnung in Sachsen, Anhalt, Braunschweig und Schlesien. Seither ist der Hang zum Süßen in Deutschland besonders ausgeprägt. Kalorienzahl her, Gesundheitsbewußtsein hin: Neun von zehn Gästen in den guten Restaurants essen Desserts und knabbern hinterher das Feingebäck. Das inspirierte uns Köche, Kuchen und Torten zu angenehm kleinen Dessertportionen zu verniedlichen. Doch das fällt schwer. Denn: Auf allen anderen Posten in der Küche, sogar bei den Saucen, muß sich der Koch nicht sklavisch an jede Mengen- oder Zeitangabe halten und kann mit Fingerspitzengefühl korrigieren. Nur in der Patisserie und in der Konditorei dominieren Präzisionswaage und Sekundenzeiger, weil das süße Leben so gut wie keinen Toleranzspielraum läßt, kochtechnisch und geschmacklich gesehen. Die Konditoren haben ihre Rezepte subtil ausgetüftelt und präzisiert. Die Kombinationen der Zutaten für Aachener Printen und Dresdner Stollen sind so durchdacht, die Gewichtsangaben für Schwarzwälder Kirschtorte und Nürnberger Lebkuchen so ausgewogen, die Gesetzmäßigkeiten der Backphysik für Thüringer Napfkuchen und rheinische Spekulatius so ausgereizt, daß Neues nur durch behutsame Veränderungen und an der dekorativen Oberfläche vorstellbar ist – und das läßt sich ja machen, ohne oberflächlich zu sein.

Zwetschgendatschi

ALTBAYERN/
SCHWABEN

Ganz klar: Zwetschgendatschi wird mit Hefeteig, allenfalls noch mit Mürbeteig zubereitet. Aber da für den klassischen Datschi jede Hausfrau ohnehin ihr eigenes und somit sicher das beste Rezept hat, hier mein Vorschlag zu einem knusprigen Datschi, der nicht nur zum Kaffee, sondern auch als Dessert serviert werden kann.

Für 4 Personen:

200 g tiefgekühlter Blätterteig

500 g vollreife Zwetschgen

50 g Butter

50 g Zucker

50 g Marzipanrohmasse

1 Ei

25 g Mehl

1 bis 2 EL Zwetschgenmus

1 EL Zwetschgenwasser

1. Die Blätterteigplatten nebeneinanderlegen und auftauen lassen. Die Zwetschgen waschen, halbieren, entsteinen und die Hälften vierteln.

2. Die Blätterteigplatten ein wenig anfeuchten, übereinanderlegen und dünn ausrollen. Vier runde Teigplatten von etwa 12 bis 14 cm Durchmesser ausstechen und kalt stellen. Butter, Zucker, Marzipan und das Ei miteinander cremig verrühren und zum Schluß das Mehl untermischen. Den Backofen auf 220° C vorheizen.

3. Die Blätterteigböden auf ein mit Backpapier ausgelegtes Backblech legen. Mit der Marzipanmasse bestreichen, dabei einen etwa 1 cm breiten Rand freilassen, damit der Teig an der Seite aufgehen kann. Nun die Zwetschgenspalten kreisförmig, mit etwas Abstand zum Rand, auf den Teigböden verteilen. Im Backofen in etwa 15 Minuten knusprig backen.

4. Zwetschgenmus mit Zwetschgenwasser verrühren und in einem kleinen Topf erhitzen. Den Datschi nach dem Backen mit der warmen Zwetschgenglasur bestreichen. Eventuell mit Zwetschgeneis servieren.

Käsekuchen

NIEDERSACHSEN ———

Käsekuchen darf man nicht mit Käsesahnetorte verwechseln. Hier ein Rezept für den klassischen, in ganz Deutschland so beliebten, echten gebackenen Käsekuchen.

Für 1 Springform (26 cm Durchmesser):

Für den Mürbeteig:

300 g Mehl, 100 g Zucker

200 g kalte Butter, 1 Ei

Für die Füllung:

500 g Magerquark, 1/2 l saure Sahne

3 Eigelb, 200 g Zucker

40 g Magermilchpulver, 40 g Mehl

abgeriebene Schale von

1/2 unbehandelten Zitrone, 5 Eiweiß

Außerdem:

Fett für die Form

Hülsenfrüchte zum Blindbacken

1. Mehl, Zucker, Butterflocken und Ei mit den Knethaken des Handrührgerätes zu einem Mürbeteig verkneten. Mit Folie umhüllt im Kühlschrank 1 Stunde ruhen lassen.

2. Quark mit saurer Sahne, Eigelb, 50 g Zucker, Magermilchpulver, Mehl und Zitronenschale zu einer glatten Creme verrühren. Backofen auf 200° C vorheizen.

3. Den Teig auf einem bemehlten Backbrett ausrollen und Boden und Rand der gefetteten Springform damit auskleiden. Mit Hülsenfrüchten im Backofen 10 Minuten blindbacken. Dann die Hülsenfrüchte entfernen und die Backofentemperatur auf 160° C zurückschalten.

4. Die Eiweiß steif schlagen, dabei nach und nach den restlichen Zucker einrieseln lassen. So lange weiterschlagen, bis die Masse glänzend und schnittfest ist. Den Eischnee locker und gleichmäßig unter die Quarkmasse heben und auf dem Mürbeteig verteilen.

5. Auf der mittleren Schiene in etwa 1 1/2 Stunden goldbraun backen. Dabei nach 15 Minuten mit einem Messer am Rand entlang leicht einschneiden, damit der Käsekuchen keine Risse bekommt.

Träubleskuchen

SCHWABEN ———

Träubles sind in Schwaben keineswegs Weintrauben, sondern rote Johannisbeeren. Solange die Saison reicht, steht bei jeder schwäbischen Familie regelmäßig Träubleskuchen auf der Kaffeetafel.

Für 1 Springform (26 cm Durchmesser):

Für den Mürbeteig:

300 g Mehl, 100 g Zucker

200 g Butter, 1 Ei

Für die Füllung:

4 Eiweiß, 150 g Zucker

50 g gemahlene geröstete Mandeln

25 g Speisestärke

30 g Hartweizengrieß

500 g rote Johannisbeeren

Außerdem:

Fett für die Form

1. Mehl, Zucker, Butterflocken und Ei mit den Knethaken des Handrührgerätes zu einem Mürbeteig verkneten. Mit Folie umhüllt im Kühlschrank 1 Stunde ruhen lassen.

2. Backofen auf 180° C vorheizen. Die Eiweiß steif schlagen, dabei nach und nach den Zucker einrieseln lassen. So lange weiterschlagen, bis die Masse glänzend und schnittfest ist. Mandeln, Speisestärke und Grieß locker und gleichmäßig unterziehen. Die Johannisbeeren von den Rispen streifen und untermischen.

3. Den Teig auf einem bemehlten Backbrett ausrollen und Boden und Rand der gefetteten Springform damit auskleiden. Den Teig mit einer Gabel mehrmals einstechen. Die Johannisbeermasse einfüllen, die Oberfläche glatt streichen und 45 bis 50 Minuten backen.

A.S.

» Damit der Mürbeteig nicht durchweicht, ist es ratsam, den Boden zuerst blindzubacken: den Teig mit Backpapier belegen, Hülsenfrüchte daraufgeben und backen. «

Schwarzwälder Kirschtörtchen

Für 8 Törtchen:

Für den Biskuitteig:

4 Eigelb

100 g Zucker

4 Eiweiß

1 EL Speisestärke

70 g Mehl

20 g Kakaopulver

20 g gemahlene Mandeln

Für die Füllung:

100 g Kirschkonfitüre

1/2 l Sahne

20 g Zucker

2 Blatt weiße Gelatine

4 cl Kirschwasser

2 bis 3 EL Läuterzucker

1 kleines Glas Kirschen, in Rum eingelegt

50 g Zartbitterschokolade

1. Den Backofen auf 200° C vorheizen. Eigelb und 80 g Zucker mit den Schneebesen eines Handrührgerätes schaumig schlagen. Die Eiweiß mit dem restlichen Zucker steif schlagen und auf die Eigelbmasse geben. Mit Speisestärke, Mehl, Kakao und Mandeln locker und gleichmäßig unterziehen.

2. Ein Backblech mit Backpapier auslegen und den Teig daraufstreichen. Auf der mittleren Schiene 8 bis 10 Minuten backen. Dann auf ein Gitter stürzen, das Papier abziehen und den Biskuit abkühlen lassen.

3. Den Biskuit quer halbieren, die untere Hälfte mit Kirschkonfitüre bestreichen

4. Die Sahne mit Zucker steif schlagen. Die Gelatine in kaltem Wasser einweichen. 2 cl Kirschwasser erwärmen, die Gelatine ausdrücken und darin auflösen. Erst 1 Löffel Sahne unter die Gelatine mischen, dann den Rest dazugeben und alles miteinander vermischen.

5. Etwa die Hälfte der Sahne auf der Kirschkonfitüre verteilen. Den zweiten Biskuitboden daraufsetzen und mit einer Mischung aus Läuterzucker und dem restlichen Kirschwasser tränken. Etwa 30 Minuten gut durchkühlen lassen.

6. Mit Hilfe eines runden Ausstechers kleine Törtchen von etwa 8 cm Durchmesser ausstechen. Mit der restlichen Sahne dick bestreichen, mit den abgetropften Kirschen belegen und erneut kühl stellen.

7. Die Schokolade über einem heißen Wasserbad unter Rühren schmelzen lassen und die Törtchen damit dekorieren.

A.S.

» *Aus den angegebenen Zutaten kann man auch eine Torte zubereiten. Die Masse dann in eine Springform von 26 cm Durchmesser füllen und etwa 30 Minuten backen.* «

Napfhupf

THÜRINGEN

Für 1 Guglhupfform (2 Liter Inhalt):

Für den Rührteig:

5 Eier

140 g Zucker

1 Prise Salz

abgeriebene Schale von

¹/₂ unbehandelten Zitrone

100 g Butter

2 TL Mehl

1 TL Backpulver

frisch geriebene Muskatnuß

50 g Rosinen

70 g Paniermehl, 80 g Biskuitbrösel

50 g gemahlene Pistazien

100 g gemahlene Mandeln

Außerdem:

etwas flüssige Butter für die Form

2 EL Mandelblättchen

Puderzucker zum Bestäuben

1. Den Backofen auf 180° C vorheizen. Die Eier mit der Hälfte des Zuckers, dem Salz und der Zitronenschale schaumig schlagen. Die Butter mit dem restlichen Zucker cremig rühren. Beide Massen miteinander vermischen und die übrigen Zutaten unterrühren.

2. Die Guglhupfform mit Butter ausfetten und mit Mandelblättchen ausstreuen. Den Teig einfüllen und im Backofen etwa 50 Minuten backen.

3. Den Kuchen kurz aus der Form stürzen, dann zum Auskühlen wieder zurück in die Form geben. Abgekühlt auf einen Kuchenteller stürzen und mit Puderzucker bestäuben.

Königskuchen

BERLIN

Für 1 Kastenform (1 Liter Inhalt):

250 g Butter

200 g Puderzucker

abgeriebene Schale von

1 unbehandelten Orange

2 cl Orangenlikör

6 Eigelb

200 g Mehl

100 g Speisestärke

1 TL Backpulver

6 Eiweiß

50 g Zucker

150 g Sultaninen

50 g gehacktes Orangeat

100 g grobgehackte Mandeln

Butter und Zucker für die Form

1. Den Backofen auf 180° C vorheizen. Butter, Puderzucker, Orangenschale und -likör cremig rühren und nach und nach die Eigelb hinzufügen.

2. Mehl, Speisestärke und Backpulver vermischen und unter die Eigelbmasse rühren. Eiweiß zu steifem Schnee schlagen, dabei nach und nach den Zucker einrieseln lassen. Den Eischnee auf die Eigelbmasse geben, Sultaninen, Orangeat und Mandeln darüberstreuen und alles locker und gleichmäßig vermischen.

3. Die Kastenform mit Butter ausfetten und mit Zucker ausstreuen. Den Teig einfüllen und die Oberfläche glattstreichen. Auf der mittleren Schiene in gut 1 Stunde goldbraun backen. Nach etwa 15 Minuten mit einem Messer der Länge nach in der Mitte 1 cm tief einschneiden, damit der Kuchen besser aufgeht.

Marmorkuchen

Bei jung und alt gleichermaßen beliebt: der Kuchen, bei dem jedes Stück anders gemustert ist. Marmorkuchen schmeckt nicht nur zu Kaffee: In Niedersachsen wird er gerne auch zu Tee serviert.

Für 1 Guglhupfform (2 Liter Inhalt):

150 g Butter

130 g Puderzucker

Mark von 1 Vanilleschote

abgeriebene Schale und Saft

von ½ unbehandelten Zitrone

5 Eigelb, 7 Eiweiß

130 g Zucker

250 g Mehl

1 Msp Backpulver

40 g Kakaopulver

etwas flüssige Butter für die Form

1 bis 2 EL Paniermehl

1. Den Backofen auf 180° C vorheizen. Die Butter mit dem Puderzucker cremig rühren. Das Vanillemark sowie Zitronenschale und -saft und die Eigelb hinzufügen.

2. Eiweiß zu steifem Schnee schlagen, dabei den Zucker einrieseln lassen und so lange weiterschlagen, bis die Masse glänzend und schnittfest ist. Den Eischnee auf die Schaummasse geben, Mehl und Backpulver darübersieben und alles locker miteinander verrühren. Ein Drittel der Teigmenge abnehmen und das Kakaopulver untermischen.

3. Die Guglhupfform mit Butter ausfetten und mit Paniermehl ausstreuen. Zwei Drittel des hellen Teiges in die Form geben, den dunklen Teig darauf verteilen und mit dem restlichen hellen Teig bedecken. Eine Gabel spiralenartig durch den Teig ziehen, so daß ein Marmormuster entsteht.

4. Den Kuchen im Backofen 45 bis 50 Minuten backen. Nach 10 Minuten mit einem Messer in der Mitte rundherum etwa 1 cm tief einschneiden, damit der Teig besser aufgeht.

Frankfurter Kranz

Wie wohlhabend die Menschen in Frankfurt immer waren, beweist dieser an Üppigkeit kaum zu überbietende Festtagskuchen. Ein ohnehin fetter Sandkuchen wird mit Buttercreme gefüllt und mit Krokant dick bestreut.

Für 1 Ringform (2 Liter Inhalt):

Für den Rührteig:

300 g Butter

250 g Zucker

5 Eier

Mark von 1 Vanilleschote

320 g Mehl

Für die Füllung:

200 g Butter

Mark von 1 Vanilleschote

120 g Zucker

4 Eigelb

Außerdem:

etwas Butter und Zucker für die Form

100 g Zucker

100 g gehackte Mandeln

12 Cocktailkirschen

1. Den Backofen auf 180° C vorheizen. Butter und Zucker cremig rühren und nach und nach die Eier hinzufügen. Das Vanillemark und löffelweise das Mehl zur Schaummasse geben und unterrühren. Die Ringform mit Butter ausfetten und Zucker ausstreuen, den Teig einfüllen. In knapp 1 Stunde goldbraun backen.

2. Inzwischen für die Füllung die Butter mit dem Vanillemark cremig rühren und nach und nach den Zucker und die Eigelb unterrühren. So lange rühren, bis sich der Zucker gelöst hat und eine glatte Creme entstanden ist.

3. Den Kuchen auf einem Kuchengitter auskühlen lassen. Dann zweimal quer durchschneiden, mit der Hälfte der Creme füllen und zusammensetzen. Mit dem Rest der Creme den Kuchen rundherum bestreichen, 2 bis 3 Eßlöffel Creme aufbewahren.

4. Für den Krokant den Zucker karamelisieren lassen, die Mandeln dazugeben und bei mittlerer Hitze goldbraun rösten. Dann auf eine Marmorplatte oder ein kalt abgespültes Holzbrett streichen und erkalten lassen. Im Mixer zerkleinern und den Kuchen damit dick bestreuen.

5. Mit der aufbewahrten Creme 12 Tupfen auf den Kranz spritzen, jeweils eine Kirsche daraufsetzen und mit den Krokantsplittern dekorieren.

A.S.

» *Viele klassische Rezepte werden immer wieder abgewandelt und verändert, bis man sie kaum noch erkennt. Anders beim Frankfurter Kranz. Wo Sie nachblättern und in welcher Konditorei Sie den Kranz auch kaufen – immer ist es ein üppiger Sandkuchen, gefüllt mit Buttercreme und bestreut mit Krokant.* «

Mohnstriezel

Mohnstriezel ist das schlesische Pendant zum Dresdner Christstollen und gehört ebenfalls zur Weihnachtszeit. Etwas weniger üppig bäckt man den Hefezopf mit Mohnfüllung aber auch zu anderen Jahreszeiten.

Für 1 Striezel:

Für den Hefeteig:

500 g Mehl

40 g Hefe

160 ml lauwarme Milch

80 g Zucker

1 Prise Salz

3 Eier

80 g flüssige Butter

Für die Füllung:

200 ml Milch

1 EL Honig

80 g Zucker

250 g frisch gemahlener Mohn

140 g Kuchenbrösel

etwas gemahlener Zimt

abgeriebene Schale von

1/2 unbehandelten Zitrone

Außerdem:

1 Eigelb

3 EL Sahne

1. Das Mehl in eine Schüssel geben, in die Mitte eine Mulde drücken und die Hefe hineinbröckeln. Mit 3 bis 4 EL Milch, 1 TL Zucker und etwas Mehl zu einem Vorteig verrühren. Zugedeckt etwa 15 Minuten gehen lassen.

2. Restliche Milch, restlichen Zucker, Salz, Eier und die Butter dazugeben und entweder mit einem Holzlöffel oder mit den Knethaken einer Küchenmaschine bzw. eines Handrührgerätes so lange durchkneten, bis sich der Teig vom Schüsselboden löst und einen matten Glanz bekommt. Zugedeckt an einem warmen Ort mindestens 30 Minuten gehen lassen, bis sich das Teigvolumen verdoppelt hat.

3. Inzwischen für die Füllung die Milch mit Honig und Zucker zum Kochen bringen. Unter Rühren den Mohn und die Brösel dazugeben und mit Zimt und Zitronenschale abschmecken. Die Masse vom Herd nehmen und kurz ausquellen lassen.

4. Den Hefeteig zu einem Rechteck ausrollen und der Länge nach in drei gleich breite Streifen schneiden. Jeden Teigstreifen mit Mohnmasse bestreichen, von der Längsseite her aufrollen und die Ränder jeweils gut andrücken. Die drei entstandenen Rollen an einem Ende zusammendrücken und zu einem Zopf flechten.

5. Entweder der Länge nach auf ein gefettetes Backblech legen oder zu einem Kranz zusammenbiegen. Erneut an einem warmen Ort 30 Minuten gehen lassen. Den Backofen auf 170° C vorheizen.

6. Eigelb und Sahne verrühren und den Zopf damit bestreichen. Im Backofen 40 bis 45 Minuten backen.

A.S.

» *Zur Weihnachtszeit werden gehackte Nüsse, Rosinen, Zitronat und Orangeat unter die Mohnmasse gemischt.* «

Butterkuchen

Der Duft eines frisch gebackenen Butterkuchens gehört seit Jahrhunderten zu den verführerischsten Aromen und hat bis heute nichts an Attraktivität verloren.

Für 1 Backblech:

Für den Hefeteig:

500 g Mehl

40 g Hefe

1/4 l lauwarme Milch

80 g Zucker

1 Prise Salz

1 Ei

80 g flüssige Butter

abgeriebene Schale von

1/2 unbehandelten Zitrone

Für den Belag:

200 g kalte Butter

150 g Zucker

1/2 TL Zimt

50 g Mandelblättchen

Außerdem:

Butter für das Blech

1. Das Mehl in eine Schüssel geben, in die Mitte eine Mulde drücken und die Hefe hineinbröckeln. Mit 3 bis 4 EL Milch, 1 TL Zucker und etwas Mehl zu einem Vorteig verrühren und zugedeckt etwa 15 Minuten gehen lassen.

2. Restliche Milch, restlichen Zucker, Salz, Ei, Butter und die Zitronenschale dazugeben und entweder mit einem Holzlöffel oder mit den Knethaken einer Küchenmaschine bzw. eines Handrührgerätes so lange durchkneten, bis sich der Teig vom Schüsselboden löst und einen matten Glanz bekommt.

3. Zugedeckt an einem warmen Ort mindestens 30 Minuten gehen lassen, bis sich das Teigvolumen verdoppelt hat. Dann erneut mit den Händen kräftig durchkneten und noch einmal 15 Minuten gehen lassen.

4. Ein Backblech mit Butter ausfetten. Den Hefeteig darauf ausrollen und erneut 15 Minuten gehen lassen. Den Backofen auf 180° C vorheizen.

5. Mit dem Zeigefinger im Abstand von etwa 4 cm kleine Dellen in den Teig drücken und die Butter in kleinen Stückchen hineingeben. Zucker und Zimt vermischen und den Teig zuerst mit dem Zimtzucker, dann mit den Mandelblättchen bestreuen. Im Backofen in 25 bis 30 Minuten goldbraun backen.

A.S.

» *Lauwarm schmeckt der Hefekuchen am besten.
Manche Hausfrau bestreicht den ungebackenen
Teig auch mit Rosenwasser, bevor sie Mandeln
darüberstreut, oder reichert den Hefeteig
mit Rosinen an.* «

Bienenstich

Für 1 Backblech:

Für den Hefeteig:

500 g Mehl, 40 g Hefe

¹/₄ l lauwarme Milch

80 g Zucker, 1 Prise Salz

1 Ei, 100 g flüssige Butter

Für den Belag:

200 g Butter

100 ml Sahne

200 g Zucker

400 g Mandelblättchen

Außerdem:

Butter für das Blech

¹/₂ l Sahne

1. Aus den angegebenen Zutaten, wie im Rezept auf Seite 238 beschrieben, einen Hefeteig zubereiten und gehen lassen.

2. Ein Backblech mit Butter ausfetten. Den Hefeteig darauf ausrollen und nochmals 15 Minuten gehen lassen. Den Backofen auf 180° C vorheizen.

3. Für den Belag Butter, Sahne und Zucker erhitzen, die Mandelblättchen dazugeben und unter Rühren einköcheln lassen, bis die Mischung goldgelb und klebrig ist. Etwas abgekühlt gleichmäßig auf den Teig streichen und im Backofen etwa 30 Minuten backen.

4. Auf einem Kuchengitter abkühlen lassen und einmal quer durchschneiden. Die Sahne steif schlagen und den Kuchen damit füllen. In rechteckige Stücke schneiden.

A.S.

» *Häufig wird der Bienenstich mit einer Konditorcreme, also einem mit Eigelb verfeinerten Vanillepudding, gefüllt.* «

Streuselkuchen

Ob nun den Sachsen, den Schlesiern oder den Berlinern Dank für diese Kreation gebührt – heute ist der mit bröseligem Mürbeteig belegte Hefekuchen im ganzen Land heißgeliebt.

Für 1 Backblech:

Für den Hefeteig:

500 g Mehl, 40 g Hefe

¹/₄ l lauwarme Milch

60 g Zucker, 2 EL Vanillezucker

1 Prise Salz

1 Ei, 80 g flüssige Butter

Für die Streusel:

150 g Zucker

150 g Mehl

Mark von 1 Vanilleschote

150 g Butter

Außerdem:

Butter für das Blech

Puderzucker zum Bestäuben

1. Aus den angegebenen Zutaten, wie im Rezept auf Seite 238 beschrieben, einen Hefeteig zubereiten und gehen lassen.

2. Ein Backblech mit Butter ausfetten. Den Hefeteig darauf ausrollen und nochmals 15 Minuten gehen lassen. Den Backofen auf 200° C vorheizen.

3. Für die Streusel Zucker, Mehl und Vanillemark vermischen. Die Butter zerlassen, abkühlen lassen und darübergießen. Den Teig mit den Händen zu Streuseln verarbeiten.

4. Die Streusel gleichmäßig auf dem Teig verteilen und im Backofen in etwa 30 Minuten goldbraun und knusprig backen. Mit Puderzucker bestreuen. Noch warm serviert ist der Kuchen ein besonderer Genuß!

Auszogne

Auszogne gab es früher vorwiegend in der Erntezeit und natürlich an Kirchweih, weshalb sie häufig auch Kirchweih- oder Kirtanudeln genannt werden. Während in Niederbayern die Bäuerin die Nudeln geschickt mit der Hand auszieht, bevorzugt die schwäbische Hausfrau das Knie zum Formen – deshalb heißt das Schmalzgebäck dort Knieküchle.

Für etwa 12 Auszogne:

Für den Hefeteig:

500 g Mehl, 20 g Hefe

1/4 l lauwarme Milch

80 g Zucker, 1 Prise Salz

abgeriebene Schale von

1/2 unbehandelten Zitrone

1 Ei, 60 g flüssige Butter

Außerdem:

Butterschmalz zum Ausbacken

etwas geschmacksneutrales Öl

Puderzucker zum Bestäuben

1. Aus den angebenen Zutaten, wie im Rezept auf Seite 238 beschrieben, einen Hefeteig zubereiten und gehen lassen.

2. Mit einem Eßlöffel Teigstücke abstechen und zu kleinen Kugeln formen. Mit einem Tuch bedeckt etwa 15 Minuten gehen lassen. Das Ausbackfett auf 180° C erhitzen.

3. Die Finger mit Öl einreiben und die Teigkugeln vorsichtig so auseinanderziehen, daß außen ein dicker Rand entsteht und innen der Teig hauchdünn ist. Die Auszognen portionsweise in das heiße Fett gleiten lassen, einige Male mit dem Fett begießen und etwa 2 bis 3 Minuten backen. Dann vorsichtig wenden und nun darauf achten, daß kein Fett mehr in die Mitte auf den dünn ausgezogenen Teig gelangt.

4. Mit einem Schaumlöffel herausheben und auf Küchenpapier abtropfen lassen. Mit Puderzucker bestäuben.

Berliner Pfannkuchen

Für etwa 12 Berliner:

Für den Hefeteig:

600 g Mehl

40 g Hefe

etwa 1/4 l lauwarme Milch

6 Eigelb

60 g Zucker

120 g flüssige Butter

1 Prise Salz

Für die Füllung:

300 g Konfitüre nach Geschmack

4 cl dazu passender Schnaps

Außerdem:

Butterschmalz zum Ausbacken

1. Das Mehl in eine Schüssel geben, in die Mitte ein Mulde drücken und die Hefe hineinbröckeln. Mit etwas lauwarmer Milch und Mehl verrühren und 15 Minuten gehen lassen.

2. Eigelb und Zucker über einem heißen Wasserbad schaumig aufschlagen und mit Butter und Salz zu den übrigen Zutaten geben. Wie im Rezept auf Seite 238 beschrieben, zu einem Hefeteig verarbeiten und gehen lassen.

3. Den Teig etwa 1 cm dick ausrollen und runde Plätzchen von etwa 6 cm Durchmesser ausstechen. Die Konfitüre mit dem Schnaps verrühren. Jeweils in die Mitte der Teigplätzchen etwas Konfitüre geben, mit einem zweiten Plätzchen bedecken und am Rand leicht andrücken. Mit einem etwas kleineren Ausstecher nochmals ausstechen, so daß die Ränder einen schönen Verlauf haben. Zugedeckt weitere 20 Minuten gehen lassen. Das Ausbackfett auf 180° C erhitzen.

4. Die »Berliner« portionsweise jeweils 3 Minuten zugedeckt im Fett backen, dann wenden und weitere 3 Minuten offen backen lassen. Mit einem Schaumlöffel herausheben und auf Küchenpapier abtropfen lassen. Mit Puderzucker bestäuben.

Prinzregententorte

Der Hofkoch Rottenhöfer hat diese Torte zu Ehren des allseits beliebten Prinzregenten Luitpold (1821 bis 1912) erfunden. Die Münchner mögen den Prinzregenten und seine Torte noch immer.

Für 1 Springform (22 cm Durchmesser):

Für den Teig:

4 Eigelb

240 g Zucker

abgeriebene Schale von

1 unbehandelten Zitrone

150 g flüssige Butter

1 Msp Backpulver

180 g Mehl

4 Eiweiß

Für die Füllung:

230 g Butter

180 g Puderzucker

Mark von 1 Vanilleschote

3 Eigelb

160 g Blockschokolade

Für den Überzug:

160 g Puderzucker

1 EL flüssiges Kokosfett

40 g Kakaopulver

Außerdem:

Zucker zum Bestreuen

1. Die Eigelb mit 180 g Zucker schaumig schlagen. Zitronenschale und Butter dazugeben und zum Schluß das mit Backpulver vermischte Mehl unterrühren. Den Backofen auf 180° C vorheizen.

2. Eiweiß zu steifem Schnee schlagen, dabei den restlichen Zucker einrieseln lassen und so lange weiterschlagen, bis die Masse schnittfest und glänzend ist. Den Eischnee locker und gleichmäßig unter den Teig ziehen.

3. Die Springform mit Backpapier auslegen und knapp 1 cm hoch Teig daraufstreichen. Im Backofen in etwa 15 Minuten goldbraun backen. Aus der Form nehmen, das Papier abziehen, mit Zucker bestreuen und etwa 1 Stunde auskühlen lassen. So fortfahren, bis der Teig aufgebraucht ist. Die Teigmasse ergibt 5 bis 6 Böden.

4. Für die Füllung Butter und Puderzucker cremig rühren. Das Vanillemark und die Eigelb zur Buttercreme geben. Die Schokolade über einem heißen Wasserbad schmelzen lassen und abgekühlt ebenfalls unter die Creme rühren.

5. Die Böden mit der Creme bestreichen und aufeinandersetzen. Den Kuchen mit der restlichen Creme rundherum bestreichen und kalt stellen.

6. Für den Überzug den Puderzucker fein sieben und mit Kokosfett, Kakao und, falls nötig, etwas Wasser zu einem glatten glänzenden Guß verrühren. Die Torte mit einer in heißes Wasser getauchten Palette rundherum gleichmäßig mit dem Schokoladenguß bestreichen. Vor dem Anschneiden mindestens 1 Stunde kalt stellen.

A.S.

» Die echte Buttercreme ist eine kalorienreiche Angelegenheit. Wer die Creme leichter und bekömmlicher haben möchte: Statt Eigelb und Schokolade etwa 250 g gekochten abgekühlten Schokoladenflammerie unter die Butter rühren. «

Roggenbrot

Einmal pro Woche frisches Brot zu backen, war früher vor allem auf Bauernhöfen ganz selbstverständlich. Heute macht man's wieder, aus Freude am Selbstgemachten.

Für 2 Brotlaibe:

30 g Hefe

1 Prise Zucker

3 bis 4 EL lauwarme Milch

350 g Roggenmehl Type 1150

300 g Weizenmehl Type 550

100 g Dinkelschrot

gut 1/2 l lauwarmes Wasser

30 g Butter

1 EL Honig

Salz

1. Hefe in eine kleine Schüssel bröckeln, mit Zucker und Milch verrühren und etwas gehen lassen.

2. Jeweils die Hälfte des Roggenmehls, Weizenmehls und Dinkelschrots in eine große Schüssel geben und mit dem Wasser verrühren, bis ein glatter Teig entsteht. Zugedeckt 20 Minuten an einem warmen Ort ruhen lassen.

3. Die angerührte Hefe, das restliche Mehl sowie Butter, Honig und Salz dazugeben und mit den Händen zu einem glatten festen Teig verkneten. Falls der Teig zu bröckelig ist, noch etwas Wasser dazugeben, falls er zu weich ist, ein wenig Mehl einarbeiten. Zugedeckt mindestens 30 Minuten gehen lassen.

4. Den Teig auf einem bemehlten Backbrett noch einmal kräftig durchkneten, dann halbieren und zwei Brotlaibe daraus formen. Auf ein Backblech legen, mit einem Tuch bedecken und erneut 30 Minuten gehen lassen. Den Backofen auf 210° C vorheizen.

5. Die Brotlaibe mit Wasser bepinseln und in etwa 1 Stunde goldbraun backen. Während des Backens eine kleine Schale mit Wasser in den Backofen stellen.

Zwiebelkuchen

Federweißer ist ohne Zwiebelkuchen in vielen deutschen Weinregionen undenkbar. Wichtig: Der mit viel Zwiebeln belegte Hefekuchen muß warm serviert werden!

Für 6 bis 8 Personen:

Für den Hefeteig:

250 g Mehl, 20 g Hefe

1 kleine Tasse lauwarme Milch

1 Prise Zucker, 50 g Butter, 1 Prise Salz

Für den Belag:

1 kg Zwiebeln

200 g durchwachsener Räucherspeck

50 g Butter

Salz, frisch gemahlener Pfeffer

1 Prise gemahlener Kümmel

1/2 l saure Sahne, 2 Eier, 2 Eigelb

Außerdem:

etwas Butter für die Form

1. Mehl in eine Schüssel geben, in die Mitte ein Mulde drücken und die Hefe hineinbröckeln. Mit etwas Milch und Zucker verrühren und etwa 15 Minuten gehen lassen. Dann die Butter, die restliche Milch und Salz dazugeben und mit einem Kochlöffel oder den Knethaken eines Handrührgerätes so lange schlagen, bis der Teig Blasen wirft und sich vom Schüsselboden löst. Mit einem Tuch bedeckt an einem warmen Ort etwa 30 Minuten gehen lassen.

2. Zwiebeln schälen und in Würfel, den Speck in schmale Streifen schneiden. Die Butter zerlassen und den Speck darin glasig braten. Die Zwiebeln dazugeben und leicht mit andünsten. Vom Herd nehmen und mit Salz, Pfeffer und Kümmel kräftig würzen. Saure Sahne, Eier und Eigelb unter die Zwiebelmasse rühren. Den Backofen auf 220° C vorheizen.

3. Den Teig auf einem bemehlten Backbrett ausrollen. Die Springform mit Butter ausfetten und mit dem Teig auskleiden. Die Zwiebelmasse auf dem Hefeteig verteilen und im Backofen in etwa 40 Minuten goldbraun backen.

10. KAPITEL
Einmachen

So sehr der technische und wissenschaftliche Fortschritt in der Medizin, in der Arbeitserleichterung oder im Verkehr auch zu begrüßen sein mag, um ein Stück ganz besonderer Lebensqualität hat er uns gebracht: Wir haben – zumindest beim Essen – das Gefühl für die Saison verloren. Wie sehr haben wir uns früher gefreut, wenn der Spargel frisch gestochen von den Feldern kam, die Kirschen in Nachbars Garten reif wurden oder die ersten neuen Kartoffeln gepellt werden konnten. Und heute? Jedes Obst, jedes Gemüse ist nahezu ganzjährig zu haben, weil es aus den entferntesten Ecken der Erde eingeflogen und dank komplizierter Kühltechnik in die entlegensten Gegenden geschafft werden kann. Ich will ja nicht bestreiten, daß dies auch seine Vorteile hat. Aber die ursprüngliche Freude an den Segnungen der Natur ging dabei verloren: Wir wissen kaum noch, wie etwas Erntefrisches aus dem eigenen Garten oder den Feldern ringsum schmeckt, statt dessen haben wir den Geschmack nach Treibhaus, Konserve und Haltbarkeitsmachern wie eine Strafe Gottes auf der Zunge. Ich freue mich über jeden Gast, der keine teuer importierten und kostspielig servierten Pfirsiche, Zwetschgen oder Himbeeren haben muß, sondern mit mir warten kann, bis wir sie aus heimischen Anbaugebieten bekommen.

Einen Teil dieser Freude, die wir beim ersten Biß in erntefrisches Obst empfinden, das nicht aus Zuchtkulturen, sondern aus Gottes freier Natur stammt, können wir uns für den Rest des Jahres konservieren: durch das gute alte Einmachen. Damit Sie dabei nicht um die Früchte Ihrer Arbeit gebracht werden, sollten Sie ein paar Grundsätze beachten: Nehmen Sie nur frische Produkte erster Güte. Benutzen Sie fürs Einkochen nur Gefäße, die nicht beschädigt und nicht mit Fett in Berührung gekommen sind und die ausschließlich zum Einmachen verwendet werden. Achten Sie penibel auf Sauberkeit. Nur saubere und heile Gläser, Ringe und Deckel garantieren luftdichten Verschluß. Stellen Sie die Gläser vorm Einfüllen des heißen Kochguts auf ein nasses Tuch. Füllen Sie die Gläser vorschriftsmäßig: mit Musartigem nur dreiviertel voll, mit Vorgekochtem bis zwei Zentimeter unterm Glasrand und mit Rohem bis unter den Glasrand. Fürs Verschließen müssen Glasränder, Gummiringe und Deckel sauber und frisch angefeuchtet sein. Nach dem Einkochen empfiehlt es sich, die Gläser zu beschriften. Ihr Aufbewahrungsort sollte kühl, trocken, luftig und dunkel sein.

Senfgurken

Früher war es in ganz Deutschland üblich, zu reif gewordene Gurken einzumachen und auf diese Weise für den Winter zu konservieren.

Für 1 Einmachglas (1 Liter Inhalt):

1 kg reife, leicht gelbe Salatgurken

(Schmorgurken)

Salz

1 weiße Zwiebel

50 Senfkörner

15 schwarze Pfefferkörner

1 Lorbeerblatt

1 Dill-Blütendolde

1 kleines Stück Ingwerwurzel

375 ml Weißweinessig

100 g Zucker

1. Die Gurken schälen, der Länge nach halbieren und die Kerne mit einem Löffel herausschaben. Die Hälften mit Salz bestreuen, mit einem Tuch bedecken und einige Stunden, am besten über Nacht, stehen lassen.

2. Die Gurken gut trockentupfen und in fingerdicke Scheiben schneiden. Die Zwiebel schälen und in feine Ringe schneiden. Mit den Senf- und Pfefferkörnern sowie dem Lorbeerblatt abwechselnd mit den Gurkenstücken in ein großes Einmachglas schichten. Die Dilldolde obenauf legen.

3. Den Ingwer schälen und in kleine Würfel schneiden. Essig und Zucker mit dem Ingwer kurz aufkochen, dann erkalten lassen. Die Mischung über den Gurken verteilen und zugedeckt 24 Stunden durchziehen lassen.

4. Danach die Flüssigkeit abgießen, erneut zum Kochen bringen und kochendheiß über die Gurken gießen. Diesen Vorgang nach 14 Tagen noch einmal wiederholen. Dann die Gläser fest verschließen und dunkel und kühl aufbewahren. Nach etwa 4 bis 6 Wochen sind die Gurken zum Verzehr geeignet.

Senfkürbis

MARK
BRANDENBURG

Ein Steintopf mit eingelegten süß-sauren Kürbissen stand früher ab November in Mark Brandenburg in jedem Haushalt. Ob als Beilage zu gekochtem Fleisch oder einfach nur zu Brot – pikant eingelegter Kürbis bereichert den ganzen Winter über den Speiseplan.

Für 1 Einmachglas (1 Liter Inhalt):

1 kg Kürbisfruchtfleisch

1 kleines Stück Ingwerwurzel

200 ml Wasser

400 ml Weißweinessig

600 g Zucker

etwas Salz

4 Gewürznelken

10 Pfefferkörner

1 EL Senfkörner

1. Kürbisfleisch in 2 cm große Würfel schneiden und in ein Einmachglas füllen.

2. Die Ingwerwurzel schälen und in sehr kleine Würfel schneiden.

3. Wasser mit Essig, Zucker, Salz, Ingwer, Nelken, Pfeffer- und Senfkörnern 5 Minuten kochen lassen.

4. Den Sud heiß über die Kürbiswürfel gießen, sie sollen vollständig damit bedeckt sein. Das Glas gut verschließen und mindestens 1 Woche im Kühlschrank durchziehen lassen.

Süß-saure Birnen mit Ingwer

THÜRINGEN

Süß-sauer eingelegte Früchte und Gemüse fehlten früher in keinem Vorratskeller. In den östlichen Regionen mußten die Pikanterien immer ein bißchen süßlich und nach Ingwer schmecken.

Für 1 Einmachglas (1 Liter Inhalt):

1 kg vollreife Birnen

500 g Zucker

1/8 l Wasser

200 ml Weißweinessig

100 g Ingwerwurzel

6 Gewürznelken

1. Die Birnen schälen, halbieren und entkernen. Die Birnenhälften der Länge nach in Spalten schneiden.

2. Zucker, Wasser und Essig in einem Topf verrühren, die Birnenspalten dazugeben und bei schwacher Hitze zum Kochen bringen. Herausstehende Birnen mit einem Pergamentpapier abdecken, damit sie nicht braun werden. Einmal aufkochen lassen, dann den Topf vom Herd nehmen.

3. Den Ingwer schälen und in sehr feine Streifen schneiden. Zusammen mit den Gewürznelken und den Birnenstücken in ein Einmachglas füllen. Mit dem Sud begießen, mit Einmachcellophan bedecken und gut zubinden. Kühl und dunkel mindestens 4 Wochen durchziehen lassen.

A.S.

» *Ingwerbirnen harmonieren vorzüglich mit gekochtem und gebratenem Fleisch.* «

Eingelegte grüne Tomaten

PFALZ ———————————

Da in unseren Breiten viele Tomaten zuwenig Sonne bekommen und nicht richtig rot und aromatisch werden, kam man auf die Idee, die grünen Tomaten durch süß-saures Einlegen bekömmlich zu machen.

Für 2 Einmachgläser (1 Liter Inhalt):

30 kleine, feste grüne Tomaten

2 EL Salz

1 l Weißweinessig

15 Pfefferkörner

4 Gewürznelken

2 TL Senfkörner

50 g Zucker

50 g frischer Meerrettich

3 scharfe Pfefferschoten

1. Die Tomaten waschen, gut trockentupfen und mit einem Zahnstocher rundherum einstechen. In die Gläser schichten und mit Salz bestreuen. Drei Tage durchziehen lassen.

2. Den Essig mit Gewürzen und Zucker erhitzen, aber nicht kochen lassen.

3. Den Meerrettich schälen und in feine Streifen schneiden. Mit den Pfefferschoten zwischen die Tomaten stecken und mit dem Sud auffüllen. Mit Einmachcellophan bedecken, gut zubinden und mindestens 14 Tage an einem kühlen und dunklen Ort durchziehen lassen.

A.S.

» Eingelegte grüne Tomaten passen zur Brotzeit und zu gegrilltem Fleisch. «

Eingelegte grüne Nüsse

PFALZ ———————————

Die Walnüsse müssen spätestens Mitte bis Ende Juni gepflückt werden: Zu dieser Zeit ist der Kern schon voll entwickelt, die Schale aber noch weich und durchlässig.

Für 2 Einmachgläser (1 Liter Inhalt):

2 kg unreife grüne Walnüsse

Salz

1,8 kg Zucker, 1 1/2 l Wasser

1 bis 2 Zimtstangen, 15 Gewürznelken

Saft und Schale von

3 unbehandelten Zitronen

1. Die Nußschalen rundherum mit einer Gabel oder einer Stricknadel einstechen. Dazu Handschuhe anziehen, da der Fruchtsaft die Hände schwarz färbt. Die Nüsse in ein hohes Einmachglas füllen und mit Salzwasser bedecken. Das Wasser zwei Wochen lang täglich wechseln.

2. Dann abgießen und die Nüsse mit reichlich Salzwasser zum Kochen bringen. 5 Minuten kochen lassen. Erneut abgießen und mit kaltem Wasser bedecken.

3. Zucker, Wasser, Zimtstangen, Nelken, Zitronenschale und -saft sirupartig einkochen lassen. Es müssen sich zwischen zwei Fingern Fäden bilden. Die Gewürze mit einem Schaumlöffel entfernen. Die Nüsse in kleinen Portionen kurz in dem Sirup aufkochen. Herausnehmen und in nicht zu kalte Einmachgläser füllen. Den Sirup noch einmal aufkochen lassen und über den Nüssen verteilen. Mit Einmachcellophan bedecken und zubinden.

4. Nach 14 Tagen den Sirup noch einmal abgießen, erneut ein wenig einkochen lassen und heiß über den Nüssen verteilen. Gut verschließen und kühl und dunkel mindestens 4 Wochen stehen lassen.

A.S.

» Die grünen Nüsse, nunmehr schwarz, schmecken vorzüglich zu Käse, Wild oder auch Salaten. «

Eingelegte Kirschen

Für 1 Steinguttopf (1 Liter Inhalt):

1 kg schwarze Kirschen

1 ¹/₂ l Rotwein

¹/₄ l roter Portwein

100 ml Grenadinesirup

100 ml Wildkirschlikör

2 EL Honig

2 EL Kirschwasser

etwas Zucker zum Abschmecken

1. Die Kirschen waschen. Die Kerne mit einem Kirschkern-Entsteiner entfernen.

2. Rotwein und Portwein in einem Topf auf die Hälfte einkochen lassen. Grenadinesirup, Kirschlikör und Honig hinzufügen und diese Mischung erneut um die Hälfte einkochen lassen.

3. Die Kirschen dazugeben, kurz aufkochen lassen und kalt stellen. Das Kirschwasser unter die abgekühlten Kirschen rühren und mit Zucker abschmecken. In einen Steinguttopf füllen, mit Einmachcellophan bedecken, gut zubinden und an einem kühlen und dunklen Ort einige Tage durchziehen lassen.

A.S.

» *Die eingelegten Kirschen harmonieren hervorragend mit Wildgerichten. Sie passen aber auch zu Süßspeisen wie Pfannkuchen, locker aufgeschlagenem Quark oder zu einer gut gekühlten Joghurtsülze.* «

Essigzwetschgen

Für 1 Steinguttopf (1 Liter Inhalt):

1 kg Zwetschgen

300 ml Rotweinessig

300 ml Rotwein

500 g Zucker

¹/₂ Zimtstange

20 zerstoßene weiße Pfefferkörner

1 Lorbeerblatt

1 kleines Stück Ingwerwurzel

1. Die Zwetschgen mit einem Tuch rundherum sauber abreiben. Mit einem Schaschlikspieß jeweils sechs- bis zehnmal einstechen und in einen Steinguttopf schichten.

2. Rotweinessig, Rotwein, Zucker, Zimtstange, Pfefferkörner und das Lorbeerblatt in einen Topf geben. Den Ingwer schälen und auf der Rohkostreibe in die Rotweinmischung reiben. Zum Kochen bringen und mehrmals aufkochen lassen. Dann die Marinade durch ein Sieb über die Zwetschgen gießen.

3. Etwas abkühlen lassen, dann mit Einmachcellophan bedecken und gut zubinden. Einige Tage an einem kühlen und dunklen Ort durchziehen lassen.

A.S.

» *Noch nicht völlig reife Zwetschgen eignen sich am besten, da sie noch reichlich Säure enthalten, die für eine pikante Raffinesse sorgt.* «

Rezept-Register